Aloys Schulte

Die Fugger in Rom 1495 - 1523

2. Band - Urkunden

Aloys Schulte

Die Fugger in Rom 1495 - 1523

2. Band - Urkunden

ISBN/EAN: 9783965062481

Auflage: 1

Erscheinungsjahr: 2018

Erscheinungsort: Treuchtlingen, Deutschland

Literaricon Verlag UG (haftungsbeschränkt), Uhlbergstr. 18, 91757 Treuchtlingen. Geschäftsführer: Günther Reiter-Werdin, www.literaricon.de. Dieser Titel ist ein Nachdruck eines historischen Buches. Es musste auf alte Vorlagen zurückgegriffen werden; hieraus zwangsläufig resultierende Qualitätsverluste bitten wir zu entschuldigen.

Printed in Germany

Cover: Hans Maler zu Schwaz, Porträt des Anton Fugger, 1525, Abb. gemeinfrei

DIE

FUGGER IN ROM

1495—1523.

MIT
STUDIEN ZUR GESCHICHTE
DES KIRCHLICHEN FINANZWESENS
JENER ZEIT.

VON

DR. ALOYS SCHULTE,
ORD. PROFESSOR DER GESCHICHTE AN DER UNIVERSITÄT BONN.

II. BAND:
URKUNDEN.
MIT ZWEI LICHTDRUCKTAFELN.

LEIPZIG,
VERLAG VON DUNCKER & HUMBLOT.
1904.

Piererschc Hofbuchdruckerei Stephan Geibel & Co. in Altenburg.

Chronologisches Verzeichnis der Urkunden.

1. Zwei Geistliche verpflichten sich, der Stadt Breslau Ablaſsbullen nur unter bestimmten Bedingungen zu übergeben (Verpflichtung zur Zahlung eines Drittels der Oblationen). *Rom 1461 Mai 7.*

Archivio Vaticano Div. Cam. 29 fol. 155r.

Anno a Nativitate domini MCCCCLXI Indictione IX die vero septima mensis Maii pontificatus sanctissimi domini nostri pape Pii II. anno tertio Rome in Camera apostolica domini Andreas Lumpe scriptor apostolicus et Nicolaus Merbot plebanus ecclesie sancte Marie in Tisano Tridentine dioecesis ambo simul et in solidum obligaverunt se et omnia bona sua spiritualia et temporalia sub excommunicationis et omnium beneficiorum suorum privationis penis sanctissimo domino nostro pape et Camere apostolice super tertia parte helemosinarum et pecuniarum exigendarum ratione indulgentie plenarie ad quinquennium durature, communitati et civibus Wratislaviensi pro reparatione ecclesiarum, hospitalium et pontium dicte civitatis concesse, videlicet, quod ipsi non presentabunt bullam super huiusmodi indulgentia dictis civibus nisi prestita primo cautione ab ipsis et etiam de presentando mandatum sufficiens ipsorum civium infra sex menses proxime sequentes super ratihabitione et ratificatione obligationis hujusmodi, et quod ipsi cives libere absque aliquo impedimento dimittent tertiam partem helemosinarum et pecuniarum huiusmodi extrahi de regno iuxta ordinationem et mandatum ipsius domini nostri pape et Camere apostolice predicte. Preterea cum prefati Andreas et Nicolaus sint ab ipso domino nostro papa deputati ad exigendum dictam tertiam partem peccuniarum huiusmodi, obligarunt se similiter sub dictis penis helemosinas et peccunias tertie partis huiusmodi fideliter exigere et de eis rationem et verum computum dicte Camere reddere, quando et quotiens a dicta Camera ad hoc fuerint vocati etc. Jurarunt etc. submiserunt se etc. presentibus ibidem Johanne Geronis, Raynaldo de Capobianco et Benedicto de Vulterris clericis Gerundensis, Neapolitane diocesis et Vulterranen. civitatis testibus etc. vocatis etc.

G. de Vulterris.

2. Die päpstliche Kammer gibt dem nach Deutschland als Nuntius reisenden Bischofe von Tricarico den Auftrag, von dem Erzbischofe von Mainz die rückständigen Communia usw. zu erheben. Rom 1468 Febr. 25.

Arch. Vatic. Div. Cam. 33. fol. 95.

Marcus etc. — Rdo in Christo patri domino Honofrio Dei gratia episcopo Tricaricensi in nonnullis locis per Germaniam et alias provintias nuntio apostolico salutem in domino. Cum rdus in Christo pater dominus Adulphus de Nassauu archiepiscopus Maguntinensis sacri Romani imperii per Germaniam archicancellarius et princeps et elector etc. teneatur et sit efficaciter obligatus solvere apostolice camere nonnullas pecuniarum summas pro communi et alijs juribus prefate sue ecclesie ipsi camere et partim officio camerariatus domini pape, pro quo eadem camera ad presens recipit, presertim familiaribus et officialibus Smi Dni Ni pape debitas, videlicet pro communi dicte camere florenos auri de camera quinquemilia, item pro sacra florenos similes quingentos, item pro subdiaconis florenos similes centum sexaginta sex solidos triginta tres et denarios quatuor, item pro minuto dicte camere florenos similes tricentos octuaginta quatuor 38 denarios, item pro tribus minutis pro familiaribus Smi Dni Ni pape et officialibus etc. florenos similes mille centum quinquaginta tres et solidos similes quadraginta quatuor, item pro quitantia dicte camere florenos similes viginti septem; habueritque hactenus diversas dilaciones neque adhuc satisfecerit, nuncque Vestra Reverenda Paternitas itura sit ad illas partes, nos volentes opportune providere, ut camera et officiales predicti tandem debitum suum recipiant, et confidentes, quod quemadmodum in ceteris vobis commissis diligentiam et fidem inconcussam prestare consuevistis, ita etiam in hoc negocio prestabitis, de mandato Smi Dni Ni pape nobis super hoc oraculo vive vocis facto, et consilio reverendorum patrum domini Vienesii prothonotarii Bononiensis Smi Dni Ni pape vicecamerarii, et reliquorum dominorum de camera, harum serie committimus eidem Vestre Paternitati ut, postquam perveneritis ad loca, in quibus erit prefatus dominus archiepiscopus, eum moneatis et requiratis, ut de eisdem pecuniarum summis vobis pro camera apostolica et officio ac officialibus et familiaribus prefatis satisfaciat cum effectu. Concedentes vobis plenam et liberam auctoritatem facultatem et potestatem pecunias predictas ab eodem domino archiepiscopo nominibus et vice predictis recipiendi eumque et ecclesiam eius prefatam de receptis duntaxat in plena forma eiusdem camere et officii camerariatus ac familiarium et officialium predictorum nominibus quitandi et absolvendi. Volumus autem quod, si contigerit summas pecuniarum prefatas harum vigore Vestre Paternitati solvi et numerari, eas quanto citius fieri commode poterit per nuncios fide et facultatibus idoneos ad apostolicam cameram predictam mittere procuretis de eisdemque fidelem computum teneatis, quem postmodum in eadem camera presentare debetis possitis. non obstantibus[a] in contrarium facientibus quibuscunque. in quorum etc. — Datum Rome apud Sanctum Marcum in palatio apostolico sub anno a nativitate domini millesimo quadringentesimo sexagesimo octavo indictione prima die 25 mensis februarii. pontificatus etc. anno quarto. —

M. cardinalis Sancti Marci

Visa. B. Regas.

Gaspar Blondus.

Am Rande: Commissio facta domino episcopo Tricaricensi ad exigendum nomine camere apostolice communia minuta et alia jura camere a domino archiepiscopo Maguntinensi ratione provisionis ecclesie Maguntinensis etc.

3. Abrechnung und Quittung der Fugger über eine Schuld der päpstlichen Kammer im Betrage von 6666 ²/₃ Dukaten. Rom 1501 Oktober 5.

Arch. Vatic. Divers. Cam. 55. fol. 99.

Noy Rigo Fucher et fratelli Alemani mercanti de corte de Roma habiamo receputo dal sopradicto archiepiscopo de Taranto ducati doymilia septecento trenta tre d'oro de camera per resto de ducati 6666 ²/₃ d'oro larghi ne dovea per la parte del collegio de la lettera facta per Buda, quali havemo più giorni da sua sig^ria^ . . . . duc. 2733.

Item havemo receputo da sua signoria sino a dì 28 de aprile ducati mille octocento cinquanta d'oro de cam^a^ . . . . duc. 1850.

Item a dì ultimo de magio hebimo ducati trecento d'oro de camera, quali hebimo per sua signoria da li frati de san Paulo . . duc. 300.

Item a dì 5 de jugno havemo receputo dal sopradicto ducati quatrocento cinquanta d'oro de camera contanti . . . . duc. 450.

Item a dì 11 del dicto habiamo receputo ducati seicento d'oro de camera, li quali ce han pagati Altoviti per nome del camarlengo, de li quali ne facemo quitanza . . . . duc. 600.

Et a dì 12 de jugno habiamo receputi in contanti ducati octocento sonno in oro de camera dal sopradicto archiepiscopo . . . . duc. 800.

E a dì decto habiamo receputo anchora in contanti da sopradicto archiepiscopo ducati d'oro de camera cento undici in ducati cento octo d'oro larghi . . . . duc. 110. *(sic)*

E a dì 3 de luglio ducati milli cinquantasei d'oro de camera havuti da Antonio Altoviti per quello ha receputo lui de le decime de officiali . . . . duc. 1056.

[a] *Fol. 95 r.*

E a dì 3 de agosto ducati ducento de karlini havuti in due partite da Judei . . . . duc. 153.17.

E a dì dicto ducati quatrocento da Janni Feri in parte duc. 400.

E a dì decto ducati 703. karlini 3. havuti da Ballo Delloglio duc. 541.

E a dì dicto ducati cento septanta quatro hebimo da li abreviatori duc. 174.

E a dì 9 d'agosto ducati 29 de karlini da Judei . duc. 22.6

E a dì 28 decto da Jan Fari ducati cento . . . . . duc. 100.

E a dì 11 de septembre da Judei ducati 31 de karlini duc. 33.18.

E a dì 23 detto da Jan Fari ducati 50 . . . duc. 50.

Item habiamo havuto in più partite como appare a li libri nostri il restante de questo mandato dal predetto archiepiscopo, et per fede habiamo sottoscripto de nostra mano, et quietatolo del presente mandato in Roma a dì 5 de octobre 1501.

4. Johannes Zink verpflichtet die Bank der Fugger, über die aus dem Jubelablafs in Lothringen einlaufenden Gelder gute Rechnung zu führen. Rom 1501 Dez. 21.

Arch. Vatic. Arm. XXXIV. vol. 15. fol. 14.

Die 21 Decembris 1501.

Dominus Johannes Zinch institor banchi Ulrici Fucher et fratrum mercatorum Alamanorum de Augusta Romanam curiam sequentium sponte constitutus coram r^mo^ domino Johanne Baptista sancte Romane ecclesie cardinali Mutinensi sive Capuano asserente habere commissionem a S^mo^ D^no^ N^o^ vive vocis oraculo sibi factam etc. omni meliori modo etc. omnia bona dicti banchi ac suorum principalium et conresponsalium in pleniori et validiori forma camere obligando pro observatione infrascriptorum etc. promisit et convenit prefato r^mo^ cardinali et mihi notario etc. pro S^mo^ D^no^ N^o^ et camera apostolica stipulantibus etc., quod cum S^mus^ D^nus^ N^r^ prefatus novissime concesserit jubileum in toto dominio illustris ducis Lotoringie, de omnibus et singulis pecuniis, que ad manus suas et dicti banchi ac suorum conresponsalium in partibus illis occasione dicti jubilei devenient etc., bonum et fidele computum retinebitur et reddetur S^mo^ D^no^ N^o^ prefato et camere apostolice etc. promisit etc. renuntiavit etc. juravit etc. sub pena dupli etc. rogantes me etc. Rome in palatio apostolico in camera prefati r^mi^ cardinalis iuxta suos fines etc. presentibus dominis Johanne Potken et Grifeo de Cruchellis de Amelia testibus etc.

Bo. de Montefalcone.

5. Johannes Zink verpflichtet die Bank der Fugger, dafs Johannes Thurzo, Domdechant von Breslau, sein Amt als Collector für Polen und Gnesen gut führen wird. 1501 Dez. 22.

Arch. Vatic. Arm. XXXIV. vol. 15. fol. 14 v.

Die 22 Decembris 1501. in camera apostolica.

Dominus Johannes Zinch institor banchi Ulrici Fucher et fratrum mercatorum Alamanorum Romanam curiam sequentium nec non ut procurator et procuratorio nomine domini Johannis Turzi decani Wratislaviensis nuntii et collectoris noviter a Smo Dno No deputati in regno Polonie et provincia Gneznensi vigore litterarum apostolicarum sub bulla etc. sub dato Rome apud sanctum Petrum anno 1501 quarto idus novembris anno decimo, de cujus procura constare vidi et legi publico instrumento per testes recognito etc. manu domini Matthie Razansz Jacobi de Coszezieschic clerici Wladislaviensis diocesis notarii confecto et per manus dicti constituentis etiam subscripto etc. sub die 9 mensis junij 1501 in civitate Crachovie etc. sponte etc. omni meliori modo etc. obligando tam omnia bona etc. dicti domini Johannis sui principalis quam etiam banchum predictum et omnia bona dictorum mercatorum principalium suorum in Romana curia et conresponsalium suorum in partibus illis in pleniori et validiori forma camere etc. promisit etc. mihi notario etc. pro Smo Dno No et camera apostolica stipulanti etc., quod dictus dominus Johannes Thurzus nuntius et collector designatus predictus fideliter geret offitium etc. et quod de pecuniis exigendis per eum et succollectores suos et omnibus que ad Smum Dnum Num et cameram pertinent et pertinebunt durante eius offitio predicto bonum et fidele computum retinebit et quod de biennio in biennium reddet computum in forma debita solita et consueta: et quod de pecunniis respondetur dicto Smo Dno No et camere apostolice et successoribus etc. promisit etc. renumptiavit etc. juravit etc. sub penis etc. rogantes me etc. presentibus domino Paulo de Sancto Severino et domino J. Attavantis testibus.

6. Schuldurkunde der päpstlichen Kammer gegenüber Ulrich Fugger und Brüder. Rom 1501 Dezember 31.

Arch. Vatic. Divers. Camer. 54. fol. 109 r 110.

R. Sancti Georgij etc.

Spectabilibus viris Ulrico Fucher et fratribus mercatoribus Alamanis Romanam curiam sequentibus salutem in domino. Mutuastis Smo Dno N. pro suis ac sedis et camere apostolice necessitatibus sexmilia ducatorum auri de camera; et quadrigentos similes Stas Sua vobis dono dari voluit et mandavit: quam summam constituentem in totum sexmilia quadringenta ducatorum auri de camera idem Smus Dnus N., videlicet medietatem post finitos duos cum dimidio et aliam medietatem post finitos quinque menses a die 20. presentis mensis decembris computandos, vobis restitui voluit, promisit et mandavit, cum auctoritate et licentia decomputandi et penes vos retinendi ex communibus ecclesiarum et monasteriorum, que ex Germania et Ungarie ac Polonie regnis per manus vestras tantum contingeret expediri, usque ad integram satisfactionem vestram dictorum 6400 ducatorum in eventum, quod ab ipso Smo Dno N. et camera apostolica in dictis terminis vobis non fuerit satisfactum: prout de his omnibus constat ex mandato sive cedula eiusdem Smi Dni N. propria manu signata registrata presenti libro fo. 106. et ad ordinarium introitum camere apostolice libro X°. fo. 36. Nos itaque volentes indempnitati ac securitati vestre desuper oportune providere, de spetiali mandato Smi Dni N. pape vive vocis oraculo super hoc nobis facto, auctoritate etc. communicato consilio revmorum patrum presidentium clericorum prefate camere, vos pro dicta summa sex milium quadringentorum ducatorum auri de camera veros creditores ejusdem camere apostolice tenore presentium declaramus et cameram ipsam vobis efficaciter obligatam. Ac ad rehabendum et recuperandum dictam summam in eventum, quod in dictis terminis non restituatur ut supra, ex nunc pro tunc assignamus vobis introitus predictos Smo Dno N. et camere apostolice proventuros ex communibus ecclesiarum et monasteriorum per vos tantum in dictis Germania et Ungarie ac Polonie regnis expediendorum, ex quibus debita annotatione in libris camere facta, volumus vobis licere usque ad integram satisfactionem vestram defalcare et penes vos retinere: mandantes propterea generali Smi Dni N. et camere apostolice thesaurario ceterisque dicte camere offitialibus et omnibus ad quos spectat, quatenus dictam summam vobis ut premittitur debitam ex quibuscunque pecuniis camere in dictis terminis restituant et solvant cum effectu: et si non restituerint, ex dictis communibus vobis defalcare et penes vos retinere permictant, annotatione in libris camere facta: et mandata per introitum et exitum aliasque necessarias scripturas expediant et expediri faciant et vobis tradant ac in computis vestris admittant: pro quibus omnibus et singulis observandis et firmiter adimplendis omnes et singulos prefate camere apostolice introitus tam spirituales quam temporales eisdem mandato auctoritate et consilio harum serie vobis obligamus et ypothecamus obligatosque et ypothecatos fore decernimus, quousque integram summam predictam 6400 ducatorum auri vobis ut prefertur debitorum recuperaveritis et rehabueritis cum effectu: volumus quoque ad effectum premissorum per presidentes clericos et offitiales camere apostolice premissa omnia inviolabiliter observari et in vestris dicte camere et omnium quorum interest seu interesse poterit computis admitti: non obstantibus contrariis quibuscunque. Datum Rome in camera apostolica die ultima decembris intrante januario 1502. pontificatus Smi Dni N. prefati anno decimo.

Visa in camera apostolica. An. de Vit. prothonotarius camere apostolice clericus.
Visa ut supra. Sinolphus episcopus Clusinus apostolice camere clericus.
Visa ut supra. Hadrianus apostolice camere clericus.
Visa ut supra. V. Bufolinus apostolice camere clericus.
Visa ut supra. Ventura episcopus Massanensis apostolice camere clericus.
Visa ut supra. Fatius de Sanctoris camere apostolice clericus.

Am Rande folgende Notizen:

Pro mutuo Smo Dno No facto. —

Assignamentum 6400 ducatorum auri de camera pro Ulrico Fucher et fratribus mercatoribus Alamanis.

In deductionem. Nota quod per mandatum per introitum et exitum sub die 15 aprilis 1502. habuerunt duc. 247 ½.

Item per aliud mandatum sub die 15 julij 1502. habuerunt duc. 700. s. 10. ₰ 8. auri de camera.

Item in alio mandato sub die 6 augusti 1502. pro communi pape ecclesiam Slesviensem duc. 427 ½.

Item in alio mandato sub die 27 Decembris 1503. *(sic)* pro communi ecclesie Hildesemensis. duc. 475. 1850. 10. 8.

Item in alio mandato sub die 22 martij 1503. pro communi ecclesie Basiliensis. — duc. 475. —

Item in alio mandato sub die 24 junij 1503. duc. 902½ pro communi ecclesiarum Verdensis et Transilvanensis. — duc. 902 ½.

A domino Johanne Conarij pro communi ecclesie Cracoviensis f. 1272.

A domino Johanne Turzo pro communi ecclesie Wratislaviensis f. 1900.

Constituentes in totum summam 6400 ducatorum, in quibus erat creditor vigore huiusmodi patentium, quos confessus est a dominis depositariis et contavit in forma.

Do. de Junioribus.

7. Obligation des Johannes Zink namens der Fugger über Gelder des verstorbenen Bischofs Uriel von Posen [1501].

Arch. Vatic. Arm. XXXIV. vol. 15. fol. 10.

Johannes Duz institor sotietatis de Fucaris mercatoribus Ro. cu. presens sponte etc. confessus est, se habuisse per manus Dominici de Centurioribus quandam notulam cuiusdam instrumenti obligationis, que dicitur fuisse facta coram Gregorio Johanne de Gridgestia clerico Wradislaviensis diocesis per bone memorie Urielem episcopnm Poznaniensem de ducatis trecentis Hungaricalibus solvendis Aranete relicte quondam Andreoli Goaschi et pro ipsa Araneta Baptiste Spinule quondam Antonij: et similiter aliud instrumentum cessionis facte de dictis ducatis trecentis erga cameram apostolicam per dictum Baptistam Spinulam coram Andrea de Chario notario Januensi et per manus mei notarii breve unum apostolicum, per quod committitur episcopo Poznaniensi, ut cogat dicti Urielis [heredes] ad satisfaciendum de dictis ducatis 300 dicte sotietati de Fucaris sive Johanni Turxo pro illa: iccirco dictus Johannes institor promisit et se obligavit semper et quandocunque recuperabuntur dicti ducati 300 a dictis heredibus sive aliqua pars eorum, restituere prefate camere apostolice quicquid continget recuperare dicta occasione more bancariorum; renuntiavit et juravit et sub penis camere etc. rogans me etc.

Gen. Fulginas.

8. Schuldurkunde des Papstes Alexander VI. gegenüber den Fuggern über 6633 1/3 fl. Rom 1502 Januar 24.

Arch. Vatic. Divers. Camer. 54. fol. 138 r—139.

Alexander papa VIs.

Cum charissimus in Christo filius noster Wladislaus Ungarie rex illustris dilectum Johannem Zinck institorem Ulrici Fucher et fratrum mercatorum Alamanorum Romanam curiam sequentium procuratorem suum ad exigendum et recipiendum a nobis et venerabilibus fratribus nostris sancte Romane ecclesie cardinalibus summam ducatorum tredecim milium tricentorum et trigintatrium auri in auro largorum cum tertia parte alterius ducati pro ultima tertiaria et complemento ducatorum 40 milium similium et pro primo anno ex causa expeditionis in Turcos debita constituerit et ordinaverit et Ulricus et fratres predicti ad nostram et prefatorum cardinalium instantiam et requisitionem eidem Johanni procuratori summam ducatorum sexmilium sexcentorum trigintatrium auri largorum cum uno tertio alterius ducati pro complemento dictorum 13433 ducatorum cum uno tertio realiter et cum effectu de eorum propriis pecuniis solverint et numeraverint: nos dictorum mercatorum securitati et indempnitati oportune providere volentes tenore presentium eis etiam cum voluntate et assensu dictorum dominorum cardinalium summam sexmilium sexcentorum trigintatrium auri largorum cum tertia parte alterius ducati concedimus et assignamus super juribus infrascriptarum ecclesiarum de proximo expediendarum: videlicet Collocensis taxam ad 2500. Varadiensis taxam ad 2000. Transilvanensis taxam 1500. Vesprimensis taxam ad 900 ducatos auri de camera, constituentes summam ducatorum 6900 similium, quorum medietas nobis debita deducta portione sollicitatorum ascendit ad ducatos 3277 1/2 constituentes ducatos auri largos 3189. et altera medietas cum parte minuti ducatorum octuaginta septem cum uno tertio alterius ducati auri largorum prefatis cardinalibus debita ascendit ad ducatos 3444 1/3, que summe constituunt predictam summam ducatorum 6633 1/3 auri largorum vobis ut supra super juribus dictarum ecclesiarum concessam et assignatam. Et insuper in eventum quod jura dictarum ecclesiarum infra terminum unius mensis a dato presentium in toto vel parte non exigantur pro supplemento eius, quod in termino non exigetur, decimas et vigesimas per venerabilem fratrem Henricum archiepiscopum Tarentinum earundem collectorem exigendas prefatis mercatoribus pariformiter concedimus assignamus et obligamus. Mandantes propterea dilecto filio nostro Raphaëli Sancti Georgii diacono cardinali camerario ac generali thesaurario nostris nec non eidem archiepiscopo, ut predicta omnia et singula prefatis mercatoribus observent et in omnibus prout eos respective concernunt usque ad integram satisfactionem dicte summe ducatorum 6633 1/3 satisfaciant: et quatenus opus sit super premissis patentes literas assignamenta et mandata ac alia circa premissa oportuna documenta ad omnem dictorum mercatorum requisitionem tradant et assignent, in contrarium facientibus non obstantibus quibuscunque. Datum Rome apud Sanctum Petrum 24 Januarij 1502. pontificatus nostri anno decimo.

Ita est et mandamus R.

9. Johannes Zink von der Bank der Fugger stellt namens des Königs Wladislaus von Ungarn der päpstlichen Kammer eine Quittung über den Empfang von 13 333 1/3 Dukaten aus. *1502 Febr. 12.*

Arch. Vatic. Arm. XXXIV. vol. 15. fol. 15.

Die 12 Februarii 1502. Actum in palatio apostolico in camera sub sacristia iuxta capellam pontificalem et nunc mansione r^di^ domini Venture episcopi Massani clerici camere presentibus pro testibus domino Mariano Ciaglia cive Romano, domino Severo Bennato de Montefalco et magistro Antonio de Canobio etc. constitutus coram r^do^ domino Ventura episcopo Massano,

Dominus Johannes Cinck institor banchi Ulrici Fucher et fratrum mercatorum Alamanorum Romanam curiam sequentium necnon procurator ad infrascripta serenissimi domini Wladislai dei gratia Ungarie et Boëmie regis, prout constare vidi et legi per patentes litteras prefati serenissimi regis in membranis scriptas et eius sigillo munitas ac propria manu subscriptas, quemadmodum etiam dictus dominus Johannes affirmavit se recognoscere dictas litteras, et de rato promisit etc. sub dato Bude die 29 novembris 1501. sponte etc. omni meliori modo etc. nomine et vice prefati serenissimi regis fecit quietationem etc. Smo Dno No pape et sacro collegio rmorum dominorum cardinalium et pro eis prefato rdo domino episcopo Massano et mihi notario infrascripto stipulantibus etc. de summa et quantitate tredecim milium trecentorum triginta trium ducatorum auri largorum cum uno tertio alterius ducati: qui sunt pro tertia paga sive ultima tertiaria quatraginta milium ducatorum auri similium per prefatos Smum Dnum Num etc. rmos cardinales eidem regi debitorum pro expeditione contra Turcos pro primo anno: hoc est pro complemento et ultima solutione dictorum 40 milium ducatorum: et hoc ideo fecit dictus dominus Johannes Cinck pro eo, quia confessus fuit dictam summam 13333 1/3 ducatorum auri largorum habuisse et receprisse a Smo Dno No et sacro collegio in hunc modum, videlicet ducata(?) sexmilia settingenta auri in auro largorum in pecunia numerata iam die 3 maii 1501, de quibus per banchum de dictis Fucher et fratrum *(sic)* fuerant facte littere cambii, ut solverentur Venetiis tunc domino Antonio episcopo Venusino ibi oratori et eo defuncto domino Angelo episcopo Tyburtino etiam oratori pro armandis navibus contra Turcos. Que summa cum remanserit intacta penes responsales dicti banchi Venetijs commorantes et non fuerit soluta, sed per Smum Dnum Num assignata dicto domino Johanni pro parte dictorum 13333 ducatorum cum uno tertio, prout constare dixit ex mandato manu propria signato prefati Smi Dni Nri [a] etiam per me viso et registrato libro 5to diversarum *(sic)* folio 139. sub dato 24 januarii 1502. Ideo idem dominus Johannes confessus fuit dictam summam habuisse: et residuum videlicet ducatos 6633 1/3 in infrascriptis assignamentis a Smo Dno No et sacro collegio habitis videlicet super juribus infrascriptarum ecclesiarum de proximo expediendarum iuxta aliud mandatum Smi Dni Ni manu propria ipsius signatum sub dicta data per me visum et registratum dicto libro 5to diversarum folio 138. hoc est ecclesia Collocensis taxata ad 2500, Vapadiensis ecclesia taxata ad 2000, ecclesia Transilvana taxata ad 1500, Vespriniensis taxata ad 900 auri de camera. Que summe constituunt dictam summam 6633 1/3 ducatorum auri largorum deducta rata sollicitatorum etc. prout in dicto man-

[a] *Fol. 15v.*

dato continetur. Cum cautione apposita, quod si infra mensem non habuerit dictam quantitatem ex dictis iuribus dictarum ecclesiarum, sint ei obligate decime que exiguntur per r^dum^ dominum Henricum archiepiscopum Tarentinum ut latius in dicto mandato apparet. Ita quod dictus dominus Johannes Cinck modo premisso confessus fuit se esse integre contentum et concordatum de tota summa predicta dictorum 13333 ⅓ ducatorum auri largorum nomine et vice dicti serenissimi regis Ungarie pro dicta tertia solutione et ultima ac finali et completo pagamento supradictorum 40 milium ducatorum eidem regi per sedem apostolicam ut premittitur debitorum pro expeditione in Turcos pro primo anno ut supra: promictens dictus dominus Johannes dicto nomine etc. renuntians etc. iurans etc. et promisit facere confessionem etc.

10. Schuldbrief der päpstlichen Kammer gegenüber den Fuggern über 4350 Dukaten, dargeliehen während der letzten Sedisvakanzen, und Anweisung für ihre Bezahlung. Rom 1503 Oktober 25.

Arch. Vatic. Divers. Camer. 57. fol. 13^r^—14.

Raphael etc. Spectabilibus viris Ulrico Fucher et fratribus mercatoribus Alamannis Romanam curiam sequentibus salutem in domino. Cum alias sede vacante per obitum felicis recordationis Alexandri pape VI. mutuaveritis sedi et camere apostolice pro occurrentibus tunc ejusdem sedis apostolice necessitatibus ducatos mille auri de camera super certis argentis prefate sedis vobis propterea pro cautela vestra subpignoratis et depositatis, prout constat ex publico instrumento desuper in camera apostolica confecto, ac in presentiarum similiter sede vacante per obitum felicis recordationis domini Pii pape III. mutuaveritis solveritisque cum effectu eisdem sedi et camere apostolice pro urgentibus earumdem necessitatibus ducatorum triamillia similia per vos depositata et sbursata penes heredes Ambrosii de Spannochijs pecuniarum camere prefate depositarios pro solvendis prefatarum sedis et camere expensis necessariis, quemadmodum constat per computum particulare dictorum depositariorum, nosque habito consilio cum reverendis patribus dominis clericis ejusdem camere presidentibus, vobis pro humanitate et recognitione bone fidei vestre donaverimus ducatos similes trecentos quinquaginta ac cupiamus indemnitati ac securitati vestre desuper oportune providere, auctoritate nostri cameriatus officii ac ex decreto camere apostolice vos de dictis summis constituentibus in totum ducatorum quatuor milia trecenta quinquaginta auri in auro de camera, prefate camere apostolice veros creditores declaramus: volentes et de eisdem auctoritate et decreto concedentes, quod liceat vobis ex communibus pape proveniendis ex ecclesiis et monasteriis per manus vestras expediendis in regnis Germanie, Ungarie et Pollonie, penes vos retinere usque ad dictam summam vobis ut premittitur debitam, et vobis ipsis satisfacere de dictis 4350 ducatis auri in auro de camera: ac pro majori cautela vestra obligamus vobis omnes et singulos introitus tam spirituales quam temporales ejusdem camere apostolice donec summam ipsam vobis ut prefertur debitam modo premisso recuperaveritis et rehabueritis cum effectu: ac mandantes prefatis camere apostolice clericis et aliis ad quos spectat, quatenus premissa omnia inviolabiliter observent etc.: ad omnem verum beneplacitum: non obstantibus contrariis quibuscunque. In quorum fidem presentes literas per infrascriptum camere apostolice notarium fieri et subscribi fecimus et nostro sigillo communiri. Datum Rome ex camera apostolica die 25 octobris 1503 sede vacante.

R. Cardinalis Sancti Georgij sancte Romane ecclesie camerarius.

O. cardinalis Neapolitanus manu propria

Jo. Ant. cardinalis Alexandrinus manu propria.

R. cardinalis Sancti Georgij camerarius.

Visa in camera. V. Bufalinus episcopus Interamnensis apostolice camere clericus.

Visa ut supra. V. episcopus Massanus apostolice camere clericus.

Visa ut supra. Fatius camere apostolice clericus.

Visa ut supra. F. Ponzettus camere clericus.

Visa ut supra. Joannes episcopus Terracinensis camere apostolice clericus.

Collat. Bo. de Montefalcone.

(Am Rande — fol. 13 r).

Pro Fucheris assignamentum duc. 4350.

Die

Habuerunt infrascriptas pecuniarum summas in infrascriptis communibus et annatis: et primo

A rev. domino Joanne ex ducibus Saxonie electo Hildesemensi pro communi pape dicte ecclesie . . . . fl. 340

A. rev. patre domino Andrea archiepiscopo Gneznensi pro communi pape dicte ecclesie tax. 5000 2375

A rev. domino Paulo electo ecclesie Sambiensis pro communi pape dicte ecclesie duc. 380

Ab eodem pro annata prepositure ecclesie Trabatensis ac canonicati et prebende Misnensis ac altaris in ecclesia Landespergensi Magdeburgensis diocesis 68 1/2

Constituentes in totum summam 3161 1/2.

A domino rev^do^ Alberto ex ducibus Bavarie episcopo Argentinensi pro annata prepositure Sancte Fidei opidi Sletscat ordinis Sancte Benedicti Argentinensis diocesis . . . . fl. 107

A domino Matheo Batzasz pro annata canonicati et prebende ecclesie Gneznensis . . . . fl. 23 3/4

A domino Nicolao Cothwitz pro annata cononicati et prebende ecclesie beate Marie Curzetoniensis Gneznensis diocesis . fl. 14 1/4

11. Schuldbrief der päpstlichen Kammer gegenüber den Fuggern über 2500 Dukaten, die die Fugger den Konklavisten gezahlt hatten.

Rom 1503 Nov. 24.

Arch. Vatic. Divers. Camer. 57. fol. 23 ^r^—24.

R. Sancti Georgij etc.

Spectabilibus viris Ulrico Fucher et fratribus Alamanis Romanam curiam sequentibus salutem in domino. Cum nuper per alias nostras patentes literas in camera apostolica expeditas sub die 25 mensis Octobris proxime preteriti et registratas in libro diversorum fol. 16. declaraverimus universos et singulos in assumptione felicis recordationis Pii pape III. conclavistas creditores camere apostolice inter omnes in summa duorum millium quingentorum ducatorum auri largorum pro pannis rosaceis incoronationis dicti pontificis eisdem conclavistis debitis ac propterea pro satisfactione dicte summe introitus camere predicte et precipue spirituales eis obligaverimus et assignaverimus, prout in eisdem nostris literis ut premittitur expeditis plenius continetur, cumque pro parte ipsorum conclavistarum ad presens requisiti simus, ut eorum creditum hujusmodi in vos mercatores transferre velimus, qui tam eorum quam nostri intuitu eisdem conclavistis de dicta summa duorum millium quingentorum ducatorum auri largorum satisfecistis pro dicta camera apostolica animo recuperandi et rehabendi summam ipsam super hujusmodi spiritualibus: et dicti conclaviste propterea eandem cameram de eadem summa eis ut prefertur debita quietaverint et absolverint, ut constat per publicum instrumentum desuper editum manu notarij infrascripti inde rogati; ideo maturo consilio desuper habito rev^orum^ patrum camere apostolice presidentium clericorum ac auctoritate nostri camerariatus officii eisdem conclavistis et vobis morem gerere cupientes fidemque ac promissionem et literas nostras predictas earumque effectum observare et adimplere volentes ac indemnitati et securitati vestre oportune providere dexiderantes, vos Ulricum Fucher et fratres mercatores Alamanos predictos de dicta summa duorum milium quingentorum ducatorum auri largorum in locum supradictorum conclavistarum veros creditores camere apostolice et cameram ipsam vobis efficaciter obligatam, tenore presentium declaramus obligamus et ypotecamus eam vobis pro dicta summa: ac ad reparandum et rehabendum eandem summam ex nunc assignamus vobis spirituales introitus ejusdem camere apostolice comunium et annatarum ecclesiarum monasteriorum et beneficiorum ecclesiasticorum, ex quibus debita annotatione facta in libris camere liceat excomputare et penes vos retinere tot pecunias quot ascendant ad hujusmodi summam vobis ut supra debitam; camera apostolica ipsa semper vobis obligata[a] remanente donec et quousque summam ipsam duorum milium quingentorum ducatorum auri largorum vobis ut prefertur debitorum recuperaveritis et rehabueritis cum effectu. Mandantes generali S[mi] D[ni] N. et dicte camere thesaurario ac clericis prefatis et aliis ad quos spectat, quatenus premissa omnia et singula inviolabiliter observent et observari faciant; scripturasque et mandata desuper oportuna ad libitum vestrum expediant et expediri faciant contrariis non obstantibus quibuscunque. In quorum fidem presentes sigillo et subscriptione nostra munitas per infrascriptum camere apostolice notarium fieri et subscribi fecimus. Datum in camera apostolica die 24 novembris 1503. pontificatus domini Julij divina providentia pape II. ante coronationem.

R. cardinalis Sancti Georgii
domini pape camerarius.

Visa in camera apostolica. Antonius de Viterbio preb. camere apostolice clericus.

Visa in camera apostolica. V. Bufolinus episcopus Interamnensis clericus camere.

Visa ut supra. F. Ponzettus camere apostolice clericus.

Visa ut supra. Fatius camere apostolice clericus.

Visa ut supra. Joannes episcopus Terracinensis camere apostolice clericus.

Visa ut supra. Bonifatius electus Clusinus camere clericus.

Visa ut supra. V episcopus Massanus camere apostolice clericus.

Collat. per me Bo. —
Bo. de Montefalcone.

Die 28 decembris 1504 casse fuerunt presentes patentes, quia fuit eis in infrascriptis comunibus et annatis integre pro dicta camera satisfactum; et primo

A rev. domino Vincentio episcopo Wladislaviensi pro comuni dicte ecclesie . . . . fl. 477.

A rev. domino Georgio electo Bambergensi pro comuni dicte ecclesie . . . . . fl. 1325.

[a] *Fol. 24*[a].

A rev. domino Erasmo electo Plocensi pro comuni dicte ecclesie fl. 475.

A domino Christoforo Marcello pro residuo annate canonicati et prebende ecclesie Paduane . . . . fl. 60.

A rev. domino Ulrico electo ecclesie Hildesemensis pro parte comunis pape dicte ecclesie . . . . fl. 135.

Constituentes in totum summam duorum millium quingentorum et septuaginta auri in auro de camera.

Do. de Judicibus.

12. Jacob Villinger verpflichtet sich, ihm vom Könige Maximilian zur Nutzniefsung angewiesenes Ablafsgeld, das in der Bank der Fugger liegt, nach drei Jahren zurückzustellen. Innsbruck 1507 Oktober 13.

Fuggersches Archiv, Augsburg. Abschrift aus Statthalterei-Archiv in Innsbruck, Lade 97.

Ich Jacob Villinger bekenn: als die küniglich Maiestat mein allergnedigster her mir aus sondern gnaden unnd zu aufrichtung eins glawbens, damit ich irer Maiestat in den Finantzhenndeln, darinnen mich dan jr kn. Maj. braucht, vester bass gedienen müg, durch ein verweisung auff das Jubileumgelt zwaytawsent guldin Reinisch hinder die Fugkher zu Augspurg erlegt und bewilligt hat, die bey inen in irer geselschaft ligen zu lassen und zu niessen, das ich darauff irer königl. Maj. zugesagt hab wissentlich mit disem brief also, das ich nach verscheinung derselben dreyer iar irer künigclichen Maiestät solh zwaytausent guldin Reinisch durch die Fugkher widerumb zusteen und vervolgen lassen will ungeverlich. Zu urkundt unnder meinem hanntzaichen unnd aufgetrugkhten petschaft. Actum zu Ynnsbrug am 13. Octobr. 1507.

J. Villinger.

13. König Wladislaus gibt dem päpstlichen Ablafsdepositar Leonhard Vogel zu Breslau Befehl, die dem Könige zustehenden zwei Drittel an die Bischöfe von Breslau und Olmütz abzuliefern. Prag 1509 März 24.

Fuggersches Archiv, Augsburg. Perg. Or.

Wladislaus von gots gnaden zu Hunngern, Beheim etc Künig etc.

Ersamer lieber getrewer. Nachdem dich unnser allerheiligister vater der Babst, der begnadunng so sein heiligkait in unnser kunigreich Beheim maggrafftumb Merhern und furstenthumber Slesien ain taill zu pesserung der kirchen zu sannd Peters paw in Rom gelegt, zu Commissarien und einnemer der begnadung gesatzt, die anndern zway taill in unnser kunigcliche Cammer vergonnt, darumben bevelhen wir dir hiemit und wellen, wo du von den hochwirdigen herrn Johannsen bischoven zu

Bresslaw unnserm fursten und herrn Stanislaen bischoven zu Olomutz durch sy oder ire volmechtige anngelanngt wirdest und begeren werden, in das uns zugehorig herausgebest und uberanntwurtest und kain annders thuest. daran verbringst unnser ernnstlich maynung, und wirst dich wissen darnach zurichten. Geben zu Prag Sonnabennts vor Judica in der vassten anno domini XV^{c} in newnnden, unnserer reiche des hunngrischen im XIX und des behemischen im XXXVIII Jaren.

Ex commissione propria Regis.

Auf der Rückseite: Dem Ersamen unnserem lieben getrewen Liennharten Fogel burger zu Breslaw.

14—25. Aufzeichnungen über die Öffnung von Ablaſskästen in Schlesien und Böhmen. 1509 April 25 — 1510 August 20.

Fuggersches Archiv in Augsburg. Sämtlich Pap. Or.

14. An nicht genanntem Orte. 1509 April 25.

Item daß gelt dass ynn eynenn rat ist eynn gelegt wordenn aus der truhenn dass ynn der gnaden ist eyngelegt worden ist gezelt worden stüy (?) in die s. Marci anno etc 1509 ynn kegenwertikayt der wirdigen herren Vater Melchior dy etzeyt Schtathelder des gardians des Klosters der heyligen XIIII nothelfern und des hern Comendators und her magister prediger ynn der pfarr etc.

Item am ersten ist gewest hundert unnd eyn schogk gr. peheimsch unnd pfening weisse und Gorliczer.

Item an golde ist vorhandenn gewest zwen ducaten unnd syben czehen reynsche fl.

Item ann dewtscher müntz ist vorhanden gewesen XVII$^{1}/_{2}$ fl den fl. zw XXI gr. gerechendt.

15. An nicht genanntem Orte, ohne Datum.

Gnaden geldt.

Item mann hat pey eynem rate eyngelegt dewtsche Müntze XXV fl. zw eyn undzwanczigen gerechendt und V fl. an golde. Summa facit XXX fl.

Item so ist der pehmischenn müncze an groschen weysse pfennyng und gorlitzer XLIII schock.

Item aber auff eyn newes XII schock aus der gnaden truhenn genomenn zw eynem rate eyngelegt.

16. Zu Lüben. 1509 Mai 10.

Auf der Rückseite: Lobenn.

Anno domini MCCCCCnono Jovis die X^{a} mensis Maji hora fere vesperorum in curia episcopali Legnicen. summa pecunie in Lobin ex jubileo collecte et presentate ac numerate facit C. marc. ac XXV marc. et VII gr ac tres flor. ungaricales, presentibus honorabili ac discreto viro dominis Martino precentore et Vrbano Canth mansionario capelle beate Marie virginis choro ecclesie collegiate Legnicen. annexe testibus ad premissa fidedignis vocatis pariterque rogatis.

Johannes Bekir
premissorum notarius.

**17. Zu Teschen.* *1509 Mai 23.*

Zwei aufgedrückte Siegel.

Aussteller Hieronimus de Wokstach sacre theologie professor canonicus Olemucensis curatus in Thessnen necnon archipresbiter sedis ejusdem, frater Felix viceguardianus, frater Patricius predicator et confessor Alamannorum claustri s. Trinitatis extra muros Thessnen. fratres ordinis minorum de observantia, Johannes Ezech proconsul aliique consules. Geöffnet auf Bitten des Johannes Tratkopp arcium lib. mag., Vertreter des Papstes, und des Breslauer Bischofes. Befund: 60 flor. de moneta communi (31 gr. Boh. pro 1 fl) et 3 flor. in auro. An Tratkopp übergeben. Zeugen.

Thessen feria quarta ante Vrbani a. salutis 1509.

**18. Zu Oberglogau.* *Cosel 1509 Mai 26.*

Drei aufgedrückte Siegel.

Aussteller: Henricus Wrochen eccl. collegiate in Superiori Glogovia scholasticus una cum reliquis presbiteris qui circa ecclesiam parrochialem sti Sigismundi in Cosel degunt, prothoconsul pariter cum consulibus civitatis ejusdem necnon frater Martinus de Gleywicz gardianus loci minorum de observantia ibidem, frater Mathias de Polonia predicator loci ejusdem. Johannes Tratkoff entnimmt 121 fl.

Datum Cozel in vigilia penthecostes a. d. 1509.

19. An ungenanntem Orte. *1510 Januar 5.*

Ego frater Barnabas de Khunitz ordinis minorum de observantia commissarius immeritus notum facio singulis et universis, quod in vigilia trium regum recepi peccunias jubilei anni ab egregio doctore Wenceslao. Anno 1510 manu propria ss.

**20. An ungenannntem Orte.* *1510 Februar 19.*

1510. Martis die 19. Februarii. Gefunden:

in grossis novis albis	54 fl.	30 sc. gr. pro 1 fl. computando
„ „ polonicalibus	93 fl.	33 „ „ „ 1 „ „

in auro 8 fl. ungar. et 2 renens. et unus annulus argenteus et parva crux argentea.

in grossis bohemicalibus 7 fl. 33 sc. gr. pro 1 fl.
" " Wrathislavien $10\,^1/_2$
" obolis 60.

Mattheus Fagel notarius.

*21. *Ablieferung von Hirschberg.* *1510 Mai 29.*

Mit aufgedrücktem Siegel.

Bürgermeister und Ratmannen von Hirschberg geloben, von dem im vorigen Jahre bei ihnen in den Gnadenkasten gelegten den zum Gebäude der Kirchen . . Petri und Pauli zu Rome gehörigen Anteil von 38 Schock gemeine an Johann Cratkopph oder in seiner Abwesenheit an Lienhart Fogeln Bürger zu Breßlew auf Johanni oder 8 Tage danach nach Breslau zu überantworten.

Mittwoch nach Trinitatis 1510.

22. *Ablieferung des Domkapitels von Prag.* *1510 Aug. 10.*

Mit aufgedrücktem Siegel.

Ambrosius de Plzna decanus totumque capitulum eccl. Pragensis notum facimus universis et singulis, quod nos de jubileo pridem pro fabrica ecclesie sancti Petri in curia Romana contulimus partem papalem videlicet XXXIII $^1/_2$ s. g. Missnen. cum duobus g. albis prag. venerabili viro et reverendo magistro Johanni Tratkop vicario perpetuo eccl. majoris Wratislaviensis. In fidem illius applicuimus secretum nostrum quo pro tempore utimur. Actum de anno domini 1510 decima die Augusti.

*23. *Öffnung in Horazdowitz.* *1510 August 18.*

Mit zwei aufgedrückten Siegeln.

Aussteller: frater Mauricius de Tepla ord. min. de observantia gwardianus loci nostri Horazdien. Johann Tratkop erhält a nobili viro domino Johanne Strupina 70 sexagenas Missnen. 18 Aug. a. salutis n. 1510.

*24. *Öffnung in Tzumlow (?)* *1510 Aug. 20.*

Mit zwei aufgedrückten Siegeln.

Aussteller: Wenceslaus archidiaconus Bechinen. in ecclesia Pragensi, plebanus in Tzumlow, magister civium et consules ejusdem civitatis. Tratkop erhält für den päpstlichen Anteil: 105 ren. fl. et 41 gr. et mediam libram cum 3 lottonibus in diversa moneta.

a. d. 1510 die 20. Augusti.

*25. *Öffnung in Brüx.* *1510 Aug. 29.*

Mit aufgedrücktem Siegel.

Aussteller: Bürgermeister u. Rat civitatis Pontensis. Tratkopp erhält für den päpstl. Anteil 112 florenos renenses.

a. inc. d. 1510 die scti Johannes decollacionis.

26. Der Observantenvikar in Breslau gibt den oberschlesischen Klöstern seines Ordens Anweisung, wie sie sich bei Öffnung der Ablaſskästen verhalten sollen *1509 Mai 5.*

Fuggersches Archiv. Pap. Or. Siegel abgefallen.

In dulcissimo Jesu filio Marie virginis.

Venerabiles patres. Noverint paternitates vestre me cum aliis reverendis patribus . .[a] nostri sancti Bernardini breve missum vidisse ac legisse sub annulo piscatoris a sanctissimo domino domino nostro Julio secundo circumspecto ac honesto viro domino Lleonardo Vogl senatori Wratislaviensi, qui invigilare habet super elemosina pro sacro imposita jubileo in locis ac civitatibus nobis deputatis, insuper serenissimus dominus dominus noster Vladislaus Bohemie et Ungarie regnorum rex duas tercias partes iam dicte elemosine pro tuicione fidei orthodoxe a domino domino nostro Julio dono suscepit. Cujus procurator reverendissimus dominus noster Wratislaviensis institutus est, cujus tenorem commissionis audivimus et vidimus, quorum subdelegati vestras visitabunt paternitates ac capsas elemosine dicte apperient, et ut intersint paternitates vestre, quemadmodum nos Wratislavie fecimus cum reverendis capitularibus et circumspectis dominis pretorianis. In cujus rei testimonium me subscripsi sub sigillo commissariatus anni jubileici provincie Bohemie. Ex loco nostro supradicto Quinta May anno salutis 1509.

Fr. Ruffinus de Trebnitcz
loci sancti Bernardini extra Wrat. Vicarius inmeritus.

Auf der Rückseite: Venerabilibus ac religiosis patribus gracie jubileice commissariis ordinis minorum observantie vicariis locorum Katczerdorffen., Oppolien.. Cosolenn., Bithunien., Ratiburien., Teschnenn. patribus in Christo sinceriter dilectis.

**27. Quittung des Bischofs Johann von Breslau über 1600 ung. Gulden aus Ablaſsgeld.* *1509 Mai 10.*

Fuggersches Archiv. Pap. Or. mit aufgedrücktem Siegel.

Johann Bischof von Breslau bekennt, dass, nachdem dem König zu Ungarn und Böhmen aus dem römischen Ablaſsgeld, so jetzt in Schlesien eingelegt wird, zwei Drittel aus Begnadung des römischen Stuhles zuständig ist, und nun der König ihm für seine Dienste 1600 ung. Gulden davon verordnet hat, er mit dem ehrbaren namhaften Leonhart Fogel Erbherrn zu Freienwalde, Depositar des röm. Stuhls, sich der 1600 fl. halber vertragen, indem dieser ihm für je 1 ung. fl. 36 neue Groschen ausgezahlt hat.

Breslaw dornstags nach Cantate a. d. 1509.

[a] *Loch.*

*28. *Der Depositar päpstlicher Ablaſsgelder, Leonhard Vogel, bestellt Johann Dratkopf zu seinen Vertreter.* *1509 Mai 12.*

Fuggersches Archiv. Pap. Or. mit aufgedrücktem Siegel.

Johannes episcopus Wratislaviensis confitetur, dominum Leonardum Fogel civem Wratislaviensem generalem depositarium pecuniarum ex jubileo pro fabrica basilice b. Petri principis apostolorum de Urbe concesso provenientium a sede apostolica per et infra regna Hungarie, Bohemie, Polonie ac provincias eis adjacentes specialiter deputatum in presentia episcopi constituisse suum verum procuratorem honor. virum dominum Johannem Tratkop, mansionarium capelle beate Virginis Marie ecclesie Wratislaviensis annexe ad requirendum clavigeros capsarum, in quibus pecunia istius jubilei reposita est, in districtibus Teschnensi, Ratiboriensi, Coslensi, Oppoliensi et Bithoniensi collocatarum, . . ad recipiendum tertiam depositario confisam

Actum Wratislavie 12. mensis Maii a. d. 1509 presentibus . . Johanne Berlin consule Wratislaviense et Henrico Seidlitz cubiculario episcopi.

29. *Kaiser Maximilian quittiert den Fuggern über den Empfang von 10000 rh. fl. aus dem Nachlaſs des Kardinals von Meckau.* *1510 Jan. 10.*

Fuggersches Archiv in Augsburg. Perg. Or.

Wir Maximilian erwelter . . . romischer Kaiser . . . . . Bekennen . . . . als der edel . . . Pauls von Liechtenstain freyher zu Castelkorn unnser marschalckh unnsers Regiments zu Innsprug . . . . etlicher schuldbrieff und ainer namhafften suma gelts halber darinn bestimbt, so weyllendt her Melchior . . Cardinal und Bischove zu Brichsen zu unnsern und des reichs lieben getrewen Vlrichen Jacoben und weyllend Jorgen gebruder die Fugger burger zu Augspurg erlegt und . . . Babst Julius . . . nach des gemelten Cardinals absterben zu Rom annemen und einziehen lassen und unns dieselben aus besonndern ursachen furter ubergeben und zugestelt gehabt, von unnsern wegen . . mit den genanten Fuggern ainen vertrag und abrede gemacht, darinn under anderm begriffen ist, das sie unns auff sant Jacobs tage . . nechstkomend im schnytt zehentausendt gulden Reinisch in abslage und zu bezallung der suma gelts in demselben vertrage bestimbt bezallen sollen, Daran sie dan ytzo sechstausend gulden bars gelts auff unnser gehays inbehalten, darfur sie dem erwirdigen Cristoffen bischoven zu Brichssen seinen nachkomen und stifft incrafft ains vertrags zwuschen uns und seiner andacht außgericht zehentausendt gulden in zwaintzig iaren von unsern wegen zu bezallen angenomen und zugesagt und sich darfur gegen seiner andacht . . nach notdurfft verschriben und die uberigen viertausendt gulden unns auf heut datum auff unnser begern auch an barem gelt außgericht und also unns der gedachten zehentausend gulden genntzlichen vergnugt . . haben. Demnach so sagen wir . . die obgenanten . . Fugker . . der 10 000 gulden quit und ledig . . . .

Geben . . 10. Tage . . Januarii . . 1510.

Unterschrift: P. v. Liechtenst[ein].

Auf dem Buge: Serntein.

30. Motu Proprio Papst Julius II. Anweisungen auf das Guthaben des verstorbenen Kardinals Fazio Santori bei den Fuggern z. T. zum Ersatz für Kupfer und Zinn, das von den Fuggern gekauft worden war.

Rom 1510 April 17.

Arch. Vatic. Divers. Camer. 61. fol. 228r.

Julius papa II.

Cum memores simus penes dilectos filios Ulricum et fratres de Fukeris mercatores Romanam curiam sequentes de pecuniis bo. me. olim Fatij cardinalis sancte Sabine remansisse summam seu quantitatem novemmilium sexcentorum sexaginta quatuor ducatorum et soldorum quindecim auri in auro de camera penes dictos de Fukeris per prefatum olim cardinalem dum vixit depositam, prout in diversis cedulis dictorum de Fukeris dictam summam constituentibus continetur, nosque eisdem de Fukeris in longe majori summa presertim occasione certarum quantitatum ramorum stagnorum per eos dilecto filio Johanni Paulo argenti in Civitate vetula de mandato nostro traditarum et consignatarum veros debitores existere, idcirco eisdem de Fukeris prout rationi et equitati convenit satisfacere volentes scientesque pariter et intelligentes dictam summam pecuniarum ad nos tam ex testamento prefati olim cardinalis, cujus validitas a voluntate nostra pendet, quam etiam ab intestato libere expectare et pertinere, motu proprio et ex certa nostra scientia eisdem Ulrico et fratribus de Fukeris committimus volumusque et mandamus, quatenus de summa predicta quantitatem ottomilium tricentorum septuaginta novem ducatorum et solidorum quinque similium ad eorum computum et in deductionem dicte majoris summe eidem per nos ut premittitur debite receptis per eos cedulis predictis penes nos existentibus ponant et recipiant ponique et recipi et in eorum libris seu computis annotari faciant, residuum vero videlicet ducatos mille ducentos ottuaginta quinque et soldos decem similes venerabili fratri F. episcopo Concordiensi datario nostro nostri nomine solvant: nos enim retemptionem in solutum et solutionem predictas sic ut premittitur respective fiendas ratas et gratas habebimus et habemus, in contrarium facientibus non obstantibus quibuscumque. Datum Rome in palatio apostolico die 17. mensis aprilis 1510.

Placet et ita motu proprio mandamus. collationatum cum originali et concordat die 14 maij 1510. Fu. de Narnia.

31. Papst Julius II. quittiert den Fuggern den Empfang von 6027 3/4 Dukaten Ertrag des Jubelablasses in Polen und Schlesien. Rom 1512 März 23.

Arch. Vatic. Divers. Camer. 58. fol. 207r.

Julius papa 2s.

Motu proprio etc. fatemur per presentes recepisse in prompta et numerata pecunia a dilectis filiis Jacobo Fucher et nepotibus mercatoribus Alamanis Romanam curiam sequentibus summam sex milium et viginti septem ducatorum cum tribus quartis auri in auro de camera, que pecunie, sicut ipsi Jacobus et nepotes dicunt habuisse notitiam de mense Januarii proxime decursi ex civitate Augusta, exacte fuerunt in regno Polonie et Schlezie territorii Wratislaviensis ex jubileo in eodem regno concesso et sunt pro tertia parte nobis obveniente deductis omnibus expensis et cambiis, pro qua pecuniarum quantitate per nos habita et recepta ut prefertur prenominatos Jacobum et nepotes eorumque heredes et successores tenore presentium quitamus absolvimus et liberamus; in contrarium non obstantibus quibuscunque. Datum Rome in palatio apostolico die 23 martij 1512. pontificatus nostri anno nono.

Ita motu proprio habuisse fatemur J.

Coll. P. Bucanus.

Am Rande: Quitantia pro pecuniis receptis a Fucheris.
sc. 6027 3/4.

32. Schuldurkunde des Papstes Julius II. gegenüber den Fuggern über 2819 Dukaten und Anweisung auf einen Jubelablaß. 1512 März 26.

Arch. Vatic. Divers. Camer. 58. fol. 204r.

Julius papa 2s.

Motu proprio etc. fatemur recepisse a dilectis filiis Jacobo Fucher et nepotibus mercatoribus Alamanis Romanam curiam sequentibus ducatos duo milia et octingentos decem et novem auri in auro de camera in prompta et numerata pecunia. Quam pecuniarum summam habuimus ab eis ratione veri et amicabilis mutui eamque volumus ac eis per presentes concedimus, ut possint exigere et penes se retinere super tertia parte nobis obveniente ex pecuniis jubilei per nos in Hungarie, Polonie et Schlezie regnis concessi, pro qua pecuniarum summa prefatos Jacobum et nepotes eorumque heredes et successores tenore presentium quietamus, absolvimus et liberamus. In contrarium facientibus non obstantibus quibuscunque. Datum Rome in palatio apostolico die 26 Martii 1512. pontificatus nostri anno nono.

Motu proprio fatemur et concedimus.

Am Rande: Confessio receptionis 2819 scut. pro Fuccheris.

33. Einträge in den Protokollbüchern des Konstanzer Domkapitels über den Ablafs zugunsten des Konstanzer Münsters.

1511 Oktober 19 — 1517 Oktober 13.

A. Aus Nr. 9467ª der Protokollsammlung des Grofsherzoglichen Generallandesarchivs in Karlsruhe.

Fol. 204ʳ. Ex parte ordinacionis pro jubileo impetrando concipiende: »Item Mercurii XXIX Octobris pro relevacione incendii ecclesie Constantiensis ist capitulariter concludiert zu besehen, ob man mög ein Jubileum a sede apostolica erlangen et pro ordinatione concipienda ad dominum doctorem Lucam deputati sunt dominus decanus, custos, Clingenberg et Fergenhanß, presentibus eisdem et Goldli, Bůbenhofen, Hertenstain, Ryn, Lupfen, Sax, Schad, Bodman et Botzheim.«

Fol. 206ʳ. »In facto jubilei pro fabrica impetrandi.

Die XIX. Novembris etc a capitulo deputati ad dominum doctorem Lucam Conrater sunt domini decanus, custos, Clingenberg, Bůbenhoffen et Fergenhanß, presentibus dominis proxime prescriptis«

Fol. 207. »Ex parte jubilei pro fabrica Constantiensi impetrandi.

Die lune XXIIII. Novembris. Nach vilhandlung cum Reverendᵐᵒ domino Constantiensi von wegen solhe Jubilei vorhär beschehen sind hern thumdechan und capitel samentlich in die pfallentz ad dominum reverendissimum komen und abermals hieruber vorgehalten und zu ledtst mit iren gnaden abgeredt und beschlossen, daß dominus reverendissimus sampt thumdechan und capitel gemainlich sölln sölhes Jubileum erlangen und prosequieren helfen etc und uber den tail der gevell, so pro fabrica Basilice sancti Petri verordnet, domino reverendissimo von allen andern gevellen in civitate et diocesi Constantiensi der drittail pro interesse et dampnis suis werden, und das ubrig, das ist die andern zwen tail in civitate et dioc. Const. gäntzlich und sunst extra civitatem et diocesim Constantiensem alle gevell samentlich fabrice ecclesie Const. und von denselben tailn domino revᵐᵒ Const. nichtz vollangen und zůgehoren sǒllen etc. Und sǒlle dominus Reverendissimus in expensis habendis pro rata sue tertie partis och anligen und in allweg helfen tragen etc. Und pro eadem rata irn gnaden och ain schlüssel ad truncum zugelassen, so Jre gnaden ainem thümhern bevelhen werden etc. Actum in pallatio in stubella anteriori ejusdem domini Constan., presentibus eodem domino reverendissimo similiter et dominis decano, custode, Montfort, Goldli, Clingenberg, Bůbenhofen, Hertenstain, Lupfen, Fergenhanß, Sax, Schad et Botzheim«

Fol. 208^r. »Ex parte jubilei pro fabrica impetrandi. Die XII. Decembris ist das concept per dominum dec. Lucam vergriffen der bullen solher indulgentzen capitulariter verlesen und also zugelassen ad curiam zu senden etc. presentibus dominis proxime prescriptis.

Ex parte informationis pro impetracione Jubilei concepte. Item XIII. Dec. ist das concept solher Information capitulariter verlesen und verhört worden, und also ad curiam ze senden zugelassen, presentibus dominis proxime conscriptis.«

1512

Fol. 213. »Ex parte d. doct. Wendelini in curia Romana pro Jubileo sollicitante.

Die XXIIII. Marcii uff rat domini reverend. Const. et etc capituli conclusum est, dafs man demselben hern Wendelino schriben und bevelhen sölle, furter in curia zu belyben und pro Jubileo ad annum futurum zu sollicitiern etc Und das man im andere promotoriales an etlich Cardinal und dominum Constantinum etc zuschicken sölle etc. Et pro literis huiusmodi concipiendis deputatus et rogatus est dominus doctor Luch etc, presentibus dominis decano, custode, Montfort, Conrater, Clingenberg, Bůbenhoffen, Hertenstain, Lupffen, Ryn, Fergenhanß, Schad et Botzheim.«

Fol. 215. 26. April. »pro ordinatione structure turrium ex capitulo deputati sunt domini custos, Göldli, Clingenberg, Fergenhans et Sax«

Fol. 216. »Ex parte domini Wolfgangi de Hewen. Die quinta Maji hat dom. reverend.^{mus} Constantiensis an ain capitel langen lassen, wie herr Ulrich frye zu Sax etc irer gnaden geschriben und zů emboten, daȝ er, a sanctiss^{mo} d^{no} nostro papa beschriben und verordnet sye als hoptman ain merckliche zal der aidgnossen in Welschland pro defensione terrarum sancte Sedis apostolice ze füren etc und in willen hern Wolfgangen von Hewen sin stieff süne mit im zu nemen etc und sich daby erboten, ob er apud Sanct.^{m} etwas zu gůt und ere dem wirdigen Stifft und Capitel schaffen mög, welle er geflissens willens gern tůn etc und durch mittel domini Reverendissimi bitten lassen gemelten herren Wolfgangen von Hewen sinen stieffsun uff solhem zug by ainem capitel presentem ze halthen etc. Also ist uff vil underred hieruber gehalten zeledtst capitulariter concludiert per maiora vota: Diewyl man in übung sye a sede apostolica indulgentias Jubilei pro fabrica zu erlangen, daran mercklich vil gelegen sye, und als man verschiner tagen doctorem Wendelinum ad curiam sandte pro indulgentiis hujusmodi impetrandis, ain capitel dominos decanum und etlich ander mitthümherren ernstlich gebetten pro indulgentiis hujusmodi ad curiam ze ryten und sy zu aller zerung presentes gehalten wern etc. aber irer kainer zu ryten bewegt werden möcht, deshalb doctor Wendel abgefertigt worden, so nun widerumb heruß komen und nichtz endtlichs geschafft etc Und aber dieser buw der fabric vorougen notwendig und mercklich schwär und die fabric an gulten und gelt kains wegs vermög, solhen Buw one stür und hilff solher Indulgencien zu volbringen, und gůte zuversicht sye, daß gedachter herr Ulrich frye zu Sax und herr Wolfgang sin stieffsune uff solhem furgenomenen zug als die fürnemesten by unserm hailgen vatter dem pabst gemelte indulgencien wol zu wegen bringen mögen etc och solher zug pro ecclesia Romana diene etc daȝ man dan bemelten heren von Hewen uff sölh pitt domini rev[mi] und hern Ulrichs fryen von Sax etc zu güt der fabric uff sölhem furgenomenen zug presentem halten sölle, ad renocationem dominorum decani et capituli seu majoris partis etc zu achtung sölh zulassen sölle, in ainem capitel kain sequel oder nachtail bringen, dann in disem fal gnügsam ursachen vorhanden syen etc. Et pro responsione in premissis dom[no] rev[mo] danda ex capitulo deputati sunt decanus, custos, Conrater et Fergenhanß ....«

Okt. 15. Hewen weilt tatsächlich an der Kurie.

27. Oktober. »Ex parte VI[c] gulden pro fabrica recipiend. et ad Augustam pro bullis Jubilei mittend.« . . . Man hatte zugesagt solches Geld dem Fugker gen Augsburg zu schicken, über die Beschaffung des Geldes.

Fol. 236[r]. »Ex parte bullarum Jubilei. Die XIX. Novembris uff der Fucker schriben. daȝ solh bullen by inen vorhanden und aber noch V[c] und XII gulden usstanden zu zaln und och ain obligation de 3[a] parte proventuum pro fabrica sancti Petri solvenda zu geben sye, emals die bullen von handen gelassen worden etc und dominus Rev[mus] Constant. angezaigt yetz kain gelt pro rata sua darlyhn möge und aber vormals by II[c] gulden dargegeben, hat man hieruber capitulariter red gehalten und ain concept solher obligation verhört und tandem per majora vota concludirt, daȝ man solhe obligation in forma duplici uffrichten, aine simpliciter und die andere ad cautelam non deductis oneribus etc och die V[c] gulden uff die fabric oder wa das nit gehaben wurd uff ain capitel uffnemen und den Fugkern zu schicken sölle furderlich, damit man globen halten und die bullen ze handen bringen möge fürderlich zu volstreken etc, presentibus dominis proxime prescriptis, collectis etiam votis dominorum Randeck, Lupfen et Bodmen, qui absentes fuerunt et ad effectum predictum assenserunt.

In facto eodem. Die lune XXII. Novembris sind baid vorgemelt obligationen gegen Fuckern und die umb die V^c gulden gegen Jergen Raitmer uffgericht in capitel angezaigt und alsdann sigillo capitulari besigelt worden etc und aber daby geredt, daʒ man von der fabric pfleger literas indempnitatis hieruber nemen solle zu ainem urkund ain capitel zu entheben etc., presentibus dominis proxime prescriptis similiter et Lupfen.«

Fol. 238. »Ex parte obligationum dominorum de capitulo erga Jacobum Fugker ratione Jubilei. Die XIIII. Decembris als her Jacob von Clingenberg von Augspurg heruff geschriben, daʒ der Fugker der zwayen nechst zugesandten obligationen kaine wellt annemen, sondern nach innhalt ainer copy zu Rom gestelt, so er dennemals mitgeschickt, obligationem haben welt etc, ist hieruber per juramentum capitulum convocirt und solhe copye capitulariter verlesen und daruff obligation beschehen lut derselben copy in forma instrumenti publici etc. und sind der selben instrument zway gemacht und gen Augspurg gesandt etc. Und ist daby concludiert capitulariter, diewil der bemelt von Clingenberg zu Augspurg sye, daʒ man im schriben solle daselbst zu verharren und die Indulgentz publicieren ze lassen etc und daʒ man inn biß ußgang der Indulgentz presentem halten sölle und welle etc. presentibus dominis decano. Conrater, Lupfen, Zu Ryn, Sax, Schad, Bodman, Botzheim et Meßnang, recollectis etc. votis dominorum de Randegk et custodis, qui fuerunt tunc infirmi.«

Fol. 239. »Ex parte do. Jo. Meßnang licenciati. Die 3^a Januarii uff anbringen domini decani ist per majora vota concludiert, daʒ man den selben hern licenciaten in facto indulgentiarum sölle gen Augspurg senden mit instruction, hern Jacoben von Clingenberg daselbst die indulgentien exequieren zu verhelfen, angesehen daʒ er by etlichen herren daselbst so zu furdrung wol erschiessen mogen sonder bekant ist etc presentibus dominis proxime prescriptis.

Item daʒ dominus doctor Fergenhanß so erst anhaimsch kompt, in eodem facto gen Cur ryten und daselbst publiciern sölle etc presentibus prescriptis.« [1]

Fol. 240. »Ex parte publicacionis Jubilei. Die VII. Januarii uff anbringen domini decani ist capitulariter concludiert, daʒ man die vexilla und arma machen und malen lassen sölle nach ansehen und güt bedunken der deputaten ad factum etc presentibus dominis proxime prescriptis.«

1513. *Fol. 240^r.* »Die 22. Januarii scriptum est dominis de Bůbenhofen et Fergenhanß, quod maneant in territorio Wirtenberg in facto Jubilei

[1] *Meßnang bleibt aber noch präsent, vielleicht ist er aber trotzdem gereist.*

et quod in executione indulgentiarum presentes habeantur etc ut in concepto missive.«

Fol. 242. »In facto Indulgentiarum ecclesie Constancien.

Die XIIII. Februarii uff anbringen dominorum deputatorum in eodem facto ist capitulariter unterred gehalten und concludiert, daʒ die selben heren deputati scilicet domini decanus, custos et Conrater söllen in ecclesia et civitate Constantiensi commissarii generales sin.

Item daʒ och penitentiarii maiores et minores sive confessores verordnet und gesetzt werden söllen, nach lut des zedels so dennmals angezaigt wurd. Item desglych die priester und ander ad loca indulgenciarum in diocesi Constan. in massen die uffgeschriben und angezaigt werden, gebetten und gesandt werden sölln cum instructione et aliis requisitis etc presentibus dominis decano, custode, Conrater, Goldi, Hertenstain, Lupfen, Schad et Bodman in stuffa prescripta congregatis.

Item eotunc conclusum est, daʒ man die Indulgentz och sölle offeriren zu legen gen Zug, Schwytz und Ure etc. Item zu besehen, wie man sich mit denen von Lucern irer Indulgentz halb mocht betragen, daʒ sy damit diss iars stillstanden oder in andertweg der fabric anzunemen etc. presentibus dominis proxime prescriptis.«

Fol. 242[v]. »Ex parte sublevacionis indulgentiarum et illius proventuum. Die XXIII. Marcii hat dominus decanus sin und der andern herren deputaten der Indulgentz furgehalten etlich ansehen die gevell der Indulgenz uffzuheben und instruction deshalb gen Augspurg gestelt verlesen etc. Und hieruber capitulariter red gehalten und des ersten concludirt, daß man den Fuckern tertiam partem ad sedem apostolicam spectantem nit geben sölle, sy geben dann dagegen ainem capitel litteras indempnitatis in bona forma propter obitum domini Julii etc. Und daʒ man ad curiam Romanam schriben solle ante solutionem tercie partis, wahin tercia pars gehoren werd, und ob modernus papa hieran etwas nachlassen wurd etc. Item daʒ man pro sublevatione capsarum ad omnia loca Indulgentiarum per dioc. Constan. ainen thumherren schicken sölle etc und daʒ sölh gevell und gelt alles ainem capitel ingeantwurt und durch ain capitel behalten und mit wussen und rat ains capitels angelegt und verbawen werden sölle zu nütz der fabric etc presentibus dominis proxime suprascriptis.«

Fol. 243. »Ex parte sublevationis proventuum indulgentiarum. Die 2[a] Aprilis uff verlesen der Commissarien och Jacob Fuckers zu Augspurg missiven ist capitulariter concludiert, den Farnbühler factor des Fugkers zu Lindow zu beschriben und furderlich nach lut gemelter geschrift und siner bevelh mit im ze handeln etc, presentibus dominis proxime supradictis.«

*Fol. 243*r. »Ex parte sublevationis proventuum Indulgentiarum. Die VI. Aprilis fuit convocatum capitulum per juramentum et fuerunt presentes domini decanus, custos, Goldli, Conrater, Lupfen, zu Ryn, Bodman et Botzheim. Und als uff des Fugkers schriben Hans Varnbuhler von Lindow sin factor beschriben und in capitel erschinen und sin bevelh angezaigt, och der herren vom capitel vernommen hat er ain bedacht genommen biß nach Imbiß etc.

Und nach Imbiß ward im Stöff widerumb capitel gehalten et fuerunt presentes singuli domini prescripti preter d. Zu Ryn. Und als wyter mit dem gemelten Farnbühler gehandelt, ward zuletst sampt im solh maynung abgeredt, daʒ er in namen der Fugker hie zu Constantz, och zu Chur, Veldkirch, Lindow, Pregentz, Wangen und Ysni selbs personlich by uffhebung der capsen sin. Item gen Uberlingen, Messkirch, Riedlingen, Ulm, Bibrach, Ravenspurg und Marckdorff welt er an sin statt verordnen Hennin Núkom von Lindow mit den verordneten des capitels an dieselben end ze ryten und by erhebung der capsen ze sin etc. Item gen Schaffhusen, Waltzhůt, Friburg, Rotwil, Villingen und Engen welt er verordnen an sin statt Ludwigen Keller zu Costentz etc.

Item in den stetten des landes zu Wirtemberg welt er vertrawen den herren, so von ainem capitel verordnet und bishär gehandelt haben, doch also daʒ er notari so inen zugeordnet wirt im och gelobe von sinem herren wegen getrúwlich hierinn ze handeln.

Desglychen welt er denen, so durch ain capitel gen Bischoffzell, Wyl und Winterthur verordnet werden, vertruwen, doch daʒ die och im loben wie der notari gen Wirtenberg gesandt etc.

Daruff haben ain capitel capitulariter och verordnet personen und notarios an alle ort ze ryten nach innhalt des zedels hierüber gemacht. Und ist solh handlung domino reverendissimo von wegen ains capitels och furgehalten per ven. dominos decanum et Lupfen ad hoc deputatos, etc hat ir f. gnaden also lassen ir wolgevallen. Actum ubi supra in Stoffa, presentibus dominis proxime supra descriptis.«

Fol. 244. «Ex parte sublevacionis proventuum indulgentiarum. Die VIII. Aprilis sind commissiones und instructiones pro facto hujusmodi in capitulo angezaigt und verlesen und zugelassen abzefertigen etc presentibus dominis proxime prescriptis.«

Fol. 245. »Pro ratione proventuum indulgentiarum. Die VI. Maji deputati sunt priores deputati scilicet dominus decanus, custos et Conrater, et eis adjuncti domini, qui collegerunt proventus hujusmodi, et qui habent facere desuper rationem scilicet domini Hertenstain, Lupfen, item Bubenhofen et Fergenhans cum supravenerint etc presentibus —«.

Fol. 246. »Ex parte domini licenciati Jo. Meßnang. Die XX. Maii uff anzeigen domini de Clingenberg, wie es des geltz halb der Indulgentz zu Augspurg stund und nit nodt sye yetzmals danyden ze warthen etc ist capitulariter concludirt, domino licenciato Meßnang ze schriben, daȝ er wol mög heruff komen, biß alle rechnung hie zu Costentz der indulgentz beschehen, mögen dann er oder gemelter herr von Clingenberg irm erbieten nach widerumb hinab ryten, die sach mit dem Fugker zu vollenden etc presentibus . . . .«

Fol 246^r^. »Ex parte domini rev^mi^ episcopi Curiensis«. Schenkung bei der Durchreise, 6 od. 8 Kannen mit gutem Landwein u. 1 oder 2 hübsche Fische »und daby danck sagen ex parte indulgentiarum und bitten uff kunfftige fasten och gelich zu zelassen.«

Fol. 248^r^. »In facto proventuum indulgentiarum.

Die prima Julii haben domini decanus, custos et Bůbenhofen als deputati relation getan in capitel der rechnung aller gevell der indulgentz von allen bisthumben und orten, da die gehalten worden, und in ainem register angezaigt alles innemen und daby alle expenß und costen derhalb an allen enden uffgeloffen, und och angezaigt die personen, so hie zu Costentz hierinn gedient haben und hieruß geschickt worden sind, den selben ir vererung und belonung capitulariter zu moderieren und ze schöpfen, solhes och zu andern expenß zu rechnen etc und ist nach etlicher widerred concludiert, hierüber capitulum per juramentum convociern ze lassen, damit solhs in bysin aller herrn, so presentes syen, gehandelt werden und darnach ain endtlicher beschluß aller rechnungen und mit den Fugkern sins tails och abgerait werden můg et presentibus . . .«

Fol. 249. »Ex parte domini licenciati Meßnang. Die VIII. Julii uff des selben herren licenciaten vorangezaigten schaden an sinem pferd empfangen in facto indulgentiarum, ist per majora vota concludirt, daȝ man im fúr solhen schaden XX guld. sölle geben lassen.

Item domino decano Curiensi uff sin schriben domino doctori Luce getan, etlich by im nit nach notturft remunerirt etc uff die XXVIII gulden, so im von maister Jergen Bock worden sind, noch XXX gulden zu sinen handen ze schicken und ze schriben pro discrecione sua, die in facto Jubilei laborirt und nit condigne sallarirt syen, mit solhem gelt zu remuneriren nach sinem besten beduncken, damit sy zufriden syen etc.

Item daȝ domini deputati Johannem Bock und Barthlomeum Bock och remuneriren nach gestalt der sachen, daȝ sy content syen und furter aber dienen werden, presentibus . . .«

Fol. 249. »Ex parte dominorum canonicorum qui deservierunt in facto indulgentiarum.

Eodem die scilicet XV. Julii als capitulariter underred gehalten und vormals och beschehn, was man den herrn so in indulgentiis geritten und sunst gedient och für ir costen und gelitenen schaden geben sölle etc ist capitulariter per maiora vota concludiert, daʒ man den capitelheren angesehen daʒ die fabric dermassen ainem capitel zustät, fur ir dienst und arbait nichtʒ geben etc aber denen so costen oder scheden gelitten haben gepúrlich abtrag tun sölle etc. Und endlich herren Jacoben von Clingenberg fur etlich costen zu Augspurg nach ußgang siner residentz gehabt XL gulden, domino de Sax pro similibus expensis zu Offenburg gehabt X flor. und domino licenciato Meßnang für den schaden an sinem pferd empfangen XX gulden geben sölle etc. presentibus . . .«

*Fol. 249*ʳ. »Ex parte relacionis rationum omnium proventuum indulgentiarum.

Die XVIII. Julii hat dominus Custos in namen sin und der andern verordneten in capitel relation getan der rechnung aller gevellen der indulgentien in den vier bisthumben Chur, Augspurg, Straßburg und Costentz alles innemen, ußgebens und expenß und was dem Fugker pro tertia parte worden und was der fabric zustan wirt etc.

Item es ist och uff anbringen der gemelten herren deputaten uff verlesen des recesß mit domino reverendissimo ex parte Jubilei in dioc. et civitate Constant. gemacht zugelassen capitulariter, daʒ man domino Rᵐᵒ de tertia parte omnium proventuum etc confessionalium respondiern sölle etc die wyl doch dominus Rᵐᵘˢ in allen expenßen angelegen sye etc.

Item uff anzaigen domini licenciaten Meßnang, daß dominus Michael Schwycker und Anthonius Mangolt sonder gut flyß und groß arbait in facto iubilei gehabt haben etc ist concludiert capitulariter, daʒ man uber das inen vor zů vererung worden an gelt, sy mit ainem trunck win och vereren sölle, damit sie kunfftiglich in gescheftten des stiffts und capitels dester willeger syen: nemlich yedem ain vasß mit etlichen aymern win der fabric etc so verer der gůt zu vereren sye etc presentibus . . . .«

Fol. 250. »Ex parte tertie partis proventuum Jubilei rᵐᵒ dᵒ Constan. distribuende et expensis illi defalcandis etc.

Die XXVI. Julii uff andringen dominorum decani et condeputatorum ist capitulariter underred gehalten und concludiert uff verlesen der vorigen conclusa hieruber wysend, daʒ man domino reverᵐᵒ lut derselben conclusa tertiam partem in civitate et dioc. Constant. folgen lassen, och von confessionaln etc und der expenß halb ungeverlich den vierden tail so zu Rom pro expeditione uffgeloffen, und den drittail so pro execucione in dioc. et civitate Constant. gemacht pro rata och rechnen und abziehen etc und darnach die gantze rechnung aller gevell der indulgentz beschliessen und das der fabric uberbeliben wirt, ainem capitel anzaigen solle zu nutz der fabric zu bewenden etc presentibus . . .«

*Fol. 251*r. »Ex parte proventuum Jubilei et tertie partis pro d. Const. Die 3a Augusti haben domini decanus et alii deputati in capitel relation getan, wie sy alle expenß gerechnet und yeden tail abgezogen und was domino revmo pro sua tertia parte expensarum uffgelegt und darúber pro parte sua beliben etc och was und wie vil uber allen abzug der tailn dem Fugker, dno Rmo und aller expenß uberbeliben worde der fabric zugehörig etc. und uff umbfrag capitulariter also daby zu belyben beschlossen etc presentibus dominis decano, custode, Goldli, Clingenberg, Bůbenhofen, Hertenstein, Lupfen, Zu Ryn et Botzheim.

Item es ist daby geredt zu besehen, ob d. Rmus die usstendig zinß an die Choral gehörend, an sinem drittentail welt abgan lassen etc. presentibus . . . .«

Fol. 259. »Ex parte pecuniarum Jubilei ex Argentina reportandarum. Die 23. Augusti als dominus de Sax verordnet solh geld von Straßburg heruff gen Costentz zu bringen angezaigt, wie er solh gelt heruff fertigen sölle zum sichersten, und ob er es by ainem fürman, so gewonlich werck heruff fůrt, in aim fäßlein zu werck in schlahen und also in gehaym heruff fůren lassen sǒlle, dann wa es muntz sin wurd es ze schwär zu roß ze füren etc. Ist im in capitel antwurt worden, daȝ er solh gelt nach gestalt der sachen sich fůgen und in gůt und geschickt beduncken und er wol ze handeln wússe, bewaren und heruff fertigen und ains capitels vertruwen nach hierinn tun, welle ain capitel zu danck annemen etc. presentibus . . . .«

Fol. 263. »Ex parte Jubilei. Die VII. Sept. ist in capitel red gehalten, ob man jubileum uff die kunftigen fasten widerumb erlangen wolle oder nit etc und daruff geratschlagt voran cum dno Rmo endtlich da von reden desglichen cum domino de Hewen etc. Et sunt ad hoc deputati domini decanus, custos, Conrater et procuratores fabrice, item ad dominum de Hewen domini decanus, custos et Bubenhofen. Und ist uff solh maynung abgeredt, so verr es domino Rmo och gefallen will, daȝ man procuratoribus in curia Romana sölle schriben und dancken lassen und zimlich vererung tůn, similiter domino datario honorarium debitum fiat etc presentibus . . .«

Fol. 264. »In facto jubilei et indulgentiarum fabrice ecclesie Const. Die XII. Septembris ist abermals hieruber in capitel underred gehalten und per maiora vota concludiert, zu besehen solh indulgentz uff kunfftige iar abermals zů erlangen und uff etlich ander bisthumb zu extendiern, och ob die bull in etlichen artickeln declariert und wyter extendiert werden möcht, und ander mengel, so die commissarii erlernt, erstatten wurden etc. und hieruff ain instruction stellen ze lassen und procuratoribus ad curiam Romanam ze schicken und daby ze schriben mit irm rat und gůtbeduncken hieruff zu laborieren etc und inen, och dem datarien wie vorstat, daby gepurlich vererungen zu ze schicken etc presentibus dominis proxime suprascriptis. Et sunt ad hoc deputati domini decanus, custos, Conrater, Clingenberg, Bůbenhofen, Fergenhanß, Sax et Meßnang, qui in facto fuerunt commissarii«.

Fol. 265. »Ex parte indulgentiarum Jubilei.

Die XVII. Septembris als nechstmals capitulariter concludiert worden, ad curiam Romanam zu werben die indulgentz uff kunfftige fasten wide-rumb ze halten, ist instruction daruff vergriffen capitulariter verlesen und zügelassen und bevolhen dieselben dryfach schriben ze lassen und hinze schicken und daby schriben ze lassen Sanctmo och datario und sinem adjuncto und baiden procuratoribus etc. Item daʒ man dem datario pro munere uff die vorigen XXV ducaten noch L ducaten verordnen und daby procuratoribus schriben, ob sy welt gůt beduncken in etwas wayter zu geben etc. Item pro familiari seu adjuncto datarii et utroque procuratori für ain yeden XXX ducaten, Item sunst pro expedicione negocii et litterarum circa IIIc gulden etc.

Item zu besehen ob die indulgencien möchten extendiert werden uff andre bisthumb, ains, zway oder dry, und besonders, wa es nit anders gesin möcht, uff das bisthumb zu Mentz, und aber fürzeschlahen Bamberg, Saltzburg, Bassow, Wirtzburg, Magdeburg und Mintz etc

Item daß man dominum licenciatum Meßnang gen Augspurg zum Fugker abfertigen sölle cum singulis requisitis und hern Fugker und Anthonium Mangolt zu bitten, irem factor zu Rom und súnst zu schriben und das factum zu promovieren etc

Item cum domino Rmo Const. zu reden, ob ir gnad uff kunfftige fasten welle irs tails stillstan oder cum expensis och anligen und sich benügen lassen des vierden tails in dioc. Const. etc darnach wussen ze halten. Et sunt deputati ad eundem dom. Const. domini decanus, custos, Conrater et procuratores fabrice, presentibus. . . . . .«

Fol. 267v. »In facto indulgentiarum pro futuro anno.

Die XIIII. Oct. hat dominus licenciatus Meßnang in capitel relation getan der expedition by dem Fugger zu Augspurg ad curiam Romanam etc. So also capitulariter angenommen etc und uff sin anzaigen, daʒ noch IIIIc gulden zu leggen syen, in ains monats frist, ob man zu solher expedition noch mer gelts notturfftig wurd etc ist capitulariter daruff geratschlagt, solhe summe gulden zu handen des Farnbuhlers zu Lindow als factore der Fugger zu leggen, ob er die annemen wil, und im darumb fürderlich ze schriben etc und ob er das nit annemen welt, gen Augspurg ze schicken, etc presentibus . . .«

1514. *Fol. 277.* »Ex parte indulgentiarum.

Die XXIII. Febr. als her Johanns Meßnang licenciat von ainem capitel verordnet und gebetten in facto indulgentiarum gen Augspurg ze rytn und solhe Indulgentz daselbst und im gantzen zu publicieren etc und er begert des ersten inn zu versehen mit pferdten, zum andern mit gelt und zerung, zum dritten, ob die indulgentz fürgän wurd, inn und den knecht mit rytklaidern und zum vierden, ob er nidergelegt oder gefangen wurd, inn indempnem ze halten. Ist hieruber capitulariter underred gehalten und concludiert, im solh sin beger zu ze lassen, und daruff bevolhen sin pferd, so er umb XV gulden koufft haben soll, zu besehen und zu werden, ob es geschedigt würd im wüssen ze zalen, und fur sinen knecht ain pferd uß dem spital zu geben verordnet, desglych mit gelt uff solhen rytt gnůgsamlich zu versehen, und ob die indulgentz zu Augspurg und im bisthumb zugelassen werd und er und der knecht aber vil zu ryten gewunnen, daʒ er sich selb und den knecht mit zymlichen ritklaidern von der fabric gelt und costen beclaiden möge etc. Und ob er in solhen der fabric diensten nidergelegt oder gefangen, inn gantz zu entheben und schadloß ze halten etc. doch daʒ er solhs per juramentum suum in gehaym behalten sölle etc. Actum in Stoffa presentibus dominis decano, custode, Conrater, Göldli, Clingenberg, Bůbenhofen, Lupfen, Zu Ryn, Hewen, Fergenhans, Sax et Botzheim.

Et sunt eo tunc pro execucione indulgentiarum ex capitulo deputati domini decanus, custos, Conrater, Bůbenhofen, Fergenhans et Sax etc presentibus dominis proxime suprascriptis, ita videlicet, quod ipsi deputati communiter et divisim, etiam aliquibus alias occupatis ceteri tractare et exequi valeant etc et quicquid taliter tractabunt per totum capitulum ratum habeatur.

In eodem facto.

Die Veneris 3a Marcii ist capitulum convocirt per juramentum in Stoffa und herrn licenciaten Meßnang schriben von Augspurg sampt den dryen breven durch den post zu komen, in capitel uberantwurt und verlesen und uff widerred die brevia anzunemen und furderlich in den drigen[1] bisthumben zu exequieren, und ist daby angenommen die obligation so gemelter herr licenciat ent sins schribens, der anderen zwayen brevia uff Maydeburg und Saltzburg wysend, gegen Fugker getan, und daruff concludiert den post furderlich mit geschrifften an Fugker und licenciaten nodtwendig abzefertigen, mit entrichtung sins solds durch gemelten hern licenciaten im zůgesagt etc presentibus . . .

---

[1] *Darunter sind wohl sicher die drei Bistümer Augsburg, Chur und Strafsburg zu verstehen.*

In eodem facto.

Die VII. Marcii als d. licenciatus Meßnang by ainem aigenen botten von Augspurg geschriben uff hern Fugkers anzaigen, daʒ man von den gevellen der indulgentz allen nichtz ußgenommen medietatem geben und darzu alle expenß ußrichten sölle etc ist hieruber zů merer maln capitel per juramentum gehalten und domino rev^{mo} $Const^{i}$ och anbracht und davon underred gehalten und waren anfangs dominus Rev^{mus} und etlich andere herren der maynung, diewyl solh furnemen hern Fugkers und summi pontificis und sunst sorgh were wenig frucht diss iars ze schaffen, daʒ man dann mit execution der indulgentz stillsten und die brevia widerumb hinab schicken und besehen sölte, ob man uff ain ander fasten der indulgentien uff vorig maynung zydtlich haben und rüsten möcht in hoffnung mer denn yetz an kurtze der zidt und den loffen diser landen zu schaffen etc. Waren aber etlich herren der maynung, so man die vier brevia angenomen und etliche uffgetan hetten, wurde sich nit fügen dieselben widerumb hinab ze schicken, dann zu besorgen die nit angenommen und andere pericula daruß erwachsen möchten, und so man nu so vil costen daruff gelegt und zum tail publiciert, were wäger die zu volstrecken etc. und ward zu ledst per majora vota concludirt, das man sölt mit execution der indulgentien fürfarn, und solhe dem licenciaten also by dem botten zuschriben etc Und daby besehen furderlich ad curiam ze schriben oder ainen hern ze schicken pro reductione medietatis et eciam expensis zu laborieren. Und och uff ain andre fasten die indulgenzien uff die zwo provintzen Maydeburg und Saltzburg sub bullis zu erlangen etc als och ze hand gemelten hern licenciaten gen Augspurg geschriben ward etc presentibus dominis decano, custode, Goldli, Clingenberg, Bůbenhofen, Lupfen, Ryn, Hewen, Fergenhanß, Sachs, Schad et Botzheim.

In eodem facto indulgentiarum.

Die VII. Marcii als dominus doctor Botzheim verordnet gen Chur ze ryten, ist im per dominos deputatos videlicet decanum, custodem et Fergenhans im Stoff instruction gegeben darnach zu handeln und mir secretario bevolhen dieselben zu underschriben und alsdann hat der genant d. doctor Botzheim mir descendendo de Stoffa angezaigt, gemelt herren deputati haben im zugelassen ain rydtklaid uff solhen ryt de fabrica zu bezalen, des er sich tät protestieren mit beger solhe uffzezaichnen. Actum ubi supra post meridiem circa horam completorii.«

Fol. 278. »Ex parte sublevationis proventuum indulgentiarum eccl. Const.

Die VII. aprilis uff anbringen domini decani ist capitulariter concludiert, daʒ man die herren und personen so vormals pro intronisatione geritten syen, yetz an die selben ort och ryten und proventus uffheben lassen sölle etc presentibus dominis decano, custode, Goldli, Clingenberg, Lupfen, Zu Ryn, Fergenhanß, Schad et Botzheim.«

Fol. 278. »Ex parte ymaginis pro indulgenciis in eccl. Const. errecte.

Die V. Maji als d. Ulricus Alber gebetten hat, im solh bildung zugeben etc. ist heruber underred gehalten und concludiert, solh bildung bym stifft zu behalten, diewil man noch in zwyfel ist, ob die indulgentz uff das kunftig iar aber zu gelassen wurd etc

Veldkirch.

Des glych uff hern doctor Botzheim anbringen, daʒ die zu Veldkirch gebetten haben inen by der kirchen ze lassen das vesperbild, die vannen und die trucke, ist geendwrt die selben materialien och also beliben ze lassen biß uff kunfftige fasten, so man sehen wurt, ob die Indulgentz wyter zugelassen wird oder nit. Und so verre sy dann nit wyter gehalten wird, mög man dann inen sölh bild, die venlin und die trucken in ir kirchen lassen. presentibus . . . .

Ex parte proventuum Jubilei in St° Gallo existentium.

Die XXVII. Julii uff anbringen domini decani ist per maiora vota concludiert, Johann Bock ain credentz an den abt ze geben und sich zu offerieren die sinen (?!) zu entrichten juxta modernum imper. factum etc und daruff das gelt zu begeren, und ob er wurd uff sinem furnemen wöllen beharen, im die bullen originaliter anzuzaigen und zu requieriren etc und das gelt liggen ze lassen etc und ze sagen, man werd solhs an die ort da hin das gelt zum tail gehört, referiern lassen, und solle man daruff also die rechnung beschliessen, mit dem Farnbuhler in namen hern Fugker etc und spatium zů dem selben gelt lassen etc presentibus dominis . . .«

1517.

Fol. 296r. »Die Martii 13. Octobris fuit celebratum capitulum propter adventum d. principis in Eßlingen . . .

Ex parte pecuniarum indulgentiarum in Tuwingen et Urach collectarum.

Die 13. Octobris hat her Hans der pfleger von Eßlingen wie er solh gelt heruff gebracht hab und begert zu verordnen dasselb von im zu empfahen etc. Et sunt ad hoc deputati domini decanus, Bubenhofen et procuratores fabrice. Presentibus . . .«

B. Aus. Nr. 9465 der unter A genannten Sammlung.

1514

Fol. 321r. »Die 20 febr. fuerunt presentes in capitulo domini decanus, custos, Goldlin, Conrater, Clingenberg, Bůbenhoffen, Lupffen, Ryn, Sax, Fergenhans, Sax, Bodman, Botzheim et Meßnang

In facto indulgentiarum.

Eodem die ist des Fugkers von Augspurg geschrifft und copyen der brevien in capitulo presentiert verlesen und verhört und domino rev^{mo} och furgehalten und mit rat domini rever^{mi} et maiora vota capitulariter des ersten concludiert, daʒ man angesehen kurtze der zydt und löff der landen dißmals mit der indulgentz stillstän und aber in curia laborieren uff ain andre fasten solh indulgentz in formis bullarum uff die zwe provintzen Maydeburg und Saltzburg zu erlangen etc. Darnach 23 Febr. ward ermessen, daß solh gnad und indulgentz nit zu refutieren und villicht ungnad sedis apostolice och unwillen der procuratoren so mit müg und arbait solhs erlangt haben, zu besorgen were, und wäger etwas fur die fabric dann nichts zu erlangen und daʒ villicht uff das künfftig cruciata möcht publiciert werden und des halb widerumb capitulariter geratschlagt, die IIII brevia uff die vorigen IIII bisthumb anzunemen und die andern uff die zwo vorgemelten provintzen rinnen ze lassen und zu besůchen, ob der Fugker die III brevia also heruß geben wolle, und im daruff die obligacion uff die vorige form zu ze schicken, als och solh obligation uffgericht und besigelt worden etc presentibus respective dominis suprascriptis«

Fol. 330. »Ex parte pecuniarum d. capituli et indulgentiarum in Eßlingen existentium.

Die XXII. Junii uff anbringen domini decani ist concludiert capitulariter, daʒ man domino r^{mo} Const. und dem pfleger zu Eßlingen schriben sölle etc daʒ idem d^{nus} r^{mus} uff anzaigen des selben pflegers söll gelt mit irer gnaden (so uff dem tag zu Wirtemberg sye) am fügklichsten gesin mag heruff gen Merspurg fürn lassen sölle etc presentibus«

Fol. 331. »Ex parte contributionum de peccuniis Jubilei pro hiis qui servierunt in S. Gallo etc

Die VII. Julii uff anbringen domini decani ist concludiert, die wy dominus abbas s. Galli uff ains capitel fruntlich schriben und ire verordnet botschafft sin begerte contribution und vererung der sinen und nit minder haben und solh gelt daruff also innhalten wil, daʒ mann den Farnbuhler, so er nechst zur rechnung komen wirt, hinuff gen Sandt Gallen zeryten bitten sölle etc das gelt heruß ze bringen mit gepurlicher vererung etc der dann solh furnemen herren Fuggern wüſſen anzuzaigen wyter ad sedem apostolicam ze schriben etc presentibus . . .«

Fol. 332. XVII. Julii auf Bitten des Doc. Johann Eck ist im zugelassen, dass er sich mög ein Jahr von seiner Caplanei am Domstift absentieren, doch daʒ derweil der Altar mit Messhalten gebührlich versehen werde[1].

---

[1] *Auch fol. 387 u. 87^{r} Angaben über Ecks Präsenz.*

Fol. 333. »Ex parte domini licenciati Jo. Meßnang canonici.

Die XXVIII. Julii uff anbringen domini doctoris Fergenhanß von wegen der absentz domini licenciati och sins dieners Jegerhansen und der pfärd etc ist capitulariter concludiert, daʒ man den selben dominum licenciatum, so in facto indulgentiarum ußgewesen, da detention dominorum capituli angefangen etc die wyl solhe detention weren wirt und uff wyteren beschaid presentem halten und den Jägerhansen lut des licenciati schriben entrichten und das herusbracht pferd also annemen sölle etc und dem gemelten hern licenciaten schriben, sich von stund an gen Merspurg zu verfügen und im daselbst mit der endtlichen rechnung der indulgentz abfertigen gen Augspurg zum Fugker ze ryten, die selben anzuzaigen und sins tails ad sedem apostolicam gehörig content zu machen etc presentibus . . . .«

Fol. 337. »Ex parte nuncii Enderlin ex Augusta

Die XXII. Augusti als derselb Enderlin in ains capitels und der fabric handel allweg geflissen gewesen, ist concludiert, daʒ man im dann II flor. ex gratia zu erung schencken möge ex fabrica. presentibus«

**34. Das Domkapitel zu Konstanz bestellt zwei Ablafskommissare für Stadt und Bistum Konstanz. Konstanz 1513 Febr. 18.*

Karlsruhe, Generallandesarchiv Konstanz 5/194. Perg. Or. mit dem kleinen Sekretsiegel des Domkapitels.

»Johannes Bletz de Rottenstain decanus et capitulum ecclesie Constanciensis Universis et singulis presentium inspectoribus et presertim per Constantiensem, Augustensem, Argentinensem et Curiensem civitates et dyocesis et alias ubilibet constitutis. Salutem in domino et presentibus fidem indubiam adhibere. Noveritis qualiter nuper sanctissimus . . . . Julius . . papa secundus, cupiens eiusdem ecclesie nostre Constantiensis calamitatibus ex voragine ignis gravissime anno superiori afflicte de alicujus subventionis auxilio providere cunctis Christifidelibus utriusque sexus vere penitentibus et confessis civitatum et dyocesum predictarum et aliis quomodolibet inibi commorantibus necnon ad eas animo consequendi infrascripta undecunque confluentibus, qui tempore triennii aliquo die Quadragesime aliquas ecclesias seu loca ad hoc per nos aut deputandos seu subdelegandos a nobis devote visitantibus in subsidium et relevamen gravissimorum onerum et impensarum circa restaurationem trium turrium et undecim campanarum et aliorum preciosorum exustorum fabrice prefate ecclesie nostre incumbentium manus adiutrices juxta tenorem litterarum apostolicarum aut nostrum vel pro tempore deputatorum seu subdelegatorum nostrorum dictamen porrexerint, ultra plenissimas peccatorum remissiones et indulgencias sacratissimi Jubilei etiam centesimi multas alias saluberrimas facultates, gratias et indulta tam pro vivis quam defunctis de plenitudine ac potestate Sedis apostolice graciose concessit, et nos cum facultate alios deputandi et subdelegandi commissarios et executores constituit aliaque fieri voluit et mandavit, prout in literis apostolicis sub dato Rome apud S. Petrum a. i. d. 1512 14 kal. Octobris pontif. sui a. 9. graciose confectis . . . plenius continetur.« Constituimus . . vener. et nobiles dominos Matheum de Bubenhofen et Georium Vergenhanns utriusque juris doctorem concanonicos nostros in nostros per civitatem et dyocesim Constantiensem commissarios, dantes »eisdem ac cuilibet eorum insolidum . . . potestatem . . per dictam civitatem et dyocesim . . in omnibus et singulis ecclesiis monasteriis et cappellis durante triennio tempore Quadragesime cujuslibet . . . . ubi quando et quotiens ipsis . . visum fuerit sanctissimas indulgentias . . . cum erectione ymaginis gloriose virginis Marie in favorem fabrice nostre . . publicandi et prosequendi, et ut super cistas vel capsas in locis predictis pro elemosinarum Christi fidelium collectione et conservatione collocandi duas vero diversas claves pro singulis cistis . . . ordinandi, quarum unam nomine nostro unus et alium . . nomine fabrice . . alter commissariorum predictorum vel . . subdelegandi . . seorsim in firma custodia penes se habeant, ita tamen quod cistas . . . absque speciali nostro et procuratorum fabrice nostre prefate mandato etiam finito tempore Quadragesime nullatenus presumant apperire . . .« Verbot aller andern Ablässe während des Trienniums. Zu Predigern, Beichtvätern usw. dürfen die Kommissare Weltgeistliche und Mönche annehmen. Das Kapitel behält sich das Recht vor, dieses Mandat zu widerrufen. Die Subdelegati müssen den Delegati den Eid leisten, »quodque pro reverencia sancte Sedis prefate et utilitate negotii sepedicti dictis commissariis . . . . post finem cujuslibet quadragesime durante triennio . . de indulgenciarum . . obventionibus . . . justam cum effectu faciant et reddant rationem ac omnia et singula collecta hujusmodi in usum fabrice predicte per nos convertenda necessariis tamen deductis oneribus et expensis pro tempore bona fide presentabunt«. Constantie in loco nostro capitulari solito et consueto 1513 ind. 1. 18. mensis Februarii s. d. n. Julii pape II. anno 10.

35. *Instruktion für die Ausführung des Konstanzer Ablasses. 1513.*

Druck ohne Angabe von Ort, Zeit und Drucker im Besitze des Generallandesarchives in Karlsruhe. Da der Inhalt der übrigens sehr stark untereinander verwandten Instruktionen vorwiegend theologisch ist, gebe ich einige Stellen im Auszuge. Ein zweites Exemplar ist in einem Sammelbande der Münchener Staatsbibliothek. Paulus in Hist. Jahrb. 16, 39.

Blatt 1. Instructio Summaria | pro executione negocii indulgenciarum | Sanctissimi Jubilei in fauorem | fabrice Ecclesie Constantiensis | concessarum.

1ʳ. *leer.*

Blatt 2. Instructio Sumaria.

Überschriften: Sub quibus penis debeant infrascripta observari.

Que loca ad prosecutionem indulgentiarum sint deputanda.

In primis indulgentiarum hujusmodi prosecutio fiat in Constantiensis, Augustensis, Argentinensis et Curiensis civitatum cathedralibus ecclesiis et extra easdem civitates infra earundem dioceses in ecclesiis collegiatis et parochialibus opidorum et locorum, in quibus commoratur populi multitudo seu ad illa ex aliis vicinis locis commode confluit et copia sacerdotum haberi poterit, que loca per congruam instantiam ab invicem sint remota.

Qui sint deputandi in vicecommissarios, poenitentiarios et confessores.

Et de prestanda ac recipienda fide a quolibet.

Item Commissarii nostri in eisdem oppidis ac locis vicecommissarios unum vel duos aut plures deputent: presertim Prelatos aut rectores Ecclesiarum seu predicatores. Et si in eisdem oppidis sint monasteria mendicantium, unum ex Prioribus Guardianis seu lectoribus si expediens videbitur adjungant. Prefati vero vicecommissarii in confessores eligant viros doctos et in audiendis confessionibus peritos seculares et regulares probate vite et laudabilis conversationis decenter vestitos et ad curam animarum per locorum ordinarios et si regulares fuerint per eorum superiores admissos, de quo primitus fidem faciant, inter quos duos tres aut quatuor seu tot quot sufficiant in maiores penitentiarios proficiant. Et tam vicecommissarii quam confessores huiusmodi fide data loco prestiti iuramenti videlicet vicecommissarii in manus unius commissariorum seu alter in alterius, confessores vero in vicecommissariorum manus promittant, quod negotii huiusmodi profectum et utilitatem pro nosse et posse promovebunt et prosequantur iuxta modum et formam tam in litteris apostolicis quam processu huiusmodi contentis nec propter privatum commodum illis in toto vel in parte contraveniant. Et ultra praemissa penitentiarii et confessores singuli promittant, quod nullam oblationem seu contributionem capsis imponendam a filiis confessionis seu alias privatim attingant, sublevent vel usurpent, quinimmo eosdem exhortari velint ad imponendum capsis predictis propriis manibus et si impediti fuerint per medias fideles personas contributiones predictas, nec eisdem confitentibus iniungant ad contribuendum pro legendis missis seu ad quevis alia pietatis opera, ne contributiones ad tam necessarium opus propterea minuantur neque pro audiendis confessionibus aliquid exigant sed contenti existant, si quid sponte eis offeratur.

De institutione predicatorum et quod et quibus diebus et de qua materia predicare debeant.

Insuper prefati commissarii ac vicecommissarii respective in propriis personis si commode possint, alioquin de uno vel de duobus doctis ac devotis predicatoribus populo acceptis provideant, qui singulis diebus Quadragesime vel saltem Dominicis et festivis ac Lune, Mercurii et Veneris diebus in ecclesiis predictis per sonum campane utriusque sexus christifidelibus ad horam congruentem convocatis sermones faciant et inter alia distinctioni et declarationi articulorum ac numeri quantitatis fructus et necessitatis gratiarum et facultatum Bulle apostolice insistant ac christifideles exhortentur ad consequendas indulgentias, gratias et indulta pro tam mediocri contributione ad tam necessarium opus. Curentque predicare inter alia de apostolice potestatis institutione precellentia officio et auctoritate et de inexcusabili obligatione quorumcunque fidelium ad obediendum dicte potestati, de sacre fidei misteriis, de contritione, confessione, peccatorum venia et remissione ac penitentia salutari. Preterea de calamitatibus ecclesie Constantiensis anno superiori ex voragine ignis passis, dum tres eminentissime turres eidem ecclesie contigue cum multis campanis prestantissimis et aliis rebus fabrice combuste fuerunt horrendum dictu horribilius visu. De exilitate facultatum fabrice, que ultra pias christifidelium subventiones parum in fixis habet pro ordinarioque non vix suppetant. Item de cultu divino, qui laudabiliter in eadem ecclesia peragitur. Deque inestimabili thesauro reliquiarum sancte crucis ac corporum sancti Pelagii martiris et sancti Conradi pontificis et confessoris, patronorum eiusdem ecclesie, et multis aliis reliquiis, que inibi in maxima veneratione tenentur. Demum quod ex proventibus fabrice damna illata circa turres et campanas ullo unquam tempore possent reparari, nisi prefatus dominus noster Papa ex visceribus misericordie indulgentias huiusmodi cum tot et tantis facultatibus et gratiis inauditis et ante hec nunquam visis in sublevamen onerum predictorum oonooooioct. Preterea predicatores prefati illorum vesaniam, qui diabolo suggerente falso criminantur nimiam hujusmodi indulgentiarum frequentiam ac propterea rerum privatarum et publicarum attenuationem. Necnon abusum seu dissipationem collectarum priorum cum similibus per rationes et exempla confutare curent. Et crebro summarie gratias et facultates predictas ac inhibitiones et mandata apostolica de nil exigendo etc ac suspensionem omnium aliarum plenissarum indulgentiarum et sancti Spiritus, sancti Johannis Jerosolomitani et ordinis Theutonicorum ac confessionalium sub gravissimis censuris et penis reiterare studeant et christifideles indulgentias gratias et facultates hujusmodi cupientes consequi muneantur, ut ad capsas deputatas propriis manibus contributiones imponant neque erubescant in conspectu hominum bene agere. Verum impeditis liceat per aliorum fide dignorum manus contributiones ad capsas mandare et quod huiusmodi impositionem non differant. Preterea contriti confessi et absoluti volentes sacramento eucharistie communicare possint iuxta consilium confessoris ex manibus eiusdem vel alterius sacerdotis in eisdem ecclesiis deputati vel in sua parochiali ecclesia cum debita devotione et reverentia recipere. Demum prefati predicatores in singulis sermonibus iniungant populo semel oracionem dominicam cum salutatione angelica devote orare pro pace et tranquillitate universalis ecclesie et pro conversione omnium peccatorum ad veram contritionem, perfectam confessionem et debitam satisfactionem.

De modo et forma intronisandi indulgentias ac de requisitis et custodia clavium.

Item fiat intronisatio indulgentiarum cum exquisita diligentia et solennitate in singulis ecclesiis ita, quod primitus salutentur ecclesiarum Prelati, capitula seu rectores et magistratus seculares pro favoribus oportunis. Deinde aptetur tabula ad instar altaris, cooperiatur cum tela nigra vel alterius coloris, super qua erigatur imago beate virginis vespertina et candelabra apponantur cum candelis et ad minus durantibus officiis divinis super tabula ponantur reliquie potiores videlicet capita etc. aut in alia forma. Similiter capsa ad minus duabus clavibus distinctis serata apponatur ante tabulam, in qua contributiones imponantur et unam clavium nomine decani et capituli unus vicecommissariorum et alteram clavium alter vicecommissariorum nomine procuratorum fabrice prefate custodiant neque capsam aperiri presumant absque speciali mandato nostro, sed finita quadragesima et sublatis indulgentiis capsa serata ad sacrarium vel alium locum tutum deponatur, quousque pecunias easdem sublevari mandaverimus

Quo tempore fieri debeat intronisatio et per quem in quo loco ac de cerimoniis observandis.

Item intronisatio huiusmodi fiat in singulis ecclesiis Dominica Invocavit, si commode fieri poterit, alioquin diebus sequentibus precedenti intimatione in locis etiam circumvicinis. Et in ecclesiarum principalium, in quibus fiat prosecutio, et in sex aliarum ecclesiarum circumvicinarum si tot inibi existant, valvis alioquin in capellis seu altaribus affigantur respective imagines septem ecclesiarum Urbis cum armis pontificis et copie Bullarum una cum Summario. Similiter in ecclesia principali ad septem altaria septem ecclesias Urbis representantia affigantur imagines cum armis pontificis mediocres. Et deputentur pro penitentiariis ac confessoribus sedes ab invicem adeo distantes, ut confitentes a nullo impediti quiete valeant confiteri. Et super qualibet sede arma pontificis parva ac nomen et cognomen penitentiarii seu confessoris affigantur. Et pro eisdem baculi albi quos in manibus gestabunt aptentur. Adveniente vero dominica seu alio die antea clero et magistratibus ac populo ad interessendum invitatur mane ante horam officii missarum. Prelati maiores seu Commissarii aut vicecommissarii ornamentis melioribus induti ac penitentiarii et confessores in una sex ecclesiarum, in qua Bulla seu eius transsumptum super altare maiori ponatur, expectent clerum et populum ex principali ecclesia in processione venientem, quibus advenientibus et clero chorum intrante, Responsoria, Antiphone, Versiculi et orationes prout in fine habetur cantentur et baculi albi penitentiariis et confessoribus assignentur et decantatis responsoriis antiphonis versiculis et orationibus duo vexilla duobus principalioribus loci illius ad deferendum ante bullam seu transsumptum assignentur ac feratur bulla seu transsumptum ad ecclesiam principalem precedentibus immediate penitentiariis et confessoribus cum baculis et a quolibet latere uno prelatorum seu magistratu, subsequente populo. Et cum ad ecclesiam principalem deventum fuerit, Bulla seu transsumptum super altare vel tabula cooperta ante imaginem beate virginis ponatur cantantibus alternatim et in organis sonantibus Te Deum laudamus et aliis, prout in fine continetur, quibus finitis Summum officium decantetur, quo finito Bulla seu transsumptum custodiatur. Volumus tamen et discretioni commissariorum et ab eis pro tempore deputatorum committimus, ut modo et forma premissis in aliquibus locis intronisatio fieri commode non possit et devotio populi non detrahatur, processione dumtaxat circum principalem ecclesiam observata indulgentie intronisentur.

De loco et modo audiendi confessiones et consultandi super casibus dubiis.

Item penitentiarii et confessores extra ecclesias, in quibus deputati fuerint, non audiant confessiones cuiuscunque volentis confiteri ad consequendum indulgentias nisi magnorum prelatorum aut ducum comitum baronum et aliorum magnorum nobilium in aliqua ex septem ecclesiis vel alio loco honesto aut personarum infirmitate seu alia legitima causa prepeditarum, que commode principalem ecclesiam personaliter non poterunt accedere. Insuper mulieres minas maritorum metuentes, ut sepissime in preteritis indulgentiis auditum est. Supradictis coniungimus et quociens contigerit penitenciariis et confessoribus aliquos casus dubios in confessionibus occurrere, illorum decisionem ac (!) commissariis seu vicecommissariis postulent, qui consilio aliorum penitentiariorum prehabito prout eis vel maiori parti expediens videbitur decidant nec prefati penitentiarii et confessores se quoquo modo intromittant de absolutionibus et dispensationibus in foro contentioso vel de aliis casibus ac votis in Bulla non contentis.

De facultate absolvendi quatuor casibus exceptis et de restitutione quo ad forum conscientie tantum.

Item penitentiarii maiores et minores respective poterunt absolvere confitentes ab omnibus peccatis excessibus criminibus et delictis quantumcunque gravibus etiam propter que sedes apostolica merito consulenda foret, necnon a quibuscunque excommunicationis suspensionis et interdicti sentenciis a iure vel ab homine inflictis in foro conscientie, quattuor casibus dumtaxat exceptis: Primus delatio aluminum sancte Cruciate contra prohibitionem camere apostolice a partibus infidelium aut illorum venditio. Secundus prohibitio devolutionis causarum ad Romanam curiam. Tercius scisma seu conspiratio in personam Romane (!) pontificis aut statum sancte Romane ecclesie. Et quartus transgressio inhibitionum et mandatorum in literis indulgentiarum huiusmodi contentorum, quos (articulo mortis dumtaxat excepto et debita satisfactione previa) pontifex sibi et successoribus suis reservavit. Quare pensatis hujusmodi casibus cum matura discussione peccatorum et circumstantiarum aggravantium confessiones audiant obicem gracia dei quantum poterunt removentes ac proposita districtione et fructu gratiarum et facultatum predictarum confitentes incitare curent ad illarum redemptionem. Insuper abstineant de absolutione censurarum ab homine latarum nisi in dicto foro conscientie ad effectum dumtaxat consequendas indulgentias et gratias huiusmodi, recepta ab excommunicatis cautione juratoria, quod infra terminum competentem parti lese vel cui obligantur in aliquo debito si nondum satisfecerunt et poterunt satisfaciant excommunicatorique se presentabunt suis mandatis obtemperaturi pro viribus.

Restrictio facultatum quo ad minores penitentiarios et confessores.

Auszug. Item ut penitentiarii minores nequaquam sine speciali commissione se intromittant de commutatione votorum maiorum puta ad limina apostolorum . . necnon de commutatione aliorum votorum, quorum expense . . ascendunt viginti fl. Rhenen. Similiter de compositione super bonis male etiam usuraria vel symoniaca pravitate quomodolibet acquisitis . . . necnon cum detentoribus bonorum ecclesiasticorum . . quorum summa . . ascendit 20 similes fl. Preterea abstineant dispensare super quavis irregularitate . . . . Necnon presbitericidas paricidas . . . . necnon magos, augures . . . quos omnes . . remittant ad commissarium aut vicecommissarium seu aliquem penitentiarium maiorem. Quod si huiusmodi personas sine magno periculo non possint remittere, tunc ipsi penitentiarii . . prefatos commissarium . . accedant, eisdem casus huiusmodi diligenter expossituri et facultatem pro hac vice . . petituri. Nec aliquam personam eis confitentem . . deserant inconsolatam . . . . .

Modus injungendi penitentias tam privatas quam publicas et commutandi easdem.

[Item ut prefati penitentiarii . . . *Öffentliche Bufse für schwere, öffentliche Sünder: Ordnung dafür.*]

Cura et forma adhibenda in absolvendo.

[*Form der Absolutio.* . . te absolvo primo a sententiis . . deinde a commissis per te excessibus . . . peccatis quibuslibet . . . et eadem auctoritate apostolica concedo et elargior tibi plenissimam omnium peccatorum tuorum veniam et remissionem ac cum altissimo reconciliationem et sacratissimi Jubilei etiam centesimi et singulas alias indulgentias in litteris apostolicis contentas. In nomine . . . Amen.
Abänderung dieser Formel für bestimmte Fälle.]

Distinctio quatuor gratiarum et facultatum.

Item ut commissarii vicecommissarii . . . provideant, quod manante Petri privilegio ex ipsius equitate feratur iuditium et attente considerent, quod in presentiarum cuilibet devoto offeruntur quatuor maxime gratie ita inter se distincte, quod quelibet earum possit absque alia seorsum obtineri. Quarum prima et summa existit plenissima peccatorum remissio cum aliis gratiis ratione sacri Jubilei etiam centesimi ac septem basilicarum alme Urbis et extra eam necnon proficiscentium ad recuperationem terre sancte et ad expugnationem perfidissimorum Paganorum Turcorum et scismaticorum et aliorum sacre orthodoxe fidei catholice et dominice crucis hostium pro viventibus tantum. Secunda est suffragium plenissime remissionis predicte in totalem penarum purgatorii relaxationem pro defunctis tantum. Tercia est maxima confraternitas ratione generalis ac perpetue participationis omnium bonorum spiritualium tocius universalis ecclesie militantis tam pro vivis quam pro defunctis. Et quarta est uberrimum confessionale cum indulto pociundi absolutionem etiam in casibus reservatis et commutatione votorum, necnon alia plenissima peccatorum remissione semel in vita et tociens quociens in mortis articulo iterum pro viventibus ad vitam ipsorum duraturis. Preterea quod hic supererogantur multe et varie facultates, quibus simul et fidelium saluti et prefate fabrice Constantiensis ecclesie subsidio liberalius consulitur, in textu Bulle specialiter expresse ac supra memorate puta absolutionem commutationem . . . cum similibus. Insuper quod unaqueque gratiarum et facultatum saltem maiorum premissarum specialem requirit operis utilitatem et quod pro prima gratia principali videlicet Jubilei et indulgentiarum consequenda generaliter preexigitur vera cordis contritio et oris confessio de peccatis necnon et unus vel alius illorum modorum subveniendi fabrice predicte adimpleatur, qui in Bulla exprimuntur, qui in speciali duo requirit simul Christifidelibus civitatum et diocesium predictarum et illuc confluentium in eis facilia et possibilia videlicet personalem ecclesiarum visitationem et realem elemosine contributionem seu in huiusmodi recompensam aliud opus pietatis in literis apostolicis designatum iuxta moderamen commissarii vicecommissarii seu confessoris hic etiam subsequen.

Modus deputandi ac visitandi septem ecclesias vel altaria pro prima gratia principali.

Besuch der 7 Kirchen. pro debilibus ac impotentibus der 7. Altäre. 7 Tage. Gebete. salvo tamen quod penitenciarii . . personis id petentibus ita possint abbreviare ut undecunque confluentes ad minus una et inhabitatores predicti tribus diebus dumtaxat sicut prefertur visitando ab ulterioribus visitationibus sint excusati, dummodo pro visitatione cuiuslibet ecclesie seu capelle aut altaris obmissa respective sexagesimam partem unius floreni Rhen. aurei ad capsam dicti Jubilei cum effectu transmiserint.

Am Rande von gleichzeitiger Hand: ad quam taxam nullus astringatur, sed committatur voluntati confitentis.

Taxe contributionum fiendarum pro prima gratia principali.

Item ut quantum ad realem elemosine contributionem pro Jubilei et basilicarum septem et aliarum indulgentiarum gratia consequenda cuilibet pro se et uxore tantam contributionem seu oblationem in pecunia numerata imponat ad capsam, quantum per unam ebdomadam integram in domo habitationis sue pro ipsorum et familie eorum victu consueverit exponere, que expense per commissarium, vicecommissarium, penitentiarios seu confessores secundum conditionem personarum moderentur, habentes respectum ad mechanicos et similes personas, qui habent magnam familiam, non secundum eorum facultates sed ut ex familie hujusmodi opera necessaria adquirant, qui non obligentur ad contributionem secundum quantitatem familie. Simili modo qui habent magnam sobolem. Verum private et singulares persone puta famuli et famule tantum contribuant, quantum salarii per unum integrum vel saltem medium mensem aut tempus arbitrarium per penitentiarium seu confessorem deservire solent. Necnon omnes alii qui lapides saxa ligna et alia ad constructuram turrium . . . necessaria donaverint, inciderint vel adduxerint aut per se . . diebus sex . . construendo propriis sumptibus laboraverint, seu es stannum cuprum calibem ferrum plumbum et alia genera metallorum ac conflandum campanas ac construendum turres opportuna valoris . . per septimanam pro victu . . . dederint. Episcopi vero Abbates, Prepositi . . . beneficia magni valoris obtinentes, necnon Duces, Marchiones, Comites barones nobiles prefecti officiales mercatores et cives multum abundantes habentes respectum ad eorum facultates iuxta dictamen rationis secundum cujuslibet ipsorum magnificentiam et liberalitatem penitentiariorum seu confessorum freti consilio contributionem capse imponant seu imponi curent. Ceterum qui voluerint huiusmodi gratias non solum pro se ipsis sed etiam pro liberis seu prolibus eorum viventibus promereri, illi pro omnibus liberis seu prolibus suis utriusque sexus adhuc in ipsorum parentum potestate existentibus coniunctim predictam medietatem ad minus imponant, respitiendo ad statum aut conditionem et taxam ipsarum personarum coniugatarum aut solutarum huiusmodi liberos seu proles habentium ut prefertur, sic tamen quod in omnibus premissis ipsorum penitentiariorum et confessorum discretio et moderatio libera existat quatinus et diciores bone voluntatis ad plus contribuendum quam premittitur non detrahantur et pauperes ultra verisimilem possibilitatem non graventur, prout infra subjungitur, ne regnum celorum plus divitibus quam pauperibus patere putetur.

Taxe contributionum fiendarum pro diversis facultatibus.

Item ut quantum ad facultates . . que sunt commutatio votorum, restitutio male adquisitorum . . necnon absolutio . . cum symoniacis ac irregularibus . . ac illicite coniugatis . . . faciendum licet regulariter . . in usum fabrice . . ad capsas Jubilei tantum mittere teneantur si commode possint, quantum alias pro illarum consecutione puta versus urbem Romanam aut ad sanctum Jacobum vel ad sepulcrum dominicum . . expendere vel quantum ad male adquisita . . restituere haberent, tamen dicti commissarii . . . personarum et causarum meritis exigentibus possint huiusmodi usque ad dimidiam seu terciam aut ejus quartam partem . . . remittere, que in usum fabrice predicte et huius sancti negocii contribuantur.

Taxa liberandi animas de purgatorio.

Item ut quantum ad secundam maximam graciam videlicet pro vita functis redimendam ratione visitationis pro eis faciende seu ut quo ad ejusdem abbreviationem et redemptionen aut remissionem pari modo procedatur, prout supra dictum est de vivis et quo ad erogationem requisitam, ut unusquisque illis et tot animabus in presentiarum per dictas indulgentias succurrisse censeatur, pro quibus et quot medietatem vel saltem terciam partem illius, quod iuxta supradictam ordinationem pro se ipso pro prima gracia principali consequenda contribuit aut verisimiliter contribuere deberet, in capsas prefatas imposuerit et ut pro patre et matre defunctis, erga quos ista pietas merito exercebitur, sufficiat unam quottam hujusmodi dumtaxat imponere necnon qui plura beneficia defunctorum reportavit eorundem saluti propensius et efficatius per huiusmodi salutaris thesauri redemptionem provideri teneatur et quod cupientes in hac parte subvenire defunctis, non tenentur primum esse contriti atque confessi nisi solum de bene esse, cum istius meriti subsistentis non vivorum sed defunctorum caritati imitatur. Pauperum autem ratio habeatur ut infra subjungitur.

Modus consulendi impeditis et aliis devotis.

Item quo ad illos qui propter . . impedimenta non poterunt loca indulgentiarum huiusmodi accedere aut . visitationes . . expedire . . . insistantur tenori et menti textus Bulle . . . habendo videlicet respectum ad statum personarum necnon indemnitatem earundem et animarum salutem et conscientie quietem et pacem et ut discrete agatur cum pauperibus necnon episcopis . . ducibus . . magnam familiam habentibus . . Preterea ut commissarii . . recognoscant eorum conscientias desuper esse . . oneratas, quatenus visitationes et contributiones . . ita provide moderentur, ut auctoritas ecclesie ac hujusmodi thesaurus minime vilescat et pauperes nequaquam ultra vires graventur. Insuper quod uxores hujusmodi indulgentias . . promereri cupientes ac de bonis maritorum ipsis invitis disponere nequeuntes possint de propriis bonis suis maritis invitis contribuere aut si nihil habuerint seu impedite fuerint ad erogandum, devotis precibus hujusmodi contributioni supplere.

Qui censeantur impediti et qui pauperes.

Item ut in proposito ultra specificato in bulla impediti intelligantur. Primo captivi aut incarcerati vel in vinculis detenti. Secundo persone partui vicine . . . aut que pro suo aut dictarum prolium victu quottidiano indies habent laborare nec possunt a domibus suis abesse. Tercio qui propter inimicitias . . . loca indulgentiarum non . . audent accedere. Quarto mulieres coniugate, que sine consensu viri se absentare non debent, quibus maritus denegavit consensum. Et idem juditium de filiis et filiabus . . . et generaliter omnibus illis, qui de jure vel de facto . . . impediuntur peregrinari. Pauperes vero intelligantur primo qui victum mendicant, secundo religiosi mendicantium utriusque sexus, quia propria non habent. Tercio religiosi non mendicantes qui sub odedientia superiorum non habent aliquod peculium . . nec possunt impetrare a suo superiore taxam imponendam. Quarto qui de laboribus et artificio manuum suarum vel alia honesta industria sibi et suis victum quottidianum comparantes non tantum habent de bonis temporalibus repositis, quantum eis sufficeret ad victum in casu quo superveniret infirmitas aut aliud impedimentum suum artificium prefatum non exercendi. Et idem intelligitur de matronis viduis et filiis familias cum similibus. Et huiusmodi pauperes ab aliis divitibus devotis taxas exolvendas si possint procurent. Et in eventum denegationis contributionis defectum juxta suorum confessorum consilia orationibus devotis ad deum et ejus genitricem compensent.

Modus distribuendi et redimendi litteras confessionalium.

Item ut relique due gratie principales videlicet maxime confraternitatis et uberrimi confessionalis (pro quibus redimendis etiam non oportet contritum et confessum esse vel ecclesias capellas seu altaria visitare) insimul litteris desuper confectis inserte una dumtaxat quotta contributionis redimantur. Et ut hujusmodi litterarum distributio fiat per viros bonos et legales personarum noticiam competenter habentes, quibus eciam licebit pecunias exinde provenientes, cum de illis fideliter respondere teneantur, sublevare ac singulas litteras hujusmodi apparatas ita redimendas exponere, ut quattuor ipsarum in bergameno confectarum pro uno floreno rhenen. aureo vel paulo pluri videlicet ad quattuor solidos denariorum Constantiensium aut sex plaphardos Argentin. secundum exigentiam distribuantur. Nec eas alicui gratis concedi nisi forte personis bene meritis hujusmodi negotio inservientibus. Et hoc de speciali mandato commissariorum aut vicecommissariorum. Et ut dicti distributores tam litteris predictis quam registro seu libro ad hoc ordinato nomina cognomina singulorum redimentium et pro quibus redimuntur seu alias gratis obtinentium inscribant ac sese singulis litteris manu propria subscribant, ita ut universaliter vir et uxor sua legittima, cum censeantur unum corpus, unis et eisdem litteris si voluerint inscribantur. Sed principes ac proceres seu magnates et alii diciores tam conjugati quam soluti pro singulis ipsorum utriusque sexus personis respective singulas litteras huiusmodi rediment. Deinde aliorum minus potentum liberi . . . in parentum potestate constituti . . una cum eorum parentibus eisdem vel si ad numerum sex aut ultra personarum ascenderint ad partem unis litteris imponi, dummodo pro singulis liberis hujusmodi inscribendis unus solidus denariorum Constan. seu blaphardus Argentin. aut ejus valor ordinarie taxe accumuletur; reliqui vero singuli singulas litteras hujusmodi pro se ipsis ac etiam alias pro fautoribus et amicis eorum absentibus, quos ad hoc devotos et id exoptare cognoverint, redimere valebunt. Et ut pauperibus, de quorum inopia curati seu confessores eorum in hoc negotio deputati in verbo veritatis fidem fecerint probabilem, ita quod nullatenus possunt iuxta predictam ordinationem contribuere, ministrentur littere hujusmodi in papiro cum sigillo impresso gratis, quibus dicti pauperes cum eorum uxoribus et liberis omnibus inscribantur salva in omnibus ante dictis discretione . . . commissariorum . . . Et ut ipsis pauperibus injungatur, quatinus ad capsam . . . majorem saltem contribucionem juxta suum arbitrium si possunt imponant vel si nihil prorsus poterunt in recompensam contribucionum tribus vicibus tres oraciones dominicas cum totidem salutationibus angelicis persolvant.

Modus agendi cum religiosis utriusque sexus ordinum quorumcunque.

Item ut propter humanam fragilitatem et periculum salutis animarum evitandum Prelati et superiores vel procuratores religiosorum quorumlibet utriusque sexus tam mendicantium quam non mendicantium etiam Carthusiensium volentes hujusmodi indulgentias pro universis suarum respective congregationum personis promoveri, Canonici quidam regulares ac Benedictinenses et Cistercienses et alii quicunque redditus et proventus annuos habentes super contributione per eos fienda cum dictis commissariis aut vicecommissariis oportune componant, Priores vero et Guardiani ordinum mendicantium nil proprii habentes ad instar pauperum hujusmodi contributionem juxta modum supra memoratum missis et aliis orationibus compensent. Et ut . . . persone . . in hoc casu libere possint . . . sacerdoti per ipsos commissarios . . ad hoc deputato . . . confiteri. Insuper ut in eventum quo prefati Prelati aut Superiores vel procuratores in apostolicis auctoritatibus et hujusmodi thesauri parvipendium proterve contempserint aut neglexerint istas indulgentias pro se ac subditis suis debite redimere vel procurare, quatinus eis in monasteriis seu conventibus suis perfruantur vel libertatem confitendo ut prefertur denegaverint, tunc subditi antedicti possint ratione libertatis jubilei, qui ab omni humana servitute exemptus existit, licentia petita licet non obtenta pro hujusmodi exire ac si vel etiam non exeuntes possint si quid justum de bonis eorum paternis aut jure successionis vel alias dictis conventibus seu monasteriis advenientibus obtinere valuerint, pro hujusmodi gratiis consequendis contribuere vel per suos amicos facere contribui, etiam dictis prelatis aut superioribus vel procuratoribus invitis et contradicentibus. Quibus proinde sub pena excommunicationis late sententie mandatur, ne premissa impediant pro ista vice dumtaxat. Et sub eadem pena religiosis antedictis, qui occasione premissorum exierint, similiter districte precipitur, ut statim opera per ipsos pro dictis gratiis consequendis impensa revertantur ad suorum superiorum obedientiam. Preterea ut pro quolibet monasterio seu conventu hujusmodi ordinum possit distribui unum confessionale, quod ipsi eorum prelati vel superiores aut procuratores stante compositione supradicta pro non mendicantibus favent scribi. Et sigillator cum distributore hujusmodi litterarum prout decet apparebunt nomina omnium fratrum ibidem tunc moram trahentium etiam imponendo. Sed illis de ordine mendicantium, qui propria non habent, qui propter singulares eorum labores de hujusmodi negocio bene meriti fuerint, liceat predictum confessionale gratis obtinere.

Qualiter pro nunc indispositis et recidivantibus consulatur.

Item ut ad removendum frequentiorem vulgi hesitationem propter formam ecclesie consuetam pro indubitato teneatur, quod si quis tempore quo hujusmodi Indulgentie publicantur propter odium vel inimicitiam cum proximo vel alias causas indispositas (!) ad debite peccata sua conterendum et confitendum, licet in aliis foret dispositus, stante dicta publicatione ad cistam Jubilei juxta supradictam ordinationem imposuerit, nihilominus potuerit deinceps ante finem principalis termini negocio prefixi qui erit ultima die quadragesime de anno domini millesimo quingentesimo decimo quinto in qualibet trium quadragesimarum hujusmodi quando sibi fuerit conveniens confessori pro tempore deputato seu per ipsum electo confiteri ac eisdem quibus alii gratiis et facultatibus potiri. Necnon quod semel expeditus pro istarum gratiarum consecutione recidivans et oblitorum recordatus possit de novo in locis ubi adhuc publicantur confiteri imponere et promereri nec habuit necessario priorem confessorem accedere nisi ex laudabili congruentia.

Modus et cura adhibenda post finem indulgentiarum circa custodiam capse.

Item ut finita qualibet trium quadragesimarum commissarii et vicecommissarii prehabita solenni processione per circumferentiam ecclesiarum, in quibus indulgentie publicate fuerint, et sublata imagine beate virginis ut supra capitulo quinto et sexto ac in fine lacius continentur, capsas seratas bene circumspiciant et non inspectas ad sacrarium seu alium locum tutum deponant sub firma custodia, que per depositarios tam diu sollicite in custodia observentur, donec fide digne persone a nobis Decano et capitulo ac procuratoribus fabrice ecclesie nostre memorate speciale mandatum habentes easdem capsas repetere et aperire ac pecunias ex eisdem extrahere et numeratas per notarium publicum describi curaverint nobis et procuratoribus prefatis fideliter prästandas.

Modus intronisandi Indulgentias.

Primo itur cum processione ante summum officium ad ecclesiam N., in qua Bulla accipiatur, et cantentur Antiphone: Surgite sancti de mansionibus vestris. Antiph.: Cum jocunditate exibitis etc. He antiphone canuntur in diebus Rogationum. Si vero via restat, cantentur responsoria: Emendemus in melius, In omnibus exhibeamus nos etc, Ecce nunc tempus acceptabile etc. Illa responsoria habentur dominica prima quadragesime. Si vero non habentur in notis, recipientur responsoria de patronis seu de sanctis, circa quorum ecclesias versatur. Cum vero pervenitur ad locum, ubi commissarius cum bulla et penitenciariis expectat ac Bulla acceptatur, canitur flexis genibus antiphona: Veni sancte spiritus etc sequitur per commissarium seu majorem prelatum versus: Emitte spiritum etc et renovabit etc Oremus Deus qui corda fidelium etc. Deinde vocentur penitentiarii et confessores et canitur antiphona: Simon bariona, require eandem in Cathedre festo sancti Petri cum versiculo: Tu es

Petrus et super hanc petram edificabo ecclesiam. Oratio: Deus qui beato Petro apostolo tuo collatis clavibus regni celestis ligandi atque solvendi animas pontificium tradidisti, concede propicius, ut intercessionis ejus auxilio a peccatorum nostrorum nexibus liberemur. Qui cum patre etc. Statim penitentiarii et confessores per commissarium deputabuntur cum traditione baculorum alborum unicuique ad manus. Quo peracto reditur ad summam ecclesiam cum antiphona: Advenisti desiderabilis quem expectabamus, ut habetur in die festo Pasche ad processionem in antiphona: Cum rex glorie etc. Si via restat, cantentur responsoria: Felix namque etc Beati estis sancti dei omnes etc. Redeunte vero processione ad ecclesiam majorem fiat stacio et canitur solenniter canticum Ambrosii et Augustini: Te Deum laudamus usque ad finem. Quo cantato sequitur flexis genibus antiphona: Ave regina celorum cum versiculo: Ora pro nobis sancta Dei genitrix etc. Ut dig. etc. Oratio. Famalorum (!) tuorum quesumus Domine delictis ignosce, ut qui tibi de actibus nostris placere non valemus, genitricis filii tui auxilio a cunctis iniquitatibus resurgamus. Qui tecum etc. Postea fit regressus ad chorum et inchoatur summum officium.

Modus observandi laudes quottidianas.

Et primo in diebus dominicis ac festivitatibus beate Marie virginis necnon terciis, quintis feriis et sabbatis, interim dum completorium peragitur, pulsetur campana major, singulis vero in choro finitis et decantatis commissarius cum penitentiariis et confessoribus ceteris clericis ad hoc deputatis ad stacionem descendentes duo pueri cum totidem cereis ardentibus omnibus precedant et postremo loco dicti commissarii et ceteri cum albis baculis comitentur et stent ordinate circa imaginem erectam ab utraque parte ecclesie, cantores sub eodem descensu cantabunt antiphonam: Ave regina celorum vel antiphonam: Gaude dei genitrix seu consimilem de beata virgine, qua finita sequitur versiculus: Ora pro nobis etc cum collecta: Famulorum tuorum quesumus etc ut supra. His finitis pueri ante imaginem cantent flexis genibus himnum: Nostris malis offendimus deus tuam clementiam. Chorus: Effunde nobis desuper remissor indulgentiam. Pueri: Memento quod sumus tui licet caduci plasmatis. Chorus: Ne des honorem nominis tui precamur alteri. Pueri: Laxa malum quod gessimus, auge bonum quod poscimus. Chorus: Placere quod tandem tibi possimus hic et perpetim Ex hymno: Ex more docti etc. dominica prima Quadragesime. His peractis fit reditus ad chorum cum antiphona de omnibus sanctis videlicet Salvator mundi salva nos etc vel antiphona: Gaudete et exultate etc seu consimilis, sequitur versiculus Exultabunt sancti in gloria letabuntur in cubilibus suis. Oratio: Omnipotens sempiterne deus immensam clementiam tuam humiliter imploramus, ut qui fragilitate carnis prepediti innumerabiliter peccavimus, sanctorum tuorum omnium assiduis precibus adjuvemur, quatinus eorum suffragantibus meritis ab omni adversitate mentis et corporis liberemur Per Christum dominum nostrum Amen. Aliis vero diebus videlicet secundis, quartis et sextis feriis sub predicto descensu canitur antiphona: Media vita in morte sumus etc. quam sequitur in fine immediate versiculus: Domine non secundum peccata nostra etc neque secundum iniquitatis etc. Oratio: Deus cui proprium est misereri semper et parcere etc. Sequitur per pueros: Maria mater gratie mater misericordie. Chorus: Tu nos ab hoste protege, in hora mortis suscipe. Pueri: Maria virgo virginum deposce nobis omnium. Chorus: Remissionem criminum placando tuum filium. Pueri: Gloria tibi domine, qui natus es de virgine. Chorus: Cum patre et sancto spiritu in sempiterna secula Amen. His finitis fit regressus ad chorum, antiphona de omnibus sanctis, versiculo et collecta ut supra.

Ordo pro depositione imaginis seu indulgentiarum.

Facta congregatione tocius cleri de mane ante summam missam fiat processio solennis cum deportatione reliquiarum sanctarum per circuitum seu circa monasterium et in ejusdem processione commissarius aut major prelatus cum Bulla penitenciariis sibi adjunctis habebunt ordinem supremum et inter circumeundum cantentur responsoria: Summe trinati. Felix nanque etc seu de patronis vel Beati estis. Introeundo vero ecclesiam ac stacione ab utraque parte facta canitur antiphona: Media vita etc cum versiculo. Domine non sum etc et collecta: Deus cui proprium etc, Sequitur per pueros ante imaginem flexis genibus himnus: Maria mater gratie mater misericordie. Chorus: Tu nos etc cum reliquis sequentibus ut supra in laudibus quottidianis. Finita collecta canitur antiphona de omnibus sanctis: Laudem dicite deo nostro omnes sancti etc que antiphona repetitur. Sequitur psalmus: Magnus dominus et laudabilis etc usque in finem cum Gloria patri etc. Sequitur: Kiri eleyson, Christe eleyson, Kiri eleyson. Pater noster. Ave Maria Et ne nos inducas. Sed libera nos etc. Versiculus: Peccavimus cum patribus nostris. Injuste egimus iniquitatem fecimus. Versiculus: Exaudi domine deus noster oraciones nostras et reconciliare nobis. Versiculus: Erige domine brachium tuum in adjutorium servorum tuorum. Versiculus: Fiat misericordia tua domine super nos. Quemadmodum speravimus in te. Versiculus: Domine exaudi orationem meam Et clamor meus ad te veniat. Dominus Vobiscum. Et cum spiritu tuo. Oremus: A cunctis nos quesumus domine mentis et corporis defende periculis etc. Per eundem Christum etc. Amen. Sequitur: Te Deum laudamus usque ad finem. Quo finito fiat regressus ad chorum et cantetur Summum officium.

Auf einen Vergleich mit älteren und jüngeren Instruktionen habe ich verzichtet. da das mich allzuweit von meiner eigentlichen Aufgabe abgeführt hätte.

36. Die den Ablafs betreffenden Einträge in der Rechnung der Domfabrik Konstanz. 1513 Mai 1 — 1514 Mai 1 (bez. Juli 6).

Aus dem Original im Generallandesarchiv zu Karlsruhe.

A. Einnahme der Fabrik.

Percepta ex cista fabrice.
anno XV^c XIII°.

	tt	ß	δ
Item 2da Maii anno XV^c XIII° percepi de peccuniis Jubilei II^cXXXX fl. in moneta magna Constan. fac. . . .	180.	—	—
Item 2° Maii habui de peccuniis Jubilei in moneta Const.	84.	—	—
Item 8. Junii habui de peccuniis Jubilei CV fl. in auro fac.	80.	1.	3.
Eodem die de eisdem peccuniis habui in moneta Constan.	43.	10.	—
Item 15. Junii habui de peccuniis Jubilei in moneta Const.	102.	10.	—
Eodem die habui dick den.	27.	11.	—
[*Seitensumme:* 517. 12. 3.]			
Item 2. Junii vel 3^a ante Johannis Baptiste habui de peccuniis Jubilei in moneta Constan.	75.	—	—
Item 25. Junii ex cista fabrice in moneta Constan. LII flor. fac.	39.	—	—
Eodem die habui ex cista in obulis Constanciensibus XV fl. fac.	11.	5.	—
Eodem die ex cista in denariis concordationis XX flor. computando XVII ½ ß pro flor. fac.	15.	—	—
Eodem die in obulis conco. XV tt heller computando II tt h. pro fl. fac LV fl. fac . . .	41.	5.	—
[*Seitensumme:* 211. 10. —.]			
Item 28. Junii habui ex cista fabrice in moneta Constan. XXXV fl. fac.	33.	15.	—
Item 8. Julii habui ex cista fabrice in obulis conco. CLXVIII lib. heller conputando II tt pro fl. facit LXXXIIII flor. fac.	63.	—	—
Item 15. Julii que fuit dies s. Margarete habui de peccuniis Jubilei in moneta Constan. L flor. fac. . .	37.	10.	—
Item 21. Julii habui ex cista fabrice in moneta Constan.	61.	—	—
Eodem die habui ex cista in Rollebaciis Swicensibus LXXXV flor. computando XVI batzen et II δ pro flor. fac.	63.	15.	—
[*Seitensumme:* 259. — —.]			
Item eodem die ut supra videlicet 21. Julii habui ex cista fabrice in obulis Const.	16	—	—

	tt	ß	₰
Eodem die habui in denariis conco. XXI tt heller computando XVII 1/2 ß d. pro floreno. fac. XII flor fac.	9.	—	—
Item 22. Augusti habui ex cista fabrice XL flor. in auro, facit	30.	10.	—
Item habui a ven. domino de Sax in denariis conco. XXIX flor. computando XVII 1/2 ß pro fl. dummodo fuimus in Roschach fac.	21.	15.	—
Item 3a Septembris habui de peccuniis Jubilei in moneta magna Constan. IIc XXV flor. facit . . .	148.	15.	—
[*Seitensumme:* 246. — —.]			
Item 6. Septembris habui ex cista fabrice in obulis conco. LXXV tt d. computando I tt d. pro fl. facit . . .	56.	5.	—
Eodem die habui in denariis conco. X tt X ß ₰ computando XVII 1/2 ß d. pro fl. fac. XII fl. facit . . .	9.	—	—
Item ultima Septembris habui de peccunia Jubilei in moneta Constan. CLX fl. fac.	120.	—	—
Item 18. Octobris habui ex cista fabrice in obulis conco. CLXXX tt hl. computando II tt pro flor. fac. LXXXX fl. fac.	67.	10.	—
Item 22. Octobris habui ex cista in moneta Const. XL flor. fac.	30.	—	—
[*Seitensumme:* 282. 15. —.]			
Item 29. Octobris habui ex cista fabrice C tt hl. in obulis conco. computando II tt hl. pro fl. fac. L fl. facit .	37.	10.	—
Item 9. Novembris habui ex cista videlicet de illis quingentis flor. quos dedit Johannes Schmid de Pfyn pro victaliciis C flor. in auro fac.	76.	5.	—
Eodem die habui de peccuniis Jubilei in moneta Constan. XXXX flor. fac.	30.	—	—
Item 19. Novembris habui ex cista in moneta magna Const. XXXXV flor. fac.	33.	15.	—
Eodem die habui in obulis conco. XLVI tt heller computando II lib. hell. pro flor. fac. XXIII flor. facit	17.	5.	—
[*Seitensumme:* 194. 15. —.]			
Item 21. Novembris habui ex cista fabrice in obulis conco. CLXII tt hell. computando II tt hl. pro floren. fac. LXXXI flor. facit	60.	15.	—
Item 3. Decembris habui de peccuniis Jubilei in moneta Const.	14.	15.	—
Eodem die habui ex cista fabrice in moneta Constan. .	12.	15.	—

	℔	ß	₰.
Item 5. Decembris habui de peccuniis Jubilei XXI ℔ d. in denariis conco. facit XXIIII fl. fac.	18.	—	—
Eodem die habui ex cista in obulis conco. CVI fl. computando II ℔ pro fl. facit	79.	10.	—
Item 11. Decembris habui ex cista in moneta magna Constant.	75.	—	—
Et pro domino de Lupffen LX fl. facit	45.	—	—

[*Seitensumme:* 305. 15. —.]

Item 4. Januarii habui ex cista fabrice in obulis conco. LXXXX ℔ hell. computando II ℔ hl. pro floren. fac. XLV fl. facit in moneta	33.	15.	—
Item 24. Februarii habui ex cista in moneta VI^c^XXXVI fl. IX s. V ₰ pro expensis exponendis in facto fabrice occasione Jubilei facit	477.	9.	5.
Item eodem die habui in auro Rhenensi videl. CLXXXVI flor. VII ß X d komen uß der muntz was böß verbotten vnnd ring gewesen facit	142.	4.	4.
Item 15. Marcii habui ex cista in moneta C flor. fac. .	75.	—	—

[*Seitensumme:* 728. 8. 9.]

Summa summarum omnium perceptorum ex cista facit II^m^ VII^c^ XXXXV. ℔ XVI ß ₰.

Unter den weiteren Posten:

Item percepi a domino Francisco pro confessionalibus expositis tempore quadragesime videlicet . . .	—	8.	—
Item a doctore Egg qui habuit equum per 1 diem . . .	—	1.	6.
Item percepi a fratre Pangratio ordinis Carmelitarum pro equo, qui erat doctoris medici XI ½ fl., sic erat etiam emptus ad Jubileum, fac.	8.	12.	6.
Item 24. Februarii percepi a vener. domino doctori Meßnang II fl. in auro et XIIII ß III ₰ in moneta, quos reservavit de XX fl. sibi datis equitando ad Augustam, facit . . .	2.	4.	9.

B. Ausgabe der Fabrik.

Secuntur Exposita in facto fabrice occasione Indulgentiarum.

	℔.	ß	₰.
Item 6. Martii exposui fratri Thome ordinis Scti Augustini pro ain schimel, was ain hengst, mit der halffter XVI fl pro domino de Sax	12.	—	—

	fl	ß	₰	heller
Eodem die Martino Gutman de Marckdorff etc pro ain schimel was ain munch mit zom vnnd halffter XV fl. pro domino de Sax	11.	5.	—	
Item eodem die Jacobo zum Hecht pro ain fälcklin mit sattel zom vnnd halffter XIII flor. fac.	9.	15.	—	
Item exposui Johanni Metzger de Stadelhouen vmb ain rot munchlin mit zom vnnd halffter VII fl . . .	5.	5.	—	
Item Danieli Labart vmb ain munch mit zom vnnd halffter exposui XII flor. fac.	9.	—	—	
[*Seitensumme:* 47. 5. —.]				
Item Leonardo Berckman exposui pro ain munch mit sattel zom vnnd halffter XI fl. 1 ß ₰	8.	6.	—	
Item dem Weckerlin vmb ain klain fäliß rößlin was ain munch ward entlch net must im bezalen ward verderbt	6.	3.	9.	
Item domino Gabrieli procuratori dominorum, qui fuit missus ad Schaffhusen pro consensu indulgentiarum, et ibidem consumpsit et alias exposuit juxta cedulam presentatam	8.	1.	8.	1.
Item exposui venerabili domino de Bubenhoven equitanti ad ducatum Wirtenbergensem XX fl. in auro et V fl. in moneta	19.	—	—	—
Item dominus prepositus Attenhover consumpsit cum servo et duobus equis equitando ad Sanctum Gallum et alia loca	11.	5.	6.	
Item dominus Georgius Mayer consumpsit ad Rudlingen et alia loca cum servo et duobus equis, quod expositum est	6.	19.	3.	
[*Seitensumme:* 59. 16. 2. 1.]				
Item venerabilis et generosus dominus Comes Jo. de Lupfen consumpsit metquartus et cum quinque equis ad Ulmam et alia loca equitando in summa videlicet . .	17.	16.	6.	
Item magister Georgius Bock consumpsit in Ulma post recessum Comitis	4.	17.	6.	
Item exposui doctori Wendelino equitanti ad Stuggardiam XXX fl. in auro	22.	17.	6.	
Item doctor Jo. Egg consumpsit cum servo et duobus equis ad Fryburgum	8.	6.	3.	
Item exposui domino Georgio Fridower equitanti ad Lindow et ad alia loca quinque loca (!) XII fl. et pro roßlon II fl 1 ß VI ₰ facit . . .	10.	11.	6.	

	fl	ß	₰
Item exposui fratri Sebastiano ordinis predicatorum V fl. in auro et II fl XI ß in moneta et pro roßlon III fl .	8.	1.	9.
Item doctori Steffano eunti ad Ravenspurg exposui VI fl. fac.	4.	10.	—
[*Seitensumme:* 77. 1. —.]			
Item 10. Marcii exposui famulo vener. doctoris Luce pro nuntio eunte ad curiam Romanam	1.	—	—
Item nuntio procuranti materialia et vexilla de Marckdorff	—	3.	—
Item 14. Marcii famulo vener. domini de Herttenstain pro sumptuariis	—	15.	—
Item 15. Marcii nuntio Mici de Ulma portanti II^c folia materialium ad Ravenspurg et alia loca usque ad Ulmam	—	2.	6.
Item 20. Marcii domino Leonardo Veldegk qui fuit in Uberlingen pro doctore Johanne ad predicandum Ravenspurge	—	6.	6.
Item nuntio Schwartzhansen procuranti materialia ad Lindow uff aim fälis roß	—	6.	—
Item nuntio qui sequebatur prepositum Zurtzachensem ad Sanctum Gallum cum litteris	—	4.	—
[*Seitensumme:* 2. 17. —.]			
Item Jacobo Karrer nuntio misso ad Lucernam 28. Martii cum litteris confessionalibus exposui	—	11.	—
Item 2 apprilis exposui nuntio Augustino procuranti materialia et confessionalia ad Vilingen, Fryburgum et Basileam	1.	3.	—
Item exposui omnibus nuntiis tunc Constantie presentibus ad omnia loca formas absolutorii et modos visitandi ecclesias	1.	6.	6.
Item aliis nuntiis venientibus vice post vicem pro confessionalibus afferendis	1.	5.	—
Item nuntio de Lindow, qui ultimo attulit V^c confessionalia	—	9.	—
Item quinque nuntiis procurantibus litteras pro depositione indulgentiarum ad omnia loca videlicet Eustachio, Augustino, Urbano, Jeronimo et Jodoco Thierhopter . .	3.	2.	—
Item nuntiis portantibus confessionalia ad Luzernam, ad Ehingen et Sanctum Gallum . .	—	18.	—
[*Seitensumme:* 8. 14. 6.]			
Item exposui Ulrico Huxen pro XIX eln rot linwat ad IIII ymagines et VI vexilla	2.	8.	6.

	℔	ß	₰
Netrici davon zu machen et pro roten faden	—	1.	8.
Item Matheo pictori davon ze malen pro 1 vesperbild IX ß et pro 1 fan ½ fl fac.	4.	1.	—
Eidem pro armis moderni papae Leonis in vexillo serico et in VII tabulis ligneis fac.	—	5.	9.
Item exposui impressori pro mille mandatis et XVIII^c confessionalibus zu trucken	3.	4.	6.
Item von den bichtbriefen zu siglen und umb VI ℔ wachs unnd zinnober omnibus in unam summam computatis .	2.	8.	8.
Item aurifabro pro signeto ad litteras testimoniales ze graben	—	2.	—

[*Seitensumme:* 12. 12. 1.]

	℔	ß	₰
Item dem zunfftmaister Koch exposui pro CXVIII hut pergamen	8.	10.	—
Item Diethalmo Drayer umb 82 capsis ad transsumpta et commissiones	—	19.	7.
Item umb 6 fel rot lösch pro nuntiis hincinde	—	9.	3.
Item umb schnür unnd tuchend materialia damit zu binden	—	1.	6.
Item seratori von klamen zu der lad ze machen	—	3.	—
Item domino de Clingenberg III ß d, quos dedit cuidam nuntio huius negotii	—	3.	—
Item pedello in Canstatt, qui primo insinuat mandata indulgentiarum plebanis in dominio Wirtenbergensi per quatuor dies et abhinc duxit materialia ad Stuggardiam uff ain felis roß, pro quibus exposui .	1.	5.	—

[*Seitensumme:* 11. 11. 4.]

	℔	ß	₰
Item exposui roßlon pro doctore Egg per XVI dies sublevando peccunias jubilei domino Felici	1.	4.	—
Item pro roßlon servi ejusdem doctoris per tot dies Ulrico Alber	1.	4.	—
Item Jodoco rasori qui accomodavit asinum domino magistro Georgio Bock per novem dies davon ze lon	—	13.	6.
Item Cristanno Hafen roßlon pro servo ejusdem magistri Georgii et per tot dies exposui	—	13.	6.
Item exposui roßlon pro domino Georgio Fridower, qui habuit equum a Jodoco Rasori per X dies, sublevando peccunias per sex loca	—	15.	—
Item exposui roßlon pro Johanne Conrado Notario equitanti cum doctore Wendelino per XVI dies . .	1.	4.	—

[*Seitensumme:* 5. 14. —.]

	℔	ß	₰
Item dominica Oculi exposui ad prandium in curia domini Custodis pro piscibus et pro vino pincerne dominorum	2.	11.	1.
Item pro V schindeltrucken ad confessionalia et pro wißmel materialia uff ze limen	—	7.	4.
Item exposui 18 scriptoribus pro 4 transumptis Julii, 39 transumptis Leonis, 38 commissionibus generalibus et 7 specialibus et aliis quampluribus copiis, ut patet in cedula mihi per ven. dominum decanum presentata, in qua assignata fuit quotta omnium predictorum et subsequentium videlicet quotta Leonardi Altweger, Leonardi Russel et substituti sigillifferi in summa totali fac. . .	30.	17.	6.
Item exposui domino Johanni Taglin V lib. XVIII ß IX d. pro succentoribus et choralibus a prima die indulgentiarum usque ad ultimam distribuenti cuilibet succentori III d. et cuilibet chorali et ministranti 1 ₰	5.	18.	9.

[*Seitensumme:* 39. 14. 8.]

	℔	ß	₰
Johanni Will notario exposui post rationem secum factam per dominos meos commissarios 12 Maji	12.	—	—
Substituto eiusdem pro laboribus suis habitis in illo negotio	1.	10.	—
Item domino Francisco distributori confessionalium ex commissione domini decani exposui IIII fl. facit	3.	—	—
Item exposui Petro servo domini doctoris Wendelini deservienti per decem septimanas ex commissione commissariorum	3.	—	—
Item servo ven. domini de Sax pro suis laboribus ex commissione eorundem	1.	10.	—
Item impressori von II^c^XXV confessionalia ze trucken post festum pasce ze truckhen in pergameno . .	—	4.	—
Item davon ze siglen pro bibalibus	—	1.	—

[*Seitensumme:* 21. 5. —.]

	℔	ß	₰
Item magistro Hainrico sellatori pro 1 sattel zug fúrbug, hoptschudel, ain felis sättelin gurt riemen halffter zugel unnd anders pro domino de Sax	2.	5.	—
Eidem von aim felis sättelin mit riemen pro doctore Wendelino	—	3.	—
Eidem pro gurtriemen und anders pro dominis Lupfen unnd Meßnang	—	4.	6.
Item alio sellatori pro ain fälis settelin pro domino de Sax	—	1.	9.
Item magistro Conrado sellatori exposui de omnibus factis pro doctore Botzheim, Johanne Bock, doctore Wendelino, pro doctore Egg et servis eorundem	2.	17.	9.

	fl	ß	₰
Item Jacoben Spawer exposui umb 1 par stegrayff und aine biß ze bessern pro domino de Sax	—	8.	6.
Item iterum Hainrico sellatori von ettlichen sättlen ze fullen och gurt unnd riemen ze machen . . .	—	5.	6.
[*Seitensumme:* 6. 6. —.]			
Item exposui magistro Johanni Rech fabro, qui habuit in cura equum dicti Weckerlis, per XXIIII dies und von ettlichen ysen uff ze schlahen pro equis dominorum Sax et Lupfen	1.	8.	—
Alio fabro im Sporergässlin de equo doctoris Schad, quem habuit Comes de Lupffen, zu beschlahen	—	3.	—
Item 6. May feci rationem cum magistro Gallo fabro von allen rossen zu beschlachen tempore indulgentiarum a principio usque ad finem et exposui eidem	3.	7.	10.
Item exposui Jacobo in Hecht pro duobus de Lindow equitantibus cum doctoribus Wendelino et Egg pro sumptibus	1.	2.	3
Item exposui nuntio Mici qui fuit missus ab Ulma ad Ehingen pro confessionalibus	—	3.	—
[*Seitensumme:* 6. 4. 1.]			
Item exposui pedello ex Umkirch, qui procuravit peccunias jubilei ex commissione domini decani	—	15.	—
Item pedello ex Waltzhůt procuranti peccunias jubilei ex commissione dominorum	—	12.	—
Item domino magistro Johanni Cesar, qui presentavit pecunias jubilei de Fryburgo, exposui ex commissione dominorum decani et custodis VII fl. et servo ejusdem 1 f. et pro sumptibus zum guldenen schauff II fl. II ß IX ₰ . .	7.	12.	9.
Item fratri Sebastiano ordinis predicatorum pro laboribus suis habitis in negotio Jubilei exposui	6.	—	—
Item alteri fratri Johanni Berckman ordinis ejusdem qui fuit in diocesi Curiensi per totum tempus Jubilei	7.	10.	—
[*Seitensumme:* 22. 9. 9.]			
Item [a] exposui ven. domino doctori Fergenhanns IIII ß 6 ₰, quos dedit nuncio qui portabat materialia de Augusta	—	4.	6.
Item nuncio Andree 23. Junii ex commissione domini decani	1.	6.	—
Item pincerne dominorum. qui emit vina pro juniore Fugker	—	7.	—

a *Diese Seite ist von anderer Hand.*

	tt.	ß	₰.
Item nuncio Andree 6 Julii iterum ex commissione domini decani	1.	5.	—
[*Seitensumme:* 3. 2. 6.]			
Item 25. Februarii exposui nuncio de Augusta intimante Jubileum VI f. et pro sumptibus zum gulden schaff I *tt* IIII *ß* IX ₰ facit	5.	13.	9.
Item eodem die venerabili domino licenciato Meßnang equitanti ad Augustam L fl in auro et L fl in moneta facit	75.	12.	6.
Item 26. Februarii Nuntio Andree, qui sequebatur dominum Meßnang	—	15.	—
Item 2. Martii nuntio de Augusta portanti brevia IIII fl. et pro sumptibus zum guldenen schauff X *ß* VI ₰ . . .	3.	10.	6.
Item 7. Marcii nuntio, quem misit dominus Meßnang cum litteris gravaminum	1.	7.	—
[*Seitensumme:* 86. 18. 9.]			
Item 12. Marcii exposui nuntio portanti materialia de Augusta et Bigatori de Memmingen usque huc ambobus .	3.	—	3.
Item 16. Marcii nuntio portanti materialia videlicet formas absolutionis et modos visitandi de Augusta	1.	14.	—
Item 19. Marcii venerabili domino Vergenhans pro nuntio Andrea	—	12.	—
Item 2. Apprilis nuntio Andree ex commissione domini decani	1.	—	—
Item 18. Apprilis eidem nuntio Andree, qui fuit missus abhinc usque ad Göppingen	1.	15.	—
Item 4. Junii eidem nuntio Andree, qui fuit missus a venerabili domino licenciato Meßnang de Augusta .	1.	5.	—
[*Seitensumme:* 9. 6. 3.]			
[*Nächste Seite leer.*]			
Item 9. Marcii exposui ven. domino doctori Botzheim equitanti ad Chur	15.	—	—
Et Johanni Bock eodem die XII fl in auro et XVIII fl. in moneta	22.	13.	—
Item 13. Marcii nuntio portanti IIII^c confessionalia et alia materialia ad Veldkirch	—	16.	6.
Item 17. Marcii iterum nuntio portanti materialia nova venientia de Augusta exposui	—	16.	—
Item 28. Marcii nuntio Augustino portanti confessionalia ad Veldkirch	—	10.	—

	℔.	ß	₰.
Item exposui Roßlon pro doctore Botzheim et servo ejusdem pro XIII dies	1.	19.	—
Item ven. domino doctori Botzheim XX fl. equitando ad Chur ad sublevandum peccunias Jubilei .	15.	—	—

[*Seitensumme:* 56. 14. 6.]

Item 4. Marcii exposui venerabili domino de Sax equitanti ad Argentinam LXX fl. in auro fac.	53.	7.	6.

[*Seitensumme:* 53. 7. 6.]

Summa Summarum omnium expositorum racione Jubilei facit V^{c}XXXI l. 1 ₰ 1 hell.

37. Motu proprio Leos X. über Schulden bei den Fuggern im Betrage von 12457 Dukaten. *Rom 1513 Juli 24.*

Arch. Vatic. Divers. 63. fol. 96. — Reg. Hergenröther Nr. 3791.

Leo papa X.

Motu proprio etc: fatemur recepisse a dilectis filiis Jacobo Fucher et nepotibus mercatoribus Augustensibus Romanam curiam sequentibus infrascriptas pecuniarum summas: videlicet ducatos quinque milium auri de camera, quos nobis gratis et amore mutuaverunt, et ducatorum trium milium septuaginta quinque similium solutorum pro nobis in civitate Constantie Elvetiis nec non ducatorum quatuor milium similium solvendorum venerabili fratri nostro Matheo cardinali Sedunensi, quos quo ad nos pro solutis acceptamus, ac ducatos trecentos octuaginta duos similes, pro quibus apparent creditores in eorundem mercatorum libris ad computum camere apostolicae tempore felicis recordationis Julii predecessoris nostri. Quapropter volentes eorum indemnitati ac securitati providere, constituimus eos ex nunc et tenore presentium declaramus veros ac legitimos et indubitatos camere prefate creditores pro supradictis pecuniarum quantitatibus, constituentibus in totum summam duodecim milium quadringentorum quinquaginta septem ducatorum auri de camera, pro quorum faciliore consequutione concedimus ex nunc et assignamus eis annatas et communia ecclesiarum et monasteriorum omnium nec non quecumque alia jura nobis et eidem camere debita presertim ex provinciis Alemanie, Hungarie et Polonie et pro quibusvis rebus et negociis contingeret eosdem de Fucharis aliquid debere dicte camere, que libere et sine aliqua contradictione exigere et penes se retinere valeant usque ad integram satisfactionem. Mandantes venerabili fratri nostro etc. episcopo Ostiensi camerario et Bernardo de Bibiena thesaurario nec non residentibus et clericis camere antedicte et eisdem Jacobo et nepotibus de supradictis pecuniis quamprimum satisfieri ac scripturas, mandata et instrumenta super iis necessaria et oportuna confici et expediri curent et mandent pro eorum securitate. In contrarium facientibus non obstantibus quibuscumque. Datum Rome in palatio nostro apostolico die 24. julii 1513 pontificatus nostri anno primo.

Fatemur et ita motu proprio mandamus J.

Am Rande: mandatum pro Fucherius.

38. Schuldverschreibung der päpstlichen Kammer gegenüber den Fuggern über 12457 Dukaten unter Einfügung des päpstlichen Motu proprio's vom 24. Juli 1513. Rom 1513 Juli 26.

Arch. Vatic. Divers. 63 fol. 125.

R[afael etc]

Dilectis nobis in Christo Jacobo Fucher et nepotibus mercatoribus Augustensibus Romanam curiam sequentibus salutem in domino. Cum nuper exhibitum fuerit pro parte vestra in camera apostolica quoddam mandatam manu S.D.N. pape signatum registratum libro primo diversorum folio 95: cujus tenor est: [Folgt nr. 37] nos volentes mandatum predictum debite uti tenemur exequutioni demandare ac indemnitati et securitati vestre providere, de mandato ac auctoritate etc et ex deliberatione etc vos veros et legitimos ejusdem camere creditores tenore presentium constituimus, decernimus et declaramus pro dicta summa duodecim milium quadrigentorum quinquaginta septem ducatorum auri similium vobisque concedimus, ut summam ipsam ex quibuscumque annatis et communibus ecclesiarum et monasteriorum omnium ac aliis juribus nobis et eidem camere debitis vel debendis presertim ex provinciis Alemanie, Ungarie et Polonie recuperare et penes vos retinere libere et sine aliqua contradictione valeatis usque ad integram satisfactionem, mandantes presidentibus et clericis camere prelibate, ut vobis hec omnia efficaciter observare et per eos ad quos spectat observari faciant ac scripturas et mandata ad hec necessaria expediant et traddant. In contrarium facientibus non obstantibus quibuscumque. Datum Rome in camera apostolica die 26. Julii 1513 anno primo.

Visa Ponzettus camere apostolice clericus decanus
Visa Philippus camere apostolice clericus
Visa Laurentius Pucius camere apostolice clericus
Visa Joannis de Viterbio camere apostolice clericus
Visa Franciscus de Gisbertis camere apostolice clericus

L. Amerinus.

39. Leo X. reserviert Johannes Zink eine Anzahl von Pfründen.
1513 Aug. 6.

Arch. Vatic. Reg. Vatic. 996. fol. 244[b]—248[a]. Reg. Hergenröther 3991.

Leo etc. Dilecto filio Johanni Czinck clerico Augustensi salutem etc. — Vite ac morum honestas aliaque laudabilia probitatis et virtutum merita, super quibus apud nos fidedigno commendaris testimonio, nos inducunt ut tibi reddamur ad gratiam liberales. Hinc est, quod nos volentes tibi, qui ut accepimus dilectorum filiorum Jacobi Fucher et nepotum mercatorum Romanam curiam sequentium familiaris existis, premissorum meritorum tuorum intuitu gratiam facere specialem teque a quibusvis excommunicationis suspensionis et interdicti aliisque ecclesiasticis sententiis, censuris et penis a jure vel ab homine quavis occasione vel causa latis, si quibus quomodolibet innodatus existis, ad effectum presentium duntaxat consequendum harum serie absolventes et absolutum fore censentes, motu proprio non ad tuam vel alterius pro te nobis super hoc oblate petitionis instantiam sed de nostra mera liberalitate et ex certa scientia ac de apostolice potestatis plenitudine unum duo tria quattuor et tot beneficia ecclesiastica cum cura et sine cura, quorum omnium in simul fructus redditus et proventus quinquaginta marcharum argenti puri secundum taxationem decime valorem annuum non excedant, in Maguntinensi, Coloniensi, Saltzeburgensi, Augustensi, Constantiensi, Bambergensi, Herbipolensi et Pataviensi civitatibus et diocesibus consistentia etiam, si tria ex eis cum cura aut decanatus vel archipresbiteratus rurales seu vicarie vel capellanie perpetue, qui vel que dignitates etiam curate etiam in cathedralibus ac metropolitanis ecclesiis reputentur aut dignitates personatus administrationes vel officia aut quodlibet ex canonicatibus et prebendis in cathedralibus etiam metropolitanis vel collegiatis ecclesiis aut duo ex eis parrochiales ecclesie vel earum perpetue vicarie et dispositioni apostolice alias specialiter vel ex quavis causa etiam de necessitate exprimenda preterquam ratione illorum vacationis apud sedem apostolicam aut nostri vel alicuius cardinalis inventis, cuius consensus requirendus foret, familiaritatis continue commensalitatis generaliter reservatis seu ex generali apostolica reservatione affecta et dignitates ipse in cathedralibus etiam metropolitanis post pontificales maiores seu collegiatis ecclesiis huiusmodi principales fuerint et ad dignitates personatus administrationes vel officia huiusmodi consueverint, qui per electionem assumi eorumque tribus cura immineret animarum ad collationem provisionem presentationem electionem seu quamvis aliam dispositionem venerabilium fratrum nostrorum Maguntinensis et Coloniensis ac Saltzeburgensis archiepiscoporum ac Augustensis, Constantiensis, Bambergensis, Herbipolensis et Pataviensis episcoporum necnon dilectorum filiorum Maguntinensis, Coloniensis, Saltzeburgensis, Augustensis, Constantiensis, Bambergensis, Herbipolensis et Pataviensis ecclesiarum capitulorum etiam ratione dignitatuum personatuum administrationum et officiorum, que in illis obtinent, necnon quorumcunque aliorum collatorum seu collatricum secularium vel regularium communiter vel divisim pertinentium, si qua vacant ad presens aut cum simul vel successive vacare contigerit, que tu per te vel procuratorem tuum ad hoc legitime constitutum infra unius mensis spatium postquam tibi vel eidem procuratori tuo vacatio illorum innotuerit duxeris acceptanda, conferenda tibi post acceptationem predictam cum omnibus iuribus et pertinentiis suis donationi et dispositioni nostre hac vice duntaxat harum serie specialiter et expresse reservamus, districtius inhibentes archiepiscopis episcopis et capitulis prefatis et illi vel illis, ad quem vel ad quos dictorum beneficiorum collatio provisio presentatio electio seu quevis alia dispositio communiter vel divisim pertinet, ne de beneficiis predictis, cum ut prefertur vacare et te illa acceptare contigerit, etiam pretextu quorumcunque privilegiorum et indultorum apostolicorum eis concessorum cuique providere seu disponere necnon quibusvis personis cuiuscunque dignitatis status gradus ordinis vel conditionis existentibus etiam abbatiali episcopali archiepiscopali patriarchali aut alia quavis ecclesiastica vel mundana dignitate fungentibus etiam familiaribus nostris continuis commensalibus antiquis descriptis ac capelle nostre cantoribus et capellanis ac aliis Romane curie officialibus etiam officia sua actu exercentibus et quascumque gratias expectativas ac alias speciales etiam nominatim et in spetie similes vel alias generales reservationes uniones quoque annexiones et incorporationes et illas etiam in forma brevis confirmationes seu revalidationes et non tamen de conferendo coadiutorias et etiam accessus et regressus quasvis alias litteras et gratias ac indulta sub quibusvis verborum formis et clausulis etiam motu simili et ex certa scientia ac de apostolice potestatis plenitudine quavis consideratione intuitu vel respectu etiam regum reginarum ducum principum et aliorum prelatorum ecclesiasticorum etiam sancte Romane ecclesie cardinalium jurium cessorum vel ablatorum etiam ratione obsequiorum et servitiorum nobis Romane ecclesie et sedi predicte etiam pro fide catholica impensorum cum quibusvis derogatoriarum derogatoriis ac fortioribus efficacioribus et insolitis clausulis etiam talibus quod illis nullatenus nisi de illis specialis specifica et expressa mentio habita fuerit derogari possit concessas et concessa et imposterum concedendas et concedenda eorumque vim et effectum etiam, si de nominibus cognominibus dignitatibus titulis personarum et ecclesiarum quibus et causis propter quas illa concessa sint vel fuerint mentio specialis specifica expressa ac de verbo ad verbum habenda foret, donec presens reservatio suum plenarium sortita fuerit effectum, suspendimus ac suspensa esse volumus habentibus et pro tempore habituris, ne beneficia huiusmodi cum ut prefertur vacare contigerit acceptare et de illis sibi providere aut illa sibi commendari seu ad eorum commodum uniri annecti et incorporari facere vel obtinere aut de illis se intromittere quoquomodo presumant contra nostram reservationem predictam. Et nihilominus beneficia predicta dummodo inter illa plures quam due parrochiales vel earum perpetue vicarie non existant, quorum in simul fructus redditus et proventus quinquaginta marcharum argenti puri secundum taxationem predictam valorem[a] annuum 50 non excedant si qua vacant aut cum vacaverint ut prefertur, que tu per te vel procuratorem prefatum duxeris acceptanda ut prefertur, post acceptationem predictam exnunc prout extunc apostolica tibi auctoritate conferimus et de illis etiam providemus ac illa collata et de illis provisum fore ac provisiones uniones annexiones et incorporationes ac commendas et quasvis alias gratias et litteras, in quibus de presentibus reservatione provisione et commenda mentio specialis specifica et expressa habita non fuerit, necnon totum id et quicquid secus super hiis per quoscumque preterquam in tui favorem presertim in huiusmodi inhibitione inclusos etiam gratiarum expectativarum pretextu scienter vel ignoranter contigerit attemptari, irrita et inania nulliusque roboris vel momenti preterquam reservationem sub quibusvis revocationibus similium vel dissimilium reservationum ac cancellarie apostolice regulis editis et edendis minime comprehensam fore nec comprehendi debere decernimus. Quo circa dilectis filiis archidiacono Hasbanie in ecclesia Leodiensi ac Bambergensi et Pataviensi officialibus per apostolica scripta mandamus, quatenus ipsi vel duo aut unus eorum per se vel alium seu alios te vel procuratorem tuum tuo nomine in corporalem possessionem beneficiorum iuriumque et pertinentiarum predictorum inducant auctoritate nostra et defendant inductum amotis quibuslibet detentoribus ab eisdem facientes te vel pro te procuratorem predictum ad beneficia huiusmodi ut est moris admitti tibique de illorum fructibus redditibus proventibus juribus et obventionibus universis integre responderi; contradictores auctoritate nostra etc.; non obstantibus pie memorie Bonifacii pape VIII. predecessoris nostri et aliis constitutionibus et ordinationibus apostolicis ac ecclesiarum in quibus secularia necnon monasteriorum seu aliorum regularium locorum, in quibus regularia beneficia huiusmodi forsan fuerint, iuramento confirmatione apostolica vel quavis firmitate alia roboratis statutis et consuetudinibus contrariis quibuscumque; aut si aliqui super provisionibus sibi faciendis de huiusmodi vel aliis beneficiis ecclesiasticis in illis partibus speciales vel generales dicte sedis vel legatorum eius litteras im-

---

[a] *val. — 50 nachgetragen am Rande.*

petrarint etiam si per eas ad inhibitionem reservationem et decretum vel alias quomodolibet sit processum; quibus omnibus te in assecutione dictorum beneficiorum vacaturorum volumus anteferri, sed nullum per hoc eis quo ad assecutionem beneficiorum aliorum preiudicium generari, seu si archiepiscopis episcopis ac capitulis et collatoribus ac collatricibus prefatis vel quibusvis aliis communiter vel divisim ab eadem sit sede indultum, quod ad receptionem vel provisionem alicuius minime teneantur et ad id compelli aut quod interdici suspendi vel excommunicari non possint quodque de huiusmodi vel aliis beneficiis ecclesiasticis ad eorum collationem provisionem presentationem electionem seu quamvis aliam dispositionem coniunctim vel separatim spectantibus nulli valeat provideri seu commenda fieri per litteras apostolicas non facientes plenam et expressam ac de verbo ad verbum de indulto huiusmodi mentionem et qualibet alia dicte sedis indulgentia generali vel speciali cuiuscunque tenoris existat, per quam presentibus non expressam vel totaliter non insertam effectus huiusmodi gratie impediri valeat quomodolibet vel differri et de qua cuiusque toto tenore habenda sit in nostris litteris mentio specialis; nos enim tecum ut quecumque tua curata seu alias invicem incompatibilia beneficia ecclesiastica si illa vigore presentium assequaris recipere et insimul quoad vixeris retinere libere et licite valeas, generalis concilii et quibusvis aliis constitutionibus et ordinationibus apostolicis ac statutis et consuetudinibus supradictis ut prefertur roboratis ceterisque contrariis nequaquam obstantibus, auctoritate apostolica prefata earumdem tenore presentium de specialis dono gratie dispensamus; proviso quod incompatibilia beneficia huiusmodi debitis propterea non fraudentur obsequiis et animarum cura in eis si qua illis inmineat nullatenus negligatur. Nulli ergo etc. nostre absolutionis reservationis inhibitionis suspensionis collationis provisionis decreti mandati voluntatis et dispensationis infringere etc. si quis etc.. Datum Rome apud Sanctum Petrum anno etc. 1513 octavo idus augusti, pontificatus nostri anno primo.

Gratis de mandato S. D. N. pape. Augti [a]

P. Mellinus.

W. Enchenvort F. de Vega.

Coll. Amerin.

*40. *Aus einem Schreiben Dr. Johann Blankenfelds an den Hochmeister des deutschen Ordens, Albrecht von Brandenburg. Rom 1513 Aug. 9.*

Staatsarchiv Königsberg, Pap. Original.

Für einen eilenden päpstlichen Boten, der Brevia an den Hochmeister und den König von Polen zu bringen hatte, macht Blankenfeld

---

[a] *Augti und Amerin. von einer zweiten Hand; die anderen Unterschriften von der Hand des Stückes.*

einen Preis von 100 Dukaten in Gold de Camera ab. Der Procurator hatte nicht so viel Geld: »Habe aber der Fukker factor hie e. f. g. do mit in iren anligendenn sachenn zu vorleghenn gebethenn, daß er mir mit solicher andtwurdt abgheschlaghenn: Im sei sunderlicher bevhelich ghebenn gar kein geldt zu vorliehen ane Commission Jacoben Fukkers, derhalb ßo dorft er es nicht thuen«. Leiht es schliesslich bei andern Leuten.

»Es ist auch e. f. g. unnd irer hendel unnd sunderlich in dissen lewffen hie notdurft, das e. f. g. wie andere Churfursten, fursten unnd heren hie bie den Fuckhern haben in vil gheringhern den e. f. g. unnd irs ordens hendelenn unnd ßunderlich dießer zeit, das e. f. g. ein Commission durch Jacob Fuckhern von Augspurgh anher gheben lassen an ir factor alhie, e. f. g. unnd dem orden auf irs procuratoris ansuchen mit II^c^ III^c^ allermindest odder mher ducaten zu vorlegen, wie e. f. g. . . . . Es ist auch iczt alhie swerer dann etzwan geldt auf zu brenghen viller ursach halb unnd auch deshalb, das etzlich fursten draussen hie haben gelt entlehenet und durnoch widerumb nicht bezalenn lassen, wie sich die benk, daß sie das noch in mangel sehen, beclagen.«

41. Aus einem Briefe Dr. Johann Blankenfelds an den Hochmeister. Rom 1513 Sept. 29.

Staatsarchiv Königsberg, Pap. Or. Nachschrift.

»So habe ich kurtzlich im Magdeburgischen handel noch abghen loblicher gedechtnis des Ertzbischoffs zu Magdeburgh ein gancȝ eylendt pfost bi meynen gn. hr. den Churfursten zu Brandenburgh auf ȝeiner f. g. kost ghefertighet mit bevehlung das auf das Eylendeste ßo mugklich man die brief schikken welte einer b^r^ h^kt^ andtwurdt halb mir in dem handel zhegheben, aber die brief ȝeint erst am zehendem taghe ken Augspurgk kommen, ȝo ich mich doch verhoft sie solton am VII do ghewes[en] ȝein.«

42. Aus der Instruktion des Deutschordensmeisters für Georg von Elz, der zum Lateranischen Konzil gesandt wurde. Ende 1513.

Staatsarchiv Königsberg, Konzept.

Item noch dem der Cardinal sich umb Cruciaten und legacey durch Hungern Polan und in diße land zu erlangen bearbeiten, ist von not zuvorkommen, das in solicher legacey oder cruciateten bevel die landt Preussenn und ordenns ausgeschlossen werden aus ursachen das die legatenn, die in Polen verordnet, allzeit des ordens lande als ob es der crone gehert dem ordenn zu merglichem nochtheyl in iren bevel ziehenn und besuchen, und do mit Babr Hajt kein abbruch geschehe zu bitten eyn andern Legaten oder sunderlichen Commissarien zw ordnen Seyner hayt Bestes und des ordens zw widerstandt der unglaubigen zw betreiben und sunderlich zw trachten, das solicher bevel einer pershon des ordens geschehe aus ursachen, das der ordenn, so er der crone wie man hofft bedrenglickeit entladenn, sich gewaldiglich wie auch beradtschlaget der unglaubigen mit krige annemen wolden. Dortzw in die Cruciatie nicht allein in iren landen sunder in mheren orthen als stewr der heyligen kirchen zw habenn groß von noten.

43. Aus dem Bericht des Deutschordensprokurators Johannes Blankenfeld an den Hochmeister. Rom 1513 Dez. 5.

Pap. Or. Staatsarchiv Königsberg.

Hie seindt dieser zeit her Eitelwolf vom Stain ritter, doctor Busso von Albesleben, her Joachim Klitzingk thumbprobst zu Hamburgk, her Levin von Velthem thumbprobst zu Hildeshem, her Sebastian von Ploto thumtechendt zu Halberstadt als botschafter des churfursten zu Brandenburgk meins gn. herren unnd der hinunden benenter stifft umb die bestetighunghe der postulation der kirchen Magdeburgk unnd Halberstadt unnd ander zwen der minder stifft daselbst thumbherrn ehrlich unnd statlich unnd hat sich ir hat gnediglich ken baiden maynen gned. heren dem Churfursten unnd postulaten erzeugt. Jr hkt hat im negsten consistorio den stifft zu Magdeburgh ghegheben und confirmirt, im negsten consistorio wirt ir heil den auch zu Halberstadt gheben, des seint wir berait ghewisse got lob. Ich habe vor ir ankunft unnd in irem biesein noch meim besten vermughen die sachen helfen furdern, das mir ir hait von ir selbst unnd etzlich cardinel in der botschafter biewesen gnedigen unnd guten rum und zeugnus ghegheben. Ich hoff das hochloblich churfurstlich haws Brandenburgh und e. f. g. sey mir umb eyn gut kleidt wermer. Ich achte auch eʒ werden sulichs nicht alle nachbauren gheleich gerne horen. Die botschafter haben mir zughesagt von des churfursten weghen bei hkt unnd den Cardinelen e. f. g. und den orden mit vleis zu bevhelenn, darob das es ghesche nach sein wil.

44. Quittung für die durch die Fugger erfolgte Zahlung der servitia communia von Magdeburg und Halberstadt seitens Albrechts von Brandenburg. Ohne Ort und Zeit.

Arch. Vatic. Divers. 63. fol. 174 r. Hergenröther Nr. 6032.

Leo papa Xs

Motu proprio etc. fatemur recepisse in pecunia numerata a dilecto filio Alberto ex marchionibus Brandeburgensibus electo Magdeburgensis et Halberstadensis ecclesiarum ducatos mille et septuaginta novem auri de camera ratione servitii nobis et camere apostolice debiti per manus dilectorum filiorum Jacobi Fucher et sociorum mercatorum Romanam curiam sequentium, qui licet sint creditores ipsius camere in longe majori pecuniarum summa et potuissent summam predictam quam nobis solverunt retinere et excomputare pro concurrenti quantitate in dicta summa eorum crediti, tamen pro nonnullis nostris occurrentibus expensis de ea summa mille et septuaginta novem ducatorum pro hac vice libenter nobis complacere voluerunt, quod ad rem gratam accepimus. Mandantes venerabili fratri nostro R. episcopo Ostiensi ac thesaurario, presidentibus et clericis ejusdem camere, ut summam predictam mille et septuaginta novem ducatorum nobis ut prefertur solutam in libris introitus et exitus depositoriorum nostrorum et camere predicte describi et annotari et quetantias et alias scripturas super ejusmodi solutione communis servitii expediri curent et mandent, in contrarium facientibus non obstantibus quibuscumque.

Ita fatemur et mandamus J.

45. Johannes Zink verpflichtet sich namens der Fugger, unter bestimmten Bedingungen Ablafsbriefe dem Konstanzer Domkapitel zu übergeben. *Rom 1514 Febr. 7.*

Arch. Vatic. Arm. XXXIV. vol. 18. fol. 7.

Die 7. Februarii 1514. dominus Johannes Zinch institor banchi de Fucharis obligavit se camere apostolice presentare capitulo Constantiensi nonnulla brevia apostolica super indulgentiis concesse in Constantiensi Augustensi Argentinensi et Curiensi civitatibus et diocesibus et quod capitulum tenebit bonum et fidele computum de pecuniis que provenient ex dictis indulgentiis et ex illis consignabit camere apostolice hic in Urbe medietatem detractis expensis prout alias facere solitum fuit in preterita quadragesima. Insuper promisit non consignare dicta brevia nisi prius fuerit bene cautum quo ad interesse ipsius camere, alias reportare brevia infra mensem et ita se obligavit in forma camere etc. presentibus dominis Jacobo Bernardino de Ferrariis et Angelo Johannis laico Amerinensi.

46. Johannes Zink verpflichtet sich namens der Fugger, dafs bestimmte deutsche Domkapitel sich verpflichten, die Hälfte von den Erträgnissen eines Ablasses nach Rom zu entrichten. *Rom 1514 Febr. 27.*

Arch. Vatic. Arm. XXXIV. vol. 18. vol. 18. fol. 7.

Die 27. supradicti mensis (februarii) supradictus dominus Johannes (Zinch) obligavit se in forma etc. quod canonici et capitula universarum ecclesiarum Maguntinensis et Coloniensis provinciarum ac illarum Brixinensis Eystetensis Frisingensis Bambergensis et Ratispronensis civitatum et diocesum reddent et consignabunt integre et fideliter hic in Urbe medietatem omnium pecuniarum proventurarum ex indulgentiis concessis in dictis locis obligatione omnium bonorum suorum et ita juravit presentibus dominis F. de Attavantis et Donato Ulteriano collegis testibus.

L. Amerinensis.

47. Ablafs für den Bau der Dominikanerkirche in Augsburg. 25 Febr. 1514. Mit: 1. Febr. 1515: Verlängerung bezw. Erneuerung desselben Ablasses. Beides eingeschlossen in 29. Aug. 1517: Verlängerung bezw. Erneuerung dieser Ablässe zur Errichtung einer Bibliothek und eines Studiums bei den genannten Dominikanern.

Arch. Vatic. Reg. Vatic. 1197. fol. 42—49.

Leo etc.

Ad futuram rei memoriam. Regis eterni, cuius magnifesta sunt opera, tante nobis divine gratie dona infundunt, ut ad vite superne gloriam vocandis mortalibus non solum prophetarum oracula ac sanctorum patrum exempla pariter et documenta prebuerunt, sed et ipsa veritas eius videlicet filius unigenitus de summis celorum ad yma pro generis humani salute descendens mortalitatis nostre carne assumpta visibilis et corporeus apparere eoque nascente sanctorum numerum, quos sua justificaverat gratia, ampliare dignatus est, vices licet immeriti gerentes in terris ac pia ipsius officia et actiones incitantes ad illa curis vigilamus assiduis studiisque indefessis enitimur, per que nostre operationis ministerio sancte religionis et doctorum virorum in agro dominico superna dispensatione plantare et universis cure nostre creditis talia favorabilia concedamus, per que in presenti vita piis intenti operibus ad eterne claritatis sine fine visionem feliciter valeant pervenire. Dudum siquidem cupientes ecclesiam domus sancti Dominici Augustensis ordinis fratrum predicatorum, que pro vestutate nimia ruinam minabatur et adeo angusta erat, ut pauci Christifideles celebrationi divinorum in ea interesse possent, nuper demolitam et de novo ampliori structura inceptam ut ad perfectionem reduceretur, in favorem fabrice eiusdem ecclesie nonnullas indulgencias et peccatorum remissiones ac facultates gratias concessimus per certas sub plumbo ac reliquas in forma brevis, per quas illas ad certum tempus jam effluxum prorogavimus nostras litteras, quarum tenor sequitur et est talis.

Leo episcopus servus servorum Dei ad futuram rei memoriam. Salvatoris domini nostri Jhesu Christi Dei patris unigeniti, qui de summo celorum ad inferna pro redemptione generis humani descendere dignatus est quique beato Petro apostolorum principi ligandi atque solvendi pontificium tradidit, vices licet immeriti gerentes in terris ad singulas ecclesias que domus Dei sunt et eorum edifficiis et structuris reparatione indigentes dirigimus nostre considerationis intuitum ac circa illarum reparationem commissi nobis pastoralis officii et potestatis nobis credite auctoritatem favorabiliter impartimur et ad hec Christifideles indulgentiis videlicet et remissionibus invitamus, ut per eorum pia suffragia ecclesie ipse reparari et fideles ipsi pro temporalibus bonis, que erogaverint, felicitatis eterne premia consequi possint. Cum itaque sicut accepimus ecclesia domus sancti Dominici Augustensis ordinis fratrum predicatorum, que vetustate ruinam minabatur, pro qua prevenienda singulis fere annis magna erat opus impensa, et adeo angusta existebat, ut pauci tempore celebrationis divinorum interesse possent, penitus demolita ac nova ecclesia longe amplior et ad divina audienda commodior pro maiori parte constructa fuerit, et licet nonnulli dilecti filii cives Augustenses pro constructione ipsius nove ecclesie summam quinque millium ducatorum contribuerint, nichilominus nova structura huiusmodi magistrorum operis incuria seu materie deffectu aut alio fortuito casu non mediocre damnum passa et ut illius ruina preveniretur magne expense ac propterea dicta summa quinque millium ducatorum expositi fuerint et non possint dilecti filii prior et fratres dicte domus ex illius facultatibus structuram ipsam ad debitum complementum perducere, sed sint Christifidelium suffragia plurimum opportuna: Nos cupientes ecclesiam predictam in huiusmodi structuris et edifficiis debite perfici et perfecta conservari et Christifideles[a] in auxilium tam salutaris operis totis viribus exortari, et ut Christifideles ipsi eo promptius ad premissa manus porrigant adiutrices, quo exinde pro animarum suarum salute maiora munera spiritualia adipisci posse cognoverint, de omnipotentis Dei nostra ac beatorum Petri et Pauli apostolorum eius auctoritate confisi omnibus et singulis utriusque sexus Christifidelibus vere penitentibus ac confessis Maguntinensis et Coloniensis provinciarum ac illarum civitatum et diocesum et in illis quomodolibet habitantibus seu commorantibus ac ad eas ad consequendum gratiam et indulgentiam infrascriptas undecumque confluentibus, qui durante tempore quadragesime proxime future et quindecim diebus sequentibus aliquas ecclesias seu, si ibidem ecclesiarum copia non fuerit, aliqua altaria juxta numerum per priorem et fratres domus deputandos ex et ab eis ac per deputandos subdelegandos limitandas vel limitanda juxta eorum providam moderationem super hoc faciendam dicta durante quadragesima et quindecim diebus inde sequentibus devote visitaverint et in capsis ad hoc per priorem et fratres ac procuratores fabrice huius-

[a] *Fol. 42 v.*

modi deputandos et subdelegandos predictos ordinandis [in] subsidium et relevamen fabrice ecclesie domus huiusmodi aliquam oblacionem seu peccunie quantitatem tantam, quantam per integram septimanam in domibus habitacionum suarum pro victu ipsorum et familie sue consueverint exponere, aut alias juxta prioris et fratrum aut deputandorum et subdelegandorum ab eis ordinationem sive arbitrium effectualiter posuerint seu lapides saxa ligna [vel] alia ad construendam ecclesiam domus huiusmodi necessaria dono dederint inciderint aut ad locum edifficii duxerint vel in eodem loco per se vel submissas personas ad certum tempus per priorem et fratres ac deputandos etiam seu subdelegandos prefigendum propriis sumptibus et expensis laboraverint aut es stannum cuprum calibem ferrum plumbum et alia genera metalorum ad construendam ecclesiam domus huiusmodi opportuna juxta eorumdem prioris et fratrum ac deputandorum seu subdelegandorum arbitrium elargiendo manus porrexerunt adiutrices, plenam omnium peccatorum suorum, de quibus corde contricti et ore confessi fuerint, necnon oblitorum veniam et remissionem ac cum altissimo reconciliationem ac illam eamdem tam a felicis recordationis predecessoribus nostris Romanis pontificibus quam a nobis limina eorumdem apostolorum et certas Urbis basilicas et ecclesias ac extra eam ad hoc deputatas quomodolibet sacri jubilei etiam centesimo anno visitantibus etiam profici[sc]entibus ad recuperationem terre sancte ac perfidissimorum paganorum Turchorum scismaticorum et aliorum sacre orthodoxe fidei catholice et dominice crucis hostium expugnationem ac omnes et singulas gratias illis concessas et concedi solitas ipsumque jubileum centesimum etiam si anno jubilei proxime transacto aut postmodum in dicta urbe vel alibi pares indulgentias et remissiones peccatorum consecuti fuissent, auctoritate apostolica et ex certa nostra scientia tenore presentium de apostolice potestatis plenitudine concedimus et elargimur ipsisque in domino benedicimus. Et insuper ut Christi fideles utriusque sexus, cuiuscumque dignitatis status gradus ordinis [a] et condicionis existant, ad dictas ecclesias ac premissa peragenda confluentes consciencie pacem et animarum salutem presentesque litteras non solum ad instar jubilei sed ipsum jubileum centesimum Deo propitio valeant promereri purgatisque eorum cordibus ac consciencii[s] ad illas suscipiendas efficiamus aptiores spiritum gratie salutaris prefatis priori et fratribus ac deputandis seu subdelegandis ab eis auctoritate nostra ecclesias, quas propterea visitari debeant, declarandi et in qualibet ecclesiarum earundum simul vel successive certum numerum presbiterorum secularium vel regularium ordinis quorumcumque etiam mendicantium etiam regularis observancie, de quibus eis videbitur, ad eorumdem Christifidelium pro indulgentia

---

[a] *Fol. 43.*

huiusmodi consequenda ad ecclesias ipsas in quibus deputati fuerint confluentium confessiones audiendum cum plena vel limitata facultate infrascripta deputandi, cui singulis diebus predictis dicta durante quadragesima eorumdem Christifidelium confessionibus diligenter auditis eos omnes et singulos ab omnibus et singulis excommunicationis a jure et canone vel ab honere anathematisationis suspensionis et interdicti aliisque censuris et penis ecclesiasticis quibuscumque undecumque et qualitercumque in eos latis et promulgatis necnon sacrilegiis incestibus adulteriis periurio apostasia presbi[te]recidiis et homicidiis etiam voluntariis incendiis pecuniarum etiam publicarum injunctarum et divinorum officiorum et horarum canonicarum obmissionibus ac omnibus et singulis aliis criminibus excessibus delictis et peccatis quantumcumque gravibus et enormibus etiam talibus, pro quibus penitentiam publicam mererentur ac eis ante absolutionem impendendam specialis specifica et individua mentio fieri ac eorum qualitates et circumstantie nobis seu successoribus nostris Romanis pontificibus canonice intrantibus exponi et declarari deberent, etiam si eorum absolutio per quasvis regulas aut constitutiones nostras vel eorumdem predecessorum nostrorum Romanorum pontificum seu eorum aliquem aut alio quovis modo sedi predicte adeo reservata forent, quod in generali concessione minime comprehendi valerent, preterquam occasione delationis aluminum sancte cruciate contra prohibitiones camere apostolice a partibus infidelium aut illorum venditione aut alias ratione prohibitionis censuris huiusmodi illaqueatione ac scismatis seu conspirationis in personam nostram aut statum sancte Romane ecclesie absolvere et eis penitentiam salutarem iniungere, juramenta quecumque relaxare, penitencias publicas et jejunia si votis aut alias ad illa obligati existant et alia vota quecumque per eos emissa, castitatis et religionis dumtaxat exceptis, in premissum opus commutare ac illos, quibus penitentia publica iniunta fuerit, seu illam peregerint seu periurium commiserint et propter ea infamie notam sive maculam incurrerint, ad pristinos statum et honores ac dignitates et officia publica rehabilitare restituere et plenarie reintegrare, et cum personis qui propter adulterium commissum aut alias jus petendi debitum coniugale amisissent, ut illud petere possint ac super quecumque (sic) inegularitate quavis occasione preterquam bigamie et homicidii voluntarii contracta, necnon cum simoniace vel alias minus rite et canonice promotis[a] vel ordinatis scienter vel ignoranter, etiam si promotores ordinatores aut mediatores forent, ut sic promoti et ordinati ad omnes sacros etiam presbiteratus ordines alias rite promoveri et in illis etiam in altaris ministerio licite ministrare ac promotores seu ordinatores deinceps officium pontificale, ut prius licite exer-

[a] *Fol. 43*'.

cere possint, dispensare et eosdem promotos ad dignitates ac canonicatus et prebendas et quecumque alia beneficia ecclesiastica cum cura vel sine cura secularia et regularia eis conferenda, si alias illorum capaces fuerint, ut ea recipere retinere valeant necnon cum quibusvis, qui per simoniacam pravitatem quecumque beneficia ecclesiastica tam secularia quam quorumvis ordinum regularia cum cura et sine cura, etiam si dignitates pontificales vel abbaciales aut in cathedralibus etiam metropolitanis post pontificales maiores seu in collegiatis ecclesiis principales ac personatus administrationes vel officia etiam curata et electiva aut canonicatus et prebende vel capellanie perpetue in eisdem ecclesiis regularia vero prioratus etiam conventuales prepositure propposituratus seu officia claustralia etiam cum cura vel sine cura fuerint, similiter dispensare et eos respective ad obtenta predicta et quecumque alia beneficia similia obtinenda rehabilitare seu de novo eisdem simoniacis dicta beneficia seu officia sic per simoniam acquisita et habita, postquam illa in eorum manibus dimiserint, conferre eosque restituere in dictis beneficiis seu officiis in foro consciencie ac de fructibus premissorum etiam ob divinorum officiorum et horarum canonicarum negligentiam ac commissionem (sic) male perceptis necnon super omnibus per furtum rapinam spoliationem vel ludum aut alias male ablatis incertis vel per usurariam pravitatem acquisitis etiam certis, quando fenerator ab illo feneratore extorquisset et ipse usuras restituere paratus non esset, et etiam de bonis, que ad aliquorum manus pervenissent et sine magna difficultate sciri non possent persone quibus restitutio fieri deberet de jure, quamquam male ablata per eos non existant sed alias ad eos illa pervenerint, ac super debitis incertis personis et similiter de hiis qui pauperibus et aliis piis locis in genere absque ulla speciali determinatione relicta fuerint tam pro preterito quam futuro temporibus componere et illa habentes, ut soluta aliqua quantitate, de qua eisdem priori et fratribus ac deputandis seu subdelegandis ab eis videbitur, pro hoc pio ac necessario opere ac reliquorum male ablatorum extortorum ac debitorum et relictorum seu que ad eos alias pervenerunt vel debentur ut prefertur restitutione plene absoluti existant, concedere similiter in foro conscientie tantum, et quoscumque qui ex quavis licita vel illicita copula provenientes affinitate consanguinitate cognatione carnali vel spirituali simplici vel multiplici gradu ac quocumque publice honestatis justicie impedimento seu alias quomodolibet impediti matrimonium invicem scienter vel ignoranter in quovis etiam primo affinitatis, que per copulam fornicariam contracta[a] esset, gradu contraxissent et carnali copula consummassent, si impedimentum huiusmodi in judicium deductum non foret vel scandalum generare non posset,

---

[a] *Fol. 44.*

ab excessu huiusmodi et excommunicationis sententia quam propterea incurrissent iniuncta inde eis pro modo culpe penitentia salutari, que ad pium opus predictum dirigatur, et quod de cetero talia non committant nec committentibus prestent auxilium consilium vel favorem et alias que de jure fuerint iniungenda absolvere et ut in huiusmodi matrimonio sic contracto similiter remanere seu secrete de novo invicem matrimonium contrahere et in illo sic contracto similiter remanere libere et licite valeant, prolem susceptam ex huiusmodi matrimonio si que sit et suscipiendam legitimam decernere dispensare similiter in eodem foro conscientie dumtaxat, ac cum quibusvis, qui aliqua bona ecclesiarum monasteriorum et ecclesiasticorum beneficiorum quorumlibet haberent et judicialiter difficientibus probationibus ad illorum restitutionem compelli non valerent, etiam si per ipsos probari posset, que bona omnia ad opus premissum applicamus super eorum restitutione componere et recepta aliqua portione vel quantitate pro eis ad opus predictum convertendi, similiter ipsos sic ea tenentes ab ulteriori eorum restitutione libere absolvere et quod illa licite retinere possint imposterum eis etiam concedere, et generaliter omnia alia et singula in premissis et circa ea necessaria seu quomodolibet opportuna etiam, que dilectis filiis penitenciariis in basilica principis apostolorum de Urbe de anno jubilei proxime preterito deputatis concessa fuerit, facere gerere et exequi possint et valeant plenam et liberam eiusmodi scientia et auctoritate tenore presentium concedimus potestatem et facultatem. Et ne illi, qui peregrinari et aliquam ex ecclesiis deputandis pro consequenda indulgentia huiusmodi commode et honeste visitare seu alia pietatis opera premissa adimplere non poterint utriusque sexus ut puta religiose persone sub perpetua clausura aut extra eam in monasteriis aut domibus religiosis degentes seu infirmi decrepiti valetudinarii divinisque et humanis serviciis manicipati aut mulieres gravide seu in puerperio constitute aut alias legitime prepediti effectu careant indulgencie memorate, volumus, quod si tales huiusmodi aut aliis quibusvis impedimentis ecclesias ipsas visitare impediti vere penitentes et confessi ad capsas predictas per fideles manus transmiserint, quantum per unam ebdomadam integram in victualibus cum eorum familia exponere consueverint, seu aliam contributionem per priorem et fratres seu deputandos aut subdelegandos ab eis predictos moderandam ad huiusmodi pium opus fecerint, tam ipsi quam de ipsorum sic impeditorum familia existentes etiam non impediti eamdem prorsus indulgenciam plenissimam consequantur, ac si loca ipsa indulgenciarum personaliter visitarent. Liceat prefatis priori et fratribus ac deputandis seu subdelegandis ab eis pro talibus impeditis in singulis locis in quibus ipsis videbitur[a] deputare

[a] *Fol. 44* r.

confessores ydoneos etiam quos ipse non venientes persone eligere voluerint, qui erga impeditos eosdem ac de eorum familia existentes ut prefertur pari quam alii confessores predicti erga visitantes dictas ecclesias auctoritate fungantur. Et quia facile contingere posset aliquos dubitare, quantum offerre debeant pro consequenda indulgencia predicta et aliis premissis et nonnullos esse dubios vel incertos, an eorum impotentia infirmitas servitii occupatio vel impedimentum sit adeo excusabile notabile et legitimum, quod juxta premissa ad visitacionem astringi non debeant ut indulgenciam huiusmodi consequantur, sed pro illa consequenda sufficiat eis quantitatem predictam in capsis huiusmodi per fideles manus poni facere volentes, quod tam prior et fratres quam deputandi seu subdelegandi ab eis aut quibus ipsi vices suas in genere vel in specie duxerint committendas, quam confessor, quem tales dubii aut incerti ex predictis deputandis ut premittitur adierint, possint eis huiusmodi dubietates, prout eorum statui et indemnitati animarumque saluti et consciencie quieti et saluti salubrius expedire cognoverint, decidere et determinare ac visitationem huiusmodi et summam, de qua dubitarent, an ab eisdem solvenda veniret, eis in parte remittere, prout priori et fratribus seu deputandis et subdelegandis seu confessori predictis necessarium etiam videbitur, ac eos ad visitandum dictas ecclesias penitus impotentes existere declarare habeantque tales dubii juxta declarationem seu remissionem huiusmodi faciendam quoad effectum consecutionis indulgencie memorate pro vere visitantibus et solventibus, ad id quod tenerentur, proviso quod confessor prefatus eisdem impeditis et de eorum familia existentibus loco visitacionis huiusmodi alia iniungat opera pietatis. Verum si qui forent, qui adeo pauperes essent, ut commode juxta ordinationem predictam solvere nequeant, liceat priori et fratribus ac deputandis et subdelegandis ab eis cum talibus quod solvere debeant, ut huiusmodi indulgentie fiant participes, convenire ac eos cum sibi videbitur per absolutionem huiusmodi subsistente causa legitima in toto vel in parte liberare. Et per archiepiscopos episcopos reges reginas duces marchiones comites barones nobiles et alios Christifideles tam ecclesiasticos etiam religiosos quam seculares huiusmodi, quorum magna familia foret, ratione huiusmodi consequendarum indulgentiarum faciendas contributiones consideratis diligenter eorum facultatibus discrete limitare ac taxare et desuper cum ipsis sicut priori et fratribus ac deputandis seu subdelegandis ab eis prefatis utilius videbitur componere necnon omnia alia circa hec ad salutarem et celeriorem expeditionem faciendam opportuna procurare et ordinare. Et ut animarum salus eo potius procuretur, quo magis aliorum egent suffragiis, et quominus sibi ipsis proficere valeant scientia et auctoritate predictis de thesauro sancte matris ecclesie animabus in purgatorio existentibus que per caritatem ab hac luce Christo unite decesserunt et dum viverent sibi, ut huiusmodi indulgentia suffragaretur, meruerunt, paterno compacientes affectu quantum cum Deo possumus succerrere cupientes, de divina misericordia et apostolice potestatis plenitudine[a] volumus et concedimus, ut si qui parentes aut amici aut ceteri Christifideles pietate commoti pro ipsis animabus purgatorio igni pro expiatione penarum eisdem secundum divinam justiciam debitarum expositis durante dicto tempore ad opus huiusmodi aliquam elemosinam juxta prioris et fratrum seu deputandorum aut subdelegandorum predictorum vel alicuius eorum ordinationem dictas ecclesias visitando pie erogaverint aut per nuncios ab eisdem deputandos dicto durante tempore miserunt, ipsa plenissima indulgentia per modum suffragii ipsis animabus in purgatorio existentibus, pro quibus dictam elemosinam pie erogaverint, ut prefertur pro plenaria penarum relaxatione suffragetur. Ac omnes utriusque sexus Christifideles de civitatibus et diocesibus predictis existentes vel in eis residentes aut ad illas ut prefertur confluentes, qui manus adiutrices ad huiusmodi opus visitando vel mittendo porrexerint, ac omnes et singulos earumdem parentes deffunctos ac eorum benefactores, qui cum caritate decesserint, de similibus potestatis plenitudine et liberalitate in omnibus precibus suffragiis elemosinis jeiuniis orationibus missis oris canonicis disciplinis peregrinationibus et ceteris omnibus spiritualibus bonis que sunt aut fieri poterunt in tota universali sacrosancta ecclesia militante ac omnibus membris eiusdem participes imperpetuum fiant. Ceterum ne propter multitudinem indulgentiarum tam a nobis quam predecessoribus nostris concessarum Christifideles in hoc sancto opere tardiores existant, omnes indulgencias, preterquam in Constantiensi Curiensi et Argentinensi civitatibus et illarum diocesibus ac in diocesi Augustensi provincie Maguntinensis, etiam pretextu confessionalium et contemplacione regum reginarum vel aliorum principum a nobis et eadem sede vel eius auctoritate quibuscumque ordinibus etiam Sancte Trinitatis, redemptionis captivorum, ecclesiis monasteriis hospitalibus, etiam Sancti Johannis Jherosolimitani et nostri sancti spiritus in Saxia de dicta Urbe ordinis sancti Augustini ac magistris et fratribus militie beate Marie Theutonicorum tam in Pruscia quam Livonia et alias per Germaniam ubilibet constitutis ac in favorem sancte cruciate necnon quatuor ordinibus mendicantium in genere vel in specie ac quibuscumque aliis locis universitatibus confraternitatibus etiam cuiuscumque qualitatis et ad quemcumque usum etiam laicorum vel clericorum institutis et singularibus personis etiam plenarias in vita et mortis articulo preterquam ratione indulgencie et jubilei huiusmodi extra urbem predictam ubilibet per nos aut predecessores nostros prefatos quomodolibet nunc et pro tempore concessas

[a] *Fol. 45.*

quo ad predictas civitates et dioceseos et personas dumtaxat durante tempore quadragesime et quindecim dierum sequentium huiusmodi scientia et auctoritate prefatis et de simili apostolice potestatis plenitudine omnino suspendimus illasque nemini volumus in vita vel in morte aliquatenus suffragari nec illas publicari et predicari nec earum pretextu a questoribus elemosinarum aliquid postulari posse. Volumus quoque et decernimus, quod sub quacumque suspensione aut revocatione[a] per nos etiam simili indulgentia pro fabrica basilice principis apostolorum de Urbe aut successores sic nostros Romanos pontifices pro tempore facta sub quibusvis verborum formis et clausulis etiam derogatoriarum derogatoriis forcioribus efficacioribus et insolitis etiam ex quibusvis causis et quantumcumque maximis et urgentissimis etiam pro deffensione fidei Christiane aut alias quantumcumque urgenti et necessaria causa etiam cum motu proprio et ex certa scientia ac de dicte sedis potestatis plenitudine etiam de fratrum nostrorum consilio nequaquam presentes litteras comprehensas esse nec in futurum comprehendi debere, sed semper illas exceptas fuisse et sic censeri ac illis non obstantibus ipsas presentes litteras in suis plenis robore virtute et efficacia semper remansisse et remanere juxta illarum continenciam et tenorem, sic quod ab omnibus Christifidelibus reputari debere sublata eis quavis aliter interpretandi facultate et auctoritate. Et si forsan super premissorum executione et presentium litterarum ac in eis contentorum concessione ac illarum clausulis et verbis aliqua dubia quomodolibet exoriantur, prioris et fratrum ac etiam deputandorum et subdelegandorum ab eis qui de premissis plene informati existunt declarationi et interpretacioni tociens quociens opus fuerit stari debere etiam decernimus, dummodo declaratio ultra quam in foro conscientie se non extendat et, ut oblationes huiusmodi fideliter colligantur et collecte conserventur ac illarum proventus in hoc et neccessarium opus reparationis ecclesie domus huiusmodi et illius fabrice et non in aliam causam omnino commutantur, volumus, quod prior et fratres seu deputandi et subdelegandi ab eis prefati in singulis ecclesiis ad id per eos ordinandis unam vel plures capsam seu capsas clausuris et duabus clavibus, quarum unam prior et fratres predicti ac aliam communitas prefati seu deputandi vel subdelegandi ab eis respective tenere debeant, bene munitam seu munitas, prout priori et fratribus ac procuratoribus fabrice et deputatis seu subdelegandis predictis videbitur, ordinent, quam seu quas conventus et fratres ac procuratores fabrice seu ab eis respective deputandi et subdelegandi predicti insimul et non alias aperire possint, ita quod illam aliter quomodolibet aperientes excommunicationis sententiam incurrant, a qua nisi a Romano pontifice absolvi non possint

[a] *Fol. 45* r.

preterquam in mortis articulo constituti. Et insuper ut premissa melius et facilius semotis quibuslibet impedimentis debitum consequantur effectum, omnibus et singulis locorum ordinariis eorumque vicariis officialibus et sigilliferis necnon abbatibus prepositis decanis canonicis et capitulis tam cathedralium quam collegiatarum ecclesiarum abbatibusque prioribus et conventibus quorumcumque etiam mendicantium ordinum et quibusvis aliis etiam cuiuscumque dignitatis status gradus ordinis condicionis aut preeminencie existerent utriusque sexus personis per civitates et dioceseos predictas et eorum quemlibet et alibi quomodolibet constitutis in virtute sancte obedientie et sub[a] excommunicationis late sententie ac maledictionis eterne pena, a qua etiam non nisi a nobis et successoribus nostris Romanis pontificibus canonice intrantibus preterquam in mortis articulo huiusmodi constituti et debita satisfactione premissa absolvi possint, et peccuniaria prioris et fratrum ac deputandorum et subdelegandorum predictorum arbitrio facti et persone qualitate attenta moderanda et de facto a contrafacientibus exigenda pena districtius inhibemus, ne videlicet ordinarii eorum vicarii officiales et sigilliferi abbates prepositi priores decani capitula et alii supradicti ac quevis ecclesiastice seculares et religiose persone presentium publicationem in eorum ecclesiis civitatibus et diocesibus ac ubi et quociens opus fuerit faciendum impedire et aliquid pretextu dicte publicationis petere et etiam a sponte exigere aut excipere ac ipsi et quicumque alii in premissis et circa ea fraudem ac dolum committere neve procurantes huiusmodi indulgencie participes fieri et sua pia suffragia erogare et mittere ab huiusmodi eorum proposito in toto vel in parte directe vel indirecte tacite vel expresse contrahere ac quascumque alias indulgencias per nos ut prefertur suspensas inibi predicare et publicare aut illis quomodolibet uti et illarum pretextu aliquid petere aut recipere ac alias contra presentes illarumque tenorem in ipsis predicationibus pium Christifidelium animum ab eorum sancto et pio proposito divertere dicto durante tempore quoquomodo presumant. Mandantes sub similibus sententia maledictione et pena ipsas presentes per quoscumque verbi Dei predicatores etiam clericos et religiosos ordinum quorumcumque etiam mendicantium iuxta ordinationem et requisitionem prioris et fratrum ac deputandorum seu subdelegandorum predictorum vel cuiuslibet eorumdem in civitatibus locis et ecclesiis ad hoc deputandis predicari publicari et declarari ac prefatos Christifideles ad contribuendum huic sacro operi induci et exhortari ac per locorum ordinarios eorum vicarios officiales et sigilliferos abbates priores prepositos decanos capitula et alias ecclesiasticas personas huiusmodi ad id auxilium consilium vel favorem impendi necnon per priorem et fratres ac deputandos

[a] *Fol. 46.*

seu subdelegandos prefatos tam ipsos si non paruerint quam generaliter contradictores quoslibet et rebelles per censuram ecclesiasticam et alia opportuna juris remedia, invocato etiam ad hoc si opus fuerit auxilio brachii secularis, compesci et compelli debere, habituri ratas et gratas censuras et penas, quas prior et fratres ac deputandi et subdelegandi prefati rite tulerint seu statuerint in rebelles, et facturi illas auctore domino inviolabiliter observari. Et generaliter quicquid per priorem et fratres ac deputandos et subdelegandos prefatos in premissis fuerit quomodolibet ordinatum, super quibus omnibus et singulis priori et fratribus ac deputandis et subdelegandis prefatis plenam[a] liberam et omnimodam ac etiam processiones publicas ad effectum premissum ac populi etiam ad sonum campane convocationem pro huiusmodi piis operibus peragendis ad declarationem incursus censurarum et penarum per nos ut prefertur latarum faciendi et fieri mandandi harum serie concedimus facultatem. Non obstantibus premissis ac constitutionibus et ordinationibus apostolicis necnon privilegiis et indultis etiam mare magnum nuncupatis eisdem ordinibus illorumque personis in genere vel in specie forsan concessis sub quibusvis verborum formis et clausulis etiam derogatoriarum derogatoriis forcioribus efficacioribus et insolitis per nos et sedem predictam concessis et de quibus presentibus etiam de verbo ad verbum pro illarum sufficienti derogatione habenda esset mentio specialis, que quoad hoc cuiquam nolumus aliquatenus suffragari contrariis quibuscumque, aut si aliquibus vel eorum ordinibus communiter vel divisim ab eadem sit sede indultum, quod ipsi aut ipsorum ordinum persone ad publicandum aliquas litteras seu indulgencias huiusmodi inniti (?) compelli seu quod interdici suspendi vel excommunicari non possint per litteras apostolicas non facientes plenam et expressam ac de verbo ad verbum de indulto huiusmodi mentionem. Verum quia difficille foret presentes litteras ad singula queque loca defferre, volumus ac etiam dicta auctoritate decernimus, quod illarum transumptis manu unius vel duorum publicorum notariorum subscriptis et aut alicuius prelati seu persone in ecclesiastica dignitate constitute sigillo munitis ea prorsus fides indubia ubilibet adhibeatur, que presentibus adhiberetur si essent exhibite vel estense. Nulli ergo omnino hominum liceat hanc paginam nostre concessionis elargitionis benedictionis indulti suspensionis inhibitionis mandati voluntatis et decreti infringere vel ei ausu temerario contraire. Si quis autem hoc attemptare presumpserit, indignationem omnipotentis Dei ac beatorum Petri et Pauli apostolorum eius se noverit incursurum. Datum Rome apud Sanctum Petrum anno incarnationis dominice millesimo quingentesimo tertio decimo quinto kalendas martii pontificatus nostri anno primo. —

[a] *Fol. 46 r.*

Universis et singulis Christifidelibus presentes litteras inspecturis salutem et apostolicam benedictionem. Dudum cupientes ecclesiam domus sancti Dominici Augustensem ordinis fratrum predicatorum, que vetustate ruinam minabatur, pro qua prevenienda singulis fere annis magna impensa opus erat, et adeo angusta existebat, ut pauci tempore celebrationis divinorum interesse possent, in huiusmodi structuris et edifficiis debiti perfici et perfectam conservari et Christifideles in auxilium tam salutaris operis totis viribus exhortari, de omnipotentis Dei misericordia ac beatorum Petri et Pauli apostolorum eius auctoritate confisi omnibus et singulis utriusque sexus Christifidelibus vere penitentibus et confessis Maguntine et[a] Coloniensis provinciarum ac illarum civitatum et diocesum et in illis quomodolibet habitantibus seu commorantibus et ad eas ad consequendum gratiam et indulgenciam infrascriptam undecumque confluentibus, qui durante tempore quadragesime proxime elapse et quindecim diebus inde sequentibus aliquas ecclesias seu si ibidem ecclesiarum copia non foret aliqua altaria juxta numerum per priorem et fratres domus huiusmodi et deputandos et subdelegandos limitandas et limitanda juxta eorum providam moderationem desuper faciendam dicta durante quadragesima et quindecim diebus sequentibus devote visitassent et in capsis ad id per priorem et fratres ac procuratores fabrice huiusmodi ac deputandos et subdelegandos predictos ordinandis in subsidium et relevamen fabrice et ecclesie domus huiusmodi aliquam oblationem seu peccunie quantitatem tantam, quantam per integram septimanam in domibus habitacionum suarum pro victu ipsorum et familie sue exponere consueverant, aut alias juxta prioris et fratrum aut deputandorum et subdelegandorum eorumdem ordinationem seu arbitrium effectualiter ponerent seu lapides saxa ligna et alia ad construendam ecclesiam domus huiusmodi neccessaria dono darent inciderent aut ad locum edificii ducerent vel in eodem loco per se vel submissas personas ad certum tempus per priorem et fratres ac deputandos et subdelegandos prefatos prefigendum propriis sumptibus et expensis laborarent aut ès stannum cuprum calibem ferrum plumbum aut alia genera metalorum ad construendam ecclesiam domus huiusmodi opportuna juxta eorumdem prioris et fratrum ac deputandorum seu subdelegandorum arbitrium elargiendo manus porrigerent adiutrices, plenariam omnium peccatorum suorum, de quibus corde contricti et ore confessi forent, necnon oblitorum veniam et remissionem ac cum domino reconciliationem ac illam eamdem tam a predecessoribus nostris Romanis pontificibus quam a nobis limina eorumdem apostolorum et certas Urbis basilicas et ecclesias ac extra eam ad hoc deputatas quolibet sacro jubilei etiam centesimo anno visitantibus et etiam profici*[sc]*enti-

[a] *Fol. 47.*

bus ad recuperationem terre sancte ac perfidissimorum paganorum Turcharum scismaticorum et aliorum sacre orthodoxe fidei catholice et dominice crucis hostium expugnationem ac omnes et singulas gratias illi concessas et concedi solitas ipsumque jubileum centesimum etiam si anno jubilei transacto proxime aut postmodum in dicta urbe vel alibi pares indulgencias et remissiones peccatorum consecuti fuissent, ac alias gratias et facultates apostolica auctoritate[a] et ex certa scientia ac de apostolice potestatis plenitudine per alias nostras litteras concessimus et largiti fuimus ipsosque in domino benediximus prout in dictis litteris plenius continetur. Cum autem sicut accepimus ex elemosinis, que ex huiusmodi indulgencia provenirent, necessitati fabrice ecclesie huiusmodi adhuc provisum non fuerit et non solum ecclesia sed etiam domus ipsa reparatione indigeat sintque ad illarum reparationem Christifidelium elemosime plurimum neccessarie, nos, ad quos pro debito pastoralis officii spectat desuper opportune providere ac animarum Christifidelium saluti consulere, indulgencias et litteras nostras huiusmodi cum omnibus et singulis facultatibus concessionibus indultis et clausulis in eis contentis ad quadragesimam proxime futuram et quindecim dies illam immediate sequentes auctoritate apostolica et de apostolice potestatis plenitudine tenore presentium in pristinum statum restituimus reponimus et plenarie reintegramus ac etiam de novo concedimus necnon ad omnia et singula loca exempta infra limites dictarum provinciarum constituta ita, quod in illis per quadragesimam et quindecim dies predictos etiam locum habeant extendimus et ampliamus. Et nichilominus dilectis filiis Bambergensi et Sancti Petri in Perlace ac Sancte Gertrudis Augustensis ecclesiarum prepositis per presentes committimus et mandamus, quatenus ipsi vel duo aut unus eorum per se vel alium seu alios presentes et alias litteras predictas solemniter publicantes ac eisdem priori et fratribus in premissis efficacis defensionis presidio assistentes faciant auctoritate nostra eosdem priorem et fratres ac procuratores fabrice huiusmodi et deputandos seu subdelegandos predictos concessione et aliis in prioribus litteris predictis contentis pacifice frui et gaudere, non permittentes eos per quoscumque cuiuscumque dignitatis status gradus ordinis condicionis et nobilitatis existentes ac quacumque auctoritate fungentes desuper quomodolibet molestari, contradictores censuris ecclesiasticis et aliis juris remediis quacumque appellatione etiam ad nos melius informandum pro tempore interposita non obstante compescendo. Non obstantibus constitutionibus et ordinationibus apostolicis necnon indulgencia pro fabrica basilice sancti Petri de Urbe ac commissione et facultatibus etiam suspendendi alias indulgencias dilecto filio Johanni Angelo Arcimboldo nuncio nostro ad predictas et

[a] *Fol. 47'.*

nonnullas alias tunc expressas provincias per nos factis et concessis, quas quadragesima et quindecim diebus predictis durantibus quo ad Maguntinam et Coloniensem provincias dumtaxat suspendimus ac commissioni et facultatibus Jhoannis Angeli nuncii huiusmodi derogamus, necnon[a] omnibus illis que in dictis prioribus litteris volumus non obstare ceterisque contrariis quibuscumque. Verum si aliqui malignitatis spiritu imbuti in publicatione indulgencie et litterarum huiusmodi se remissos seu rebelles vel negligentes reddere niterentur, prefata auctoritate statuimus et decernimus, quod quicumque locorum ordinarii aut eorum vicarii vel officiales seu abbates aut alterius cuiuscumque dignitatis ecclesiastice seu alii in inferiori gradu constituti etiam si parochialium ecclesiarum rectores aut eorum vicarii vel locatenentes aut mendicantium vel aliorum ordinum religiosi exempti et non exempti fuerint, pro parte dictorum prioris et fratrum ac procuratorum fabrice et deputandorum ac subdelegandorum huiusmodi requisiti non obstante quocumque privilegio eis forsan in contrarium concesso, quod quoad hoc nolumus eis suffragari, presentes litteras et singula in eis contenta ne ad veram singulorum noticiam deveniant non publicaverint debite et ea publicari non permiserint aut fecerint seu in illis affectata malicia negligentes aut rebelles se reddiderint ac in premissis dolum et fraudem directe vel indirecte quomodolibet commiserint ac volentes pro huiusmodi opere contribuere retraxerint, excommunicationis sententiam eo ipso incurrant, a qua non nisi a nobis vel successoribus nostris Romanis pontificibus canonice intrantibus preterquam in mortis articulo constituti et debita satisfactione premissa absolvi possint. Ac priori et fratribus prefatis quod publicationem huiusmodi indulgencie cum signo solito affixionis crucis et trunci seu capse in locis publicationis facere possint, concedimus per presentes. Aut si aliquibus vel eorum ordinibus communiter vel divisim ab eadem sit sede indultum, quod ipsi aut ipsorum ordinum persone ad publicandum aliquas litteras seu indulgencias huiusmodi inniti compelli seu quod interdici suspendi vel excommunicari non possint per litteras apostolicas non facientes plenam et expressam ac de verbo ad verbum de indulto huiusmodi mentionem, verum quia difficile foret presentes litteras ad singula queque loca deferri, volumus ac etiam dicta auctoritate decernimus, quod illarum transumpto manu unius vel duorum publicorum notariorum subscripto et alicuius prelati seu persone in dignitate ecclesiastica constitute sigillo munito ea prorsus fides indubia ubilibet adhibeatur, que presentibus adhiberetur, si forent exhibite vel ostense. Datum Rome apud Sanctum Petrum sub annulo piscatoris die prima februarii 1515. pontificatus nostri anno secundo. —

[a] *Fol. 48.*

Cum autem sicut accepimus prior et conventus prefati piis Christifidelium elemosinis dictarum litterarum nostrarum virtute collectis[a] et habitis ecclesiam predictam ad bonum statum aliqua ex parte jam erexerint et pro Christi fidelium animarum salute et faciliori litterarum erudicione ac scientiarum acquisitione in dicta domo unam bibliothecam longam et amplam construi facere illamque libris omnium bonorum artium et scientiarum in diversis linguis per eos emendis et acquirendis munire et postquam sic munita fuerit conservare ac fratres in competenti numero cum decenti provisione manutenere posse desiderant, quorum triginta ad minus pro choro ecclesie et divino officio inibi pro tempore celebrando sub stricta regulari observancia, alii vero triginta fratres huiusmodi liberi ab omni cura litterarum studio vacare ac singulis diebus lectiones in sacra pagina et jure canonico et philosophie ac litteris grecis respective legere et audire necnon duas disputaciones in eisdem facultatibus tenere debeant, et quamvis dilecti filii consulatus civitatis Augustensis magistris et doctoribus inibi pro tempore legentibus de competenti salario ex erario publico providere parati existant, tamen pro reliquis expensis et aliis ad premissa neccessariis oneribus supportandis ipsorum prioris et conventus non suppetant facultates, sed sint Christifidelium pia suffragia plurimum neccessaria et opportuna, nos attendentes, quantum ex viris litteratis ecclesia Dei illustretur et conservetur, ac cupientes domum predictam in huiusmodi bibliothece pro litterarum commodo et conservatione juvari ac eosdem Christifideles ad prestandum ad id temporalia auxilia quibusdam spiritualibus allertivis muneribus inducere, quo ex hoc dono celestis gratie uberius conspexerint se refectos, motu proprio et ex certa nostra scientia in subsidium dicti operis indulgencias et peccatorum remissiones ac gratias et facultates predictas omniaque et singula in dictis nostris litteris contenta in Saltzeburgensi ad biennium a die publicationis presentium ibidem solemniter faciende computandum et in Bremensi provinciis ad annum post finitam inibi commissionem dilecti filii magistri Johannis Angeli Arcimboldi nuncii et commissarii nostri ac similem earumdem presentium ibidem publicationem inchoandum auctoritate apostolica tenore presentium concedimus et litteras ipsas, quo ad hoc in pristinum et eum statum restituimus reponimus et plenarie reintegramus, ac ad omnia et singula loca exempta infra limites dictarum provinciarum consistentia extendimus et ampliamus. Et nichilominus dilectum filium magistrum Johannem Fabrum theologie professorem ac modernum priorem dicte domus de vite integritate ac doctrine excellentia et rerum experientia necnon laudabilibus moribus apud nos multipliciter commendatum ad premissa omnia et singula nostrum et

[a] *Fol. 48'.*

apostolice sedis nuncium et commissarium cum omnibus et singulis facultatibus concessionibus et indultis ac aliis clausulis in dictis litteris contentis ac etiam dilecto filio nostro Cristoforo de Forlivio tituli Sancte Marie de Araceli presbitero cardinali tunc in minoribus constituto ordinis fratrum minorum de observancia vicario citramontano et indulgenciarum in favorem fabrice[a] basilice sancti Petri de Urbe concessarum in nonnullis provinciis tunc expressis nuncio et commissario nostro per alias nostras litteras sub dato 12 kalendas februarii pontificatus nostri anno quarto, quarum tenores ac si de verbo ad verbum presentibus insererentur, pro sufficienter expressis habentes haberi volumus quomodolibet concessis necnon potestate unum duos aut plures presbiteros graduatos seculares aut dicti vel cuiusvis alterius ordinis regulares alias ydoneos et circumspectos quos ad id duxerit eligendos loco sui cum simili aut limitata facultate deputandi et subdelegandi eosque quos sibi videbitur revocandi et destituendi facimus constituimus et deputamus sibique ac subdelegandis ab eo per se vel alium seu alios in quibusvis etiam metropolitanis et cathedralibus ac collegiatis ecclesiis et locis dictarum provinciarum etiam exemptis quibuscumque diebus et horis pro commendacione presentis negocii publice ad populum predicandi licentiam et facultatem concedimus, diocesanorum locorum vel quorumvis aliorum licentia super hoc minime requisita. Non obstantibus constitutionibus et ordinationibus apostolicis ac omnibus illis que in singulis litteris predictis volumus non obstare ceterisque contrariis quibuscumque. Nulli etc. nostre concessionis restitucionis reposicionis reintegrationis extensionis ampliationis voluntatis facti constitutionis deputationis et concessionis infringere etc. si quis etc. Datum Rome apud Sanctum Petrum anno incarnationis dominice millesimo quingentesimo decimo septimo quarto kalendas septembris pontificatus nostri anno quinto.

Thomas de Binis.

48. Albrecht von Brandenburg, Erzbischof von Magdeburg, an seine in Mainz weilenden Vertreter, Graf Albrecht von Mannsfeld und Dr. Simon Volz. Bald nach dem 9. März 1514.

Staatsarchiv Magdeburg. Erzbistum Magdeburg XIV. 5. 178. Aktenheft fol. 2—4. Pap. Konzept.

†Deus in adiutorium meum intende.

Albrecht von gots gnaden etc.

Unßern grues und gunstigen willen zuvor. Wolgeborner wirdige andechtige lieben getrawen. Wir haben auß awrem schreyben und dor-

[a] *Fol. 49.*

neben gescheenen bericht Albrechts von N[*Mannsfeld*] den getrawen fleys und arbeyt, szo yr yn erlangung der postulation zum Ertzbischoffthumb Mentz vor uns neben andern unßeren freunden und zugewenten gethan habt, zw gnedigem gefallen verstanden und vormargkt, wollen solchs kegen unßern freunden yn freuntschafft und allem guethem beschulden und kegen euch mit gunst und ynsundern gnaden erkennen. Nach dem uns auch dor neben angezaigt worden, was vorwilligung und zusage yr zue dangbarkait und gratification bescheener postulation yn ansehung und betrachtung des grossen unrats, do mit das stifft Mentz beswert, von wegen des hochgebornen fursten und hern hern Joachyms Marggraffen zue Brandenborgk Churfursten etc unsers freuntlichen lieben brueders kegen gedachtem capitel gethan, wil uns dißmals dor bey etzwas zue thune, wie yr abzunehmen, ghar nicht geburen, sunder mussen vor unser parten solchs allenthalben bis zue bebstliche heylikeit willen und gefallen stellen, doch wollen wir uns gentzlich vorsehen, das es umb ausrichtunge der confirmation und des pallium bey babstlicher heylikeit, auch der ablosung halben des schlosses Jerlshaym, des gleichen auch des schutzes und vertedungs halben des hochwirdigen stiffts bey unßerm fruntlichen lieben brueder ghar keyn mangel haben werd, und ab es auch an ichtes erwynden wurdet, ßo solt ir euch verlassen, wan es die wege das uns dor bey zue thuen wil geburen, sollet ir mit gutwilligen verpflichtung auß andern unßrn zustenden enthaben werden. Alleyn soltet seyner liebden, und unßers ermessens nicht unbillich beswerlich fhur das sich dye selbie seyn liebde mit aigener kost und darlegung berurt stifft yn allen sachen zue schutzen bewilligen und verpflichten solte, nach dem yr wel zue ermessen, das solch schwinde verpflichtung nicht alleyn beschwerlich sunder auch nach der natur und dem rechten gantz unmeglich und unzuelesslich, dan es mochte berurtem stiffte ßo vhil anfechtung (das der almechtige gnediglich vorhuete) zufallen, das obgedachts unßers freuntlichen lieben brueders vermugen die selbien mit seyner liebden darlegen außuefhuren nicht erreichen mechte, szo mechten sich auch felle begeben, das mehrgedacht stifft von Kay^{r} M^{t} unserm aller g^{sten} hern angefochten worde, do widder seyner liebden ane schymffe und vercleynung sunderlich der gestalt nicht thuen konde adder mochte, der halben seyn liebde eyn nottel eyner ratification hat gestelen lassen, welche wir euch hye bey zuschicken, dor innen seyn lieb nach zimlikeit und vermugen eine gethane zusage auch etwas mit enthrung beliebet bewilliget und verfelwortet zuvorsichtig, sye solle von dem capittel vor gnugsam ermessen und angenommen werden, das wir von euch ßo vhil muglich bey den jhenigen, dye vormals von unsert wegen gutwillig befunden zu fordern gutlich begern, mit gewisser vertrostung, das an allen zweifel unser freuntlicher lieber brueder nach allem vermugen berurt styfft zue schuczen wirdet alzeit gutwillig sich befunden lassen und an seyner lieb mit alle der selben hern freunden und vermugen der halb ghort, wie uns auch seyn lieb auß bruederlicher bewegniß eygener person tröstlich zugesagt, keyn mangel gespurt werden. Es hat auch obgemelter unser freuntlicher lieber brueder gestern dato an Kay^{e} M^{t} unsern allergsten hern eyn eylende botschafft geschickt und seyn maiestat schrifftlich gebeten, ob seyn M^{t} von gescheener postulation eyniche ungnad entpfangen, die selbie gnediglich fallen zu laßen und welle dye confirmation bey babstlicher heylikeit zu erlangen gnediglich fordern helffen etc mit ander noettorfftiger werbung und instruction, welche dißmals zue lang anzuzaigen, des gleichen haben seyn lieb an unsern freuntlichen lieben hern ohaymen und swager den konig zue Denemarg und andere unßer hern und freunde schreiben lassen, diß ihne bey babstlicher Heylikeit Kay^{r} M^{t} und versamlung der Cardinal helffen mit vorbet zue fordern etc. Zue dem wirdet morgen nach dato eyn eylender bot nach Augspurg von hynnen außreyten und durch dye post do selbst unsers freuntlichen lieben brueders schriffte an Babstliche Haylikeit, eczlich Cardinel und sollicitatores kegen Roma uffs eylendeste verfertigen, do mit der handel do selbst mege underbawet und abgearbeit werden, mit anzeigung, was beweglicher grosser ursachen dye hern capitulares dye postulation zue thune bewogen haben und wie vhil nutz und frommen dem styfft Mentz dor ab ensthen muge, auch wie der selbie beyden styfften Magdeborg und Halberstadt gelegen und die irrung von wegen der stadt Erfordt, zwuschen dem hauße zue Sachsen und obgemeltem styfft entstanden, do durch muge abgelegt werden etc mit vhil andern umbstenden etc. alʒo das wir yn guther hoffnung stehn, es solle gescheene postulation zue Rome wel erhalten werden. Es hat auch unser freuntlicher lieber brueder yr botschafft an unsere freuntliche liebe oheyme und sweger die Churfursten und fursten von Sachsen heute dato geschickt, und bey yren liebden kegen den von Erfordt biß zue erlangung der postulation nichts vorzunehmen bitten lassen etc, wie ir graff Albrecht yn euerem schreiben zue gescheen uns angezeigt yn guether zuversicht, es werde bey yren liebden ghar keyn mangel haben. Wir wollen uns auch kegen alle den Jhenigen, den yr als vor bericht vertrostung gethan, mit volge der selbien mit gunst und gnedigen willen erzeigen und dar an nicht mangeln lassen, der halben iczt mehrs grosser von noeten dan das decretum postulationis uffs forderlichst mit außdenkung der ursachen, dye zue der postulation sye bewogen, und ander gelegenheit an uns gelange und zue geschickt werde, begern der halb gutlich von euch zue fleissigen, das solchs ane verzug, den wir yn dysem handel vor das schedlichste achten, gesche und wollet hyrynnen fleys wie bißher forder nicht sparen, wellen wir mit besunderm gunst und gnaden kegen euch allen zue beschulden und zu vergleichen unvergessen halten. Datum

49. Spezialweisung Albrechts von Brandenburg an den Grafen von Mannsfeld. Bald nach 9. März 1514, gleichzeitig mit vorigem Stücke.

Fol. 5. Konzept. — Von gleicher Hand wie voriges Stück.

† Albrecht von gots gnaden.

An graff Albrechten alleyn.

Unsern grueß und gunstigen willen zuvor. Wolgeborner lieber getrawer! Als wir euch yn gemeyn yn hirbeigesanten unserm schreyben zu erkennen geben lassen, was durch den hochgebornen fursten unseren freuntlichen lieben brueder hern Joachim Marggraffen zue Brandeborg Churfurst etc uff eier schreiben und verkundigung der gescheenen postulation gehandelt etc haben wir bedacht, das vorbith eczlicher Erczbischoff und bischoff bey babstlicher heylikeit dyßen handel sere fordern mechte, der halben ist an euch besundern unser gutlich beger, wollet bey unsern freunden und andern zugewanten, welche yr ym capittel zu Mentz uns vor andern genaigt wisset fleyssigen zu erlangen, das berurt capittel sambtlich an unsere hern und freunde die nagstumbligende Erczbischoff und bischoff, als Collen, Trier, Worms, Straßburg, Salczburg, Speir und andere dye dießen handel vermutlich genaigt umb forderung und vorschrifft ansuechen lasse, bey babstlicher heylikeit berurt capittel mit anzeigung der bewegniß, dye sie zue dieser postulation geursacht, das sich die selbien alʒo halten und war seyn, zuverbitten, das seyn haylikeit gescheene postulation vor uns gnediglich bestetigen welle, welche unsers ermessens berurt capittel bey angezeigten ertzbischoffen und bischoffen werdet leichtlich erlangen mugen. Wellet hyr ynne guten fleys haben und Euch yhz nicht vermerken lassen, als ob es auß unserm angeben dor queme, wellen wir mit besunderm gunst und gnaden umb euch beschulden. Datum.

In abwesen sein den verordenten oder hinder sich gelassenen ztu Mentz.

50. Weisung des Kurfürsten Joachim von Brandenburg an den Dr. Joh. Blankenfeld in Rom. Bald nach 9. März 1514, gleichzeitig mit den beiden vorhergehenden Stücken.

Fol. 6—7. — Von derselben Hand.

† Deus in adiutorium meum intende.

An doctor Blanckefelt.

Hochgelarter lieber getrawer und rat. Es haben uns unser rethe und lieben getrawen, sʒo wir iezt umb erlangung der confirmation vor den hochwirdigen yn got hochgebornen fursten und hern hern Albrechten Marggrafen zue Brandenburg unsern freuntlichen lieben brueder der Ertzbischofflichen und bischofflichen stiffte Magdeburg und Halberstadt bey Babstlicher Hailikeit gehabt, Ewren fleyß, den yr vor irer zukunfft auch dornach neben ynen willig gethan, angezeigt, das wir zue besunderm genedigen gefallen von Euch vermergkt und fuegen Euch hyr bey zue wissʒen, das mitler zceit durch todtlichen abgang des Erczbischoffs zw Mentz etc der ertzbischoffliche stifft doselbst sich verlediget und wie wol solche vorledigung fast langsam an unsern freuntlichen lieben brueder und uns gelanget, auch zu der zeit do sich bereidt fast vhil ander fursten dye postulation zum erbischoffthumb zu erlangen eygener person do hyn gefugt hatten, wie wol auch berurter unser freuntlicher lieber brueder zu gedach[tem] ertzbischoffthumb postulirt zu werden keyns wegs begert, der halb nicht dor nach gestanden, haben doch dye vornemsten des berurten capitels und verwandten des stiffts Mentz ire treffliche botschafft bey seyner liebe gehabt, seyn liebe zu merung eygener person sich do hyn zue fuegen. Welche doch alles seyn liebe abgeschlagen und sich sich gar nicht dorzue wellen vermugen lassen, sunder an dem bgnugig seyn und bleiben wellen, das got der almechtig seyner lieb vormals dye zwen stiffte yn versorgung und befhel gnediglich verliehen, wie wol auch von Kay^r M^t unserm aller gnedigsten hern vor eynen hertzogen zw Bayern seyner M^t swester soen, auch von unsern freuntlichen lieben oheymen dem pfaltzgraven vor seyner lieben brueder den thumprobst do selbst obberurte postulation zuerlangen menglicher fleys und emsige gescheen. Ist dannoch unser freuntlicher lieber brueder iczt bestetigter zue Magdeborg und Halberstadt zum Erzbischoffthumb zue Mentz von dem capittel do selbst eintrechtiglich postulirt wurden. Es haben aber seyn lieb yn solche postulation nicht verwilligen wollen, sonder dyß thune alles gestelt yn wolgefallen und bewilligung babstlicher hailikeit. Die weil uns aber glaublich ann gelangt, das das capitel zue Mentz yn berurter postulation nicht geringe bewegen gehabt, sunder dye schulde, do mit berurt styfft hochlich beswert, auch dye yrrung, so sich zwuschen dem cappittel und dem hause zu Sachßen von wegen der stadt Erfordt, welche der großen stücke berurts styffts eyns ist, halten, auch dor neben das unßer freuntlicher lieber brueder auß dem Churf. hauße Brandeborg geborn und iczt zue zweyn styfften Magdeborg und Halberstadt bestetiget, welche mit Erfordt und andern guethern des stiffts Mentz grennicʒcʒen und also eyn ununderscheidlich thuen auch eyns durch das ander yn guthem rathe und furder macht erhalten werden, und solt alʒo durch eynen hern yn besserem fride schuctz weßen und hanthabunge bleiben mugen etc. Auß solcher vorbetrachunge wir nicht unbillich bewogen und haben nicht wissen zu underlassen unserm freuntlichen lieben brueder hir ynne zue raten und umb erlangung gescheener postulation bestetigung bey babstlicher heilikeit uns zuebearbeiten. Ist demnach unser gütlich beger, ir woltet bey babstlicher heylikeit auch eezlichen den vornesten cardinalen dyßen handel fleissigen und der gelegenheit bericht thuen, auch die selbien eynnehmen und uff guthe wege fhuren, uff das unßre und des capittels Mentz geschickte, welche yn kurcz widder umb zu Rome eynkommen werden, gedachter postulation bestetgung vor unsern freuntlichen lieben bruder ane grosse beswerung erhalten und erlangen mugen, auch guthen fleiß haben zue erfaren, ab yemants sich understheen wurde unserm freuntlichen lieben brueder verhinderung der ane zue thune, dor fur helffen trachten und uns solchs uffs forderlichts vermelden und dor ane nichts sparen und yn dem allen yhe getrewen fleys, als wir uns des zue euch verlassen, nicht sparen, solchs kombt uns von Euch zue guthen gestatten mit sundern gnaden kegen euch zu beschulden.

Datum.

51. Erzbischof Albrecht an die Fugger, betr. Sendung nach Rom. Bald nach 9. März 1514, gleichzeitig mit den drei vorhergehenden Stücken.

Fol. 8. — Dieselbe Hand.

† Deus in adiutorium meum intende.

Albrecht etc

An dye Fucker.

Unsern grues zevor. Erbar lieber besunder. Es haben uns dye geschickten des hochgebornen fursten hern Joachyms marggraffen zue Brandeborg Churfursten etc unsers freuntlichen lieben brueders, welche seyn lieb umb erlangung unserer confirmation zue den Erczbischofflichen und bischofflichen Kirchen Magdeborg und Halberstadt bey babstlicher haylikeit gehabt, angezeigt den fleys und gutwillikait, dye ynen von dier und den deinen mit fertigung der post und anderen zue forderung berurts handels gescheen ist, welchs wir zue sunderem gefallen vernommen und wollen es mit gnedigem willen kegen dier widderumb zu vergleichen. So wir dan iczunt auß willen und schickung des almechtigen zue dem erczbischofflichen stift Mentz auch postulirt seynt, wie wol wir yn solche postulation nicht verwilliget haben sunder yn wolgefallen und willen babstlicher heylikeit dyeßen handel gestalt, ist hyr umb unser gutlich begher, wollest beygelegte brieffe mit eyner eylenden post an doctor Blanckenfelt und uff schleunigste kegen Rome verfertigen und yhe hyr inne nicht sewmen auch dor an nichts erwynnen lassen, dich auch yn deyner bangk mit dem schicken, welchs zue außrichtung dyß handels wil gehoren, wellen wyr yn kurtz unser botschafft bey dyr haben und umb masße und zeit der bezalung mit dir gnediglich handeln lassen und uns alʒo kegen dir mit gnaden erzaigen, das dw unsert halben keynen nachteyl erfinden sollest, dorumb wollest nichts underlassen und dich yn dem allenthalben gutwillig erzwugen, wellen wir mit besundern gnaden kegen dyr zu beschulden unvergessen seyn. Datum

**52. Albrecht von Brandenburg an Gabriel Vogt, Rat und Kammer-Sekretär kais. Majestät. Von gleichem Datum.*

Fol. 9. — Von gleicher Hand.

Wir thun zu wissen die erfolgte Postulation; da wir mit Magdeburg und Halberstadt ein Genügen haben, aber andererseits die schweren Gründe des Domkapitels uns angezeigt sind, haben wir den Handel in die Bewilligung des Papstes gestellt. Wir hören, dass der Kaiser für die Postulation eines bayr. Fürsten hat wirken lassen, darum er vielleicht gegen das Domkapitel einen ungnädigen Willen genommen habe. Wir bitten Euch Fleiss zu haben, dass der Kaiser solche Ungnade ablehne, und zu fördern, dass derselbe die Confirmation der Postulation mit Fürbitte, wie er es vormals gethan, unterstütze.

Datum *[nicht ausgefüllt]*.

53. Kardinal Mathäus Lang an Erzbischof Albrecht von Magdeburg. Rom 1514 Mai 1.

Staatsarchiv Magdeburg a. a. O. fol. 10. 11. Pap. Orig.

Reverendissime in Christo pater et illustrissime princeps domine et amice chari . . . . .[a] post amicabilem commendacionem Salutem: Uns hat der durchleuchtig furst unnser besonnder lieber herr und frundt herr Joachim marggraf zu Brandenburg des heiligen Romischen Reichs ertzkammerer und churfürst u. Ewr lieb brueder in kurtz hievor umb des willen, das wir dieselben Eur lieb oratorn jungst in der Mageburgischen confirmacion hie zu Rom beygestannden sein, daʒ wir dann vasst gern gethan haben, ainen dannkhbrief geschriben und darbey unnder annderm, daʒ Eur lieb aus der gnad des almechtigen nachmals zu angeendem ertzbischof zu Meintz, dartzue wir dann derselben Eur lieb von dem Allmächtigen glugkh und hayl wunschen, postulirt worden ist, angetzaigt und gebeten, Eur lieb in derselben confirmacion umb Maintz abermals bey böbstlicher heiligkait hilfflich und furderlich zu sein, des erbieten wir unns ganntz willig und haben auch darauf mit bebstlicher

[a] *Das Blatt ist am Rande etwas zerstört.*

heiligkeit geredt und sein heiligkait darinnen ganntz genedigklich befunden, und sein guetwillig, Eur lieb hierinnen in dem und anndern allezeit gar trulich und frundtlich zu furdern, in massen wir dann dem berurten unnsern herren und frundt dem Churfursten von Brandenburg hiemit clerlichen zueschreiben, darauf referiren wir unns. Wir haben auch darauf gebeten den wirdigen unnsern besonnder lieben herrn Jörgen von Eltz, Comethor zu Osterrod, Eur lieb ainer sachen halben unns betreffennd, daran unns vil gelegen ist, von unnsern wegen zu schreiben, wie Ir dann auch vernemen werdet. Und bitten darauf Eur lieb mit sonnderm vleiss, die welle sich darinnen frundtlich und dermassen gegen unns hallten, wie unnser guet vertrawen zu Eur lieb steet, und wir umb die selb Eur lieb frundtlich und willig verdienen wellen. Datum Rome prima mensis May anno domini etc quarto decimo.

Matheus miseracione divina sancti Angeli sancte Romane ecclesie Cardinalis Gurcensis et Imperialis in Italia locumtenens generalis.

Adresse.

54. Schuldbrief Albrechts von Brandenburg, Erzbischofs usw., gegen die Fugger über 29 000 fl. rh., die die Fugger zur Bezahlung der Mainzer Konfirmationsgelder vorschiefsen. Köln a. d. Spree 1514 Mai 15.

Staatsarchiv Magdeburg: Erzstift Magdeburg, Urkunden L. B. a. 364.

Wir Albrecht vonn gots gnaden [Ertzbischof][a] zu Maidburg, primas inn Germa[nien, ad]ministrator der kirchen zu Halberstat, postulirter des ertzbischofthumbs zu Maintz etc., marggraue zu Branndemburg, zu Stettin, Pomern etc. hertzog, burggraue zu Nuremberg vnd furst zu Rugenn, bekennen vnd thun kunth offenntlich mit disem briue vor vns vnd vnnser nachkommen vnnd sunst allermenigclich, die in sehen, hören oder lessen, nachdem wir hieuor durch gottlich schickung durch das erwirdig capittell zu Maintz postülirt vnnd eintrechtigclich zu ertzbischof daselbst erwelt worden sein, vnd nue die notdurfft erfordert, vnnser pallium vnd confirmation vber solich postulation gnants ertzbischofthumbs zu Mayntz vonn bebstlicher heyligkeit zu bitten vnd zu holen zulassen, dartzu ein merckliche summa goldes, als inn die einvndzweintzig tausend ducaten de camera vngeferlich, zusambt anndrer expedition, gehort, vnd durch wechsell hinein gen Rom zu machen vnd daselbst zuerlegen geburt, welch verlegung vnd wechsslunge zu vermelter vnnsers palliums vnd confirmation erlangung der achtbar vnnser lieber besonnder Jacob Fucker, burger zu Augspurg, auf vnnser bittlich ansuchen vnns zu eeren, gutem vnnd gefallen vnnsern oratoren zu Rom durch sein factores be-

[a] *Am oberen Rande des Blattes ein Stückchen herausgerissen.*

rurt summ der eyn vndzweintzig tausend ducaten de camera vngeferlich aufszurichten vnd furzustreckenn gutwilligelich zuuerschaffenn zugesagtt vnd itzund zugeschribenn hat, des wir im billichenn danckbar sein, also geredenn vnnd versprechen wir hirauff fur vnns vnd vnnser nachkomen bey unser furstlichen wirden guten vnnd waren worten inn vnd mit crafft dits briues, wes also durch Jacob Fuckers factores zu Rom zu vnnser notdurffte bey bebstlicher heyligkeit vnd sunst allenthalben auf vnnser oratoren anzeigen bezalt wirdet, welch bezalunge [. . . . .] nicht die oratores, wie itzund beredt thun [. . . . .] vmb inen die oratores certificacion geben sollen bis inn die einvndzweintzig tausent gulden ducaten de camera, wie obberurt, vngeferlich, das wir oder vnnser nachkomen Jacob Fuckern oder seinen erben solich erlegt sum mit reinischem wichtigem gold, allweg fur hundert ducaten de camera hundert vnd virtzig gulden reinisch, was also ir aufgeben durch aus treffen vnd machen wirdet, mitsambt allen dem, das sunst vor oder nach durch bost botschafftenn zu disen vnnsern gescheﬀtenn gelauffenn ist oder notdurfftig wirdet, auf zwn fristen, benemlich den halbenteil bemelter einvndzweintzig dausent ducaten, oder was die verlegung ist, auf Jacobi apostoli schirstkunfftig vnnd den anderen vbrigen teyl auf Michahelis nechstuolgend nach data dits briues, iren factoren zu Nuremberg gewisszlich on allen iren bewcyszlichen schadenn, hinder vnnd nachteyl an gutem wichtigem reinischem gold widervmb bezalen vnnd entrichten sollen vnnd wollen, vnd nachdem vnns auch genannter Jacob Fucker anzeigt, das ein solich grossz summ, kriegszgschefft vnnd eyle halben, on sondre beswerung, schaden vnnd wechsell nicht wol hinein gebracht mög werden vnd er allein inn disem thund vnns, vnnsern stifften vnd dem hawsz zu Brandenburg zu eeren vnnd gefallen willenfert, so haben wir vnns auch hiemit bewilligt vnnd bewilligen gegenwertigclich, das wir im vber die hewbtsumm fur solichen schaden vnnd wechsell, den er selbs tragen vnnd dulden mussz, auch ausz gnaden funffhundert gulden reinisch neben der anndern bezalung geltenn vnnd verreichen wollen, alles on arglist getrewlich vnnd v[ngeferlich], zuurkunt mit vnnserm hiran gedruckten innsigell [besi]gelt vnd geben zu Koln an der Sprew montags nach dem suntag Cantate anno etc. XIIII^to

(L. S.)

Ex commissione reuerendissimi et illustrissimi principis et domini domini Alberti, administratoris etc. et marchionis Brandemburgensis etc

Joannes Schrag

secretarius etc. ss^t

Das aufgedrückte rote Siegel ist vollständig abgefallen.

55. Bericht der in Rom weilenden Gesandten an Erzbischof Albrecht von Magdeburg über ihre Verhandlungen vom 15. bis 17. Juni.

Rom 17. Juni 1514.

Staatsarchiv Magdeburg. In dem Faszikel, der bei Nr. 48 angegeben, fol. 14 u. 15 mit dem Zeichen »B«. Pap. Or.

Auch gnedigster herr. Sein Wir am tag Corporis Cristi *[15. Juni]* bey dem vonn Carpis Kayserlicher maiestat botschafft gewesenn und ime Kay^{r} Ma^{t} brive uberantwort, darneben bittende uns in unser sachen hulfflich rethlich und beystendig zu sein, daruff er nach vorlesung des brives geantwort, das er uff bevelh Kay^{r} Ma^{t} und auch sunst dem loblichen hawß Brandenburg zu eren und nutz gern das best thun und umb die mentzische Confirmation pebstliche heiligkeit besuchen und vleissig bitten wolt, wie im Kay^{e} M^{t} geschriben, aber umb retencion der andern stifft wust er mit fug nicht wol zu bitten, das er wolt alles das thun, das er solt, so ferr solichs wieder Kay^{e} Ma^{t} und den von Gurcka nicht were. Er hielt es auch darfur, es wurden uns beswerung gnug in dem handel zu handen kommen, dennoch so vil ime zu thun geburen wolt, solt nicht mangel haben, mit anderen vordeckten wortten mehr yedoch alles dahin, also das wir uns seiner hulff wenig trosten. Datum ut supra Rome am tag Corporis Cristi etc.

Gnedigster herr. Als heut freitags nach Corporis Christi *[16. Juni]* haben wir doctor Blanckenfelt widerumb abermals an pebstliche heiligkeit geschickt und bitten lassen, den cardinalen, so wir zu promotoren gewelt, bevelh zu thun unser sachen als promotores anzunehmen, damit wir zum furderlichsten zu der audiencz seiner heiligkeit und der Cardinel komen mochten, daruff sein heiligkeit geantwort, sein heiligkeit wolt erst mit seynen brudern den cardinelen reden, ehr wust sein heiligkeit nicht die formen, wie es den promotoren zu bevelhn mit dem anhangk untter anderm, ob sein heiligkeit Magdeburg und Mentz confirmiren mocht und kont, so wurde doch mit dem stifft Halberstat e. f. g. nicht gewilfharen mogen werden, darumb so ymands aus dem hauß zu Brandenburg were, dem zum stifft Halberstat zu bischoffe bedacht, mocht solichs auch zu erhalten sein. Desgleich etlich cardinel, bey denen wir heut mit e. f. g. bruders furschrifften gewesen und sie ob benevolentiam besucht, auch sich haben vornehmen lassen und geraten mit antzeigung, so nicht sunderlich vleis gescheen were, hett der von Gurcka den stifft Magdeburg, darnach er vast gearbeittet und grossen vleis gethann, schone wegk und bey pebstlicher heyligkeit erhalten. Wan wir nhu darin keinen bevelch haben, werden wir solichs nicht annehmen, sunder bey bittung retention der zwier stifft und confirmation der mentzischen postulation bleiben und mocht dannoch gescheen, das uns in consistorio dieselb antwort gegeben wurde. bitten wir E. f. g. geruche solichs mit E. f. g. bruder und rethen zu berathen und nach reiffen rath solichs an die capittel auch gelangen zu lassen und uns, wes wir uns halten sollen, zu erkennen geben, auch eylend unsers bedunckens, aber dar E. f. g. ye den stifft Halberstat verlassen solt, wer unser gnediger herr Marggraff Hans Albrecht damit wol zu vorsehen, ouch one E. f. g. schaden sundern cum levamine in expeditione sapienti pauca, das wir doch alles in E. f. g. gefallen stellen. Datum ut supra freitags nach Corporis Christi. *[16 Juni.]*

Auch gnedigster herr. Wollen wir e. f. g. nicht bergen, das heut sunabends nach Corporis Christi *[17. Juni]* frwe morgens ein gerucht alhir zu Rome erschollen, das der von Gurcka todt, als nhu solichs an uns gelangt, ist doctor Blanckenfelt hinauff gein pallas geritten, das erfharen auch seiner geschefft warten wollen, also ist ime untter wegen einer entkegen kommen, der statlich und glaubhafft und gesagt, woe wir gedechten unser sachen nach unserm willen auszurichten, das wir alßdan uns in compositionen mit pebstlicher heiligkeit nehmlich zehen tawsent ducaten geeben und solt dennoch solichs kein nahmen haben der composition, dan sein heiligkeit wurde dar entkegen ein indillgentz und ablas plenarie in forma der jubileen, als der Leifflender gehabt, im stifft Meintz zehen iar langk gebenn, das uns wie zu bedencken zu hertzen geet. Sein dennoch des nicht so gar hart erschrocken, die weil wir unser sach und intent also durch gelt erlangen mugen, hoffen aber es sol wol geringer werden die stygen ye halb herab zefallen. Ab der von Gurcka todt oder nicht, weis man nicht eigentlich zu sagen, aber das ist war, das der bischoff von Trint, der mit dem von Gurcka zu Verona gessen den tag, als wir dha einkommen, in dem funfften oder sechsten tag darnach in got verstorben, und wie man sagt, sey er vorgeben, wan nhu der von Gurcka im selben mahl und essen mit ime dem von Trint wie obsteet gewesen, helt mans darfur, sie sein in dem essen desmals, dho vil lewt dha waren, beyde vorgeben. Darumb wolle E. f. g. solichs behertzigen und uff iren leib auch gut uffsehn haben, wie ich E. f. g. hievorn gebetten habe, und uns wes wir uns in obangezeigter Composition halten sollen zu erkennen geben, dan dha steet itzt unser negotium bitten auch nicht destmynder E. f. g. geruche uns uff iglichen artikel ditzs unsers schreibens zu antwortten und eylend. damit, wie ye eins abginge und das ander furgehalten wurde, wir alßdan allenthalben bescheid wissen uns darnach dest bass zu richten. Datum ut supra Sunabend nach Corporis Christi. *[17 Juni.]*

Zu dem allem wiß E. f. g. als wir den brive des bischoffs von Coln durch doctor Blankenfeld pebstlicher heiligkeit haben antworten lassen, wie obsteet, und uns lawt der copey so dabey geschickt, geruhmet und uff die exempel, davon die copey thut melden, das ander bischoff mehr hievoren die drey stiffte Magdeburg, Mentz und Halberstadt gehabt und besessen uns referirt und getzogen, befinden wir, das die copey dem brive nicht gemeß, des wir uns nicht versehn und nachteil haben wie zu bedencken; dan der exempel wirt in dem brive wenig gedacht, darumb uns die copey vorfhurt. Hyrumb wolle E. f. g. darob sein, das man noch ander furschrifften Kay^r^ Ma^t^ auch anderer fursten dartzu der capittel Magdeburg und Halberstat zu wege brenge, und das ye in den furschrifften sunderlich außgedruckt sey de retencione der Confirmirten stifft und confirmatione der mentzischen postulation, wie alles obsteet, das auch die exempel, dar es stat hat, mit angetzogen werden und vor allen dingen, das wir die copeien bey den briven bekomen und finden uns darnach zu richten.

Newes ist nichts dan allein, das die Venediger sich vast rusten und vil lewt bey einander haben und man allenthalben fußknecht in sold nympt dem konig von Hispanien zu gut, die alle gein Nyapolis hyninnen sollen und allein tewtzsche und hispanier knecht und keiner andern nation, Got schige es zum besten.

So haben auch die Venediger Graff Cristoff von Franibupanne Kay^r^ Ma^t^ hauptlewt einen, der des von Gurcka swester hat, mit zwenhundert pferden gefangen, darvon und anderm mehr, darin die Venediger vormeinen triumphirt haben, ein gedruck außgeet, man weiß aber noch zur zeit nicht eigentlich, ob gnanter grafe gefangen oder nicht, dan der fynantz sein vil und das gantze land vul.

Schicken auch ewern f. g. hiebey bullam reformationis pontificis maximi, lecta in nona sessione, daraus E. f. g., wie die lewfft der kirchen steen, zu vernehmen und zu dem allen wiß E. f. g., das wir mit obangezeigten furschlegen also ummer uffgehalten werden und wissen nicht in quem finem, hoffen aber unser intent, wie wol swerheit zu besorgen, zu erhalten. E. f. g. wolle dennoch die furschrifften und was E. f. g. geruet uns zu schicken und zu erkennen zu geben nicht untterlassen. In forma wie obsteett in betrachtung was daran gelegen. Datum ut supra.

56. Weiterer Bericht der Gesandten über ihre Verhandlungen am 19. und 20. Juni. *Rom 20. Juni 1514.*

Staatsarchiv Magdeburg a. a. O. fol. 16. »C«. Pap. Or.

Gnedigster herr, uff den anschlag der composition uff die zehen tawsent ducaten, byn ich doctor Busse mit doctor Blanckenfelt als gestern *[19. Juni]* zu dem, der solichen furschlag gethan, geritten und ime antwort uff sein furgeben gesagt, das wir als die, die derhalben keinen sunderlichen bevelch nicht hetten, des furschlags der grossenn summ erschrocken weren, dann wir wusten, das E. f. g. auch der stifft Meintz in so grossem vermogen nicht weren, one sunderlichen schaden, solich summe außzurichtten, dan er und meniglich wuste, das der stifft Meintz in newn jaren drey mahl confirmation geholt und die annata gegeben hett nicht mit kleinem schaden, wan wirs auch darfur achtteden, das es mit dem ablas, so darentkegen furgeschlagen, nicht zu thun were, dan es mochte widerwillen und villeicht anders daraus erwachssen, aber dennoch nicht gemeint weren, uns wider pebstliche heiligkeit zuleggen, wollten wir uns in zwey oder drey tawsent ducaten mit seiner heiligkeit zu componiren uber die annata und unsern bevelch begeben.

Bittende solichs an die, von denen er seins antragens an uns bevelch hett, gelangen zu lassen. Doruff wir antwort entfangen, das der anschlag der composition funffzehen tawsent ducaten gewesen, nhu hett er allein von zehn tawsent gesagt, kont ers nhu uns zugefallen uff dreytzehn oder zwelff tawsent teidingen oder villeicht uff die zehntawsent, darvon er gesagt, daran soltten wir content sein, dan weniger dan die zehn tawsent auch one das mittel der Indulgentz, wie obstet, wust ers nicht zu erhalten, so wir uns darin zu begeben nicht bedacht, wolt er der handlung mússig steen. Des wir vast hart erschrocken und furgeschlagen, ab der ablas uff die andern stifft nicht auch mocht gegeben werden, auch uff derselben dreyer stifft provincien, dartzu er geantwort, woe es zum handel qweme, mocht mans villeicht behalten auch uff die andern stifft, aber uff die provintien, were zu weitleuffig. Weil nhu der handel so geswinde stet und wir ye gemeint hetten, die helfft wie obsteet zum wenigsten abzuteidingen, das swerlich gescheen wirt, haben wir nicht unterlassen wollen E. f. g. dasselb eylend bey eigener post zu erkennen zu geben, wan wir diesen brive vast in die achte tage aus zu schicken vertzogen, dieweil sich unser thun alle tage geendert, wie daraus zu vornehmen, damit wir E. f. g. den grund entdecken mochten und bitten E. f. g. gerucht ditzs thun wol zu bedencken und wes wir uns darin halten sollen, uns eylend one sewmen durch eigen post schrifftlich entdecken, mitler zeit und ehr wir antwort bekommen, wollen wir dennoch so vil ummer mugelich allen vleis thun unnd furwenden, das thun uff ander wegk zu brengen und etwas abzuteidingen. E. f. g. wolle uns auch dabey, was die von furschrifften zu wege brengen mag bey den hertzogen von Sachssen und andern, darinnen ye die retention und confirmation, wie mehrmals obsteet, gedacht werde, zu schicken; dan sölichs solt vast dinstlich sein, auch der exempel nicht vorgessen, dan hett der colnisch brieve gelawt, wie die copey, solt uns zu grossem nutz und frommen gereicht haben.

So hat man uns auch furgehalten, das here Nicolaws von Schonenberg ein munnich prediger ordens gebotten habe, so sanctissimus hertzog Georgen von Sachssen sôn in coadiutorem zu Magdeburg machen wolt, solt man drey annata zuvor herausgeben, das wolten wir E. f. g. auch nicht bergen. Datum Rome dinstags nach Corporis Cristi anno etc XIIIIto *[20. Juni]*

Gnedigster herr. Ich doctor Busso bitt auch, E. f. g. wolle mein und doctor Blanckenfeld gedenken und uns als E. f. g. getrewe diener vorsehn, deßgleich bitt Melchior E. f. g. diener ine seiner willigen dinst auch geniessen zulassen, und thun uns hiemit alle E. f. g. als unserm gueten herrn bevelhen und bitten, E. f. g. wolle in diesem thun nicht sewmen in bedencken, was E. f. g. und dem hawß Brandemburg daran gelegen. Datum ut supra.

Gnedigster herr. Mutatis mutandis ist ditzs alles an Churfurst E. f. g. bruder auch geschriben. E. f. g. wolle des kein verdruß haben, das so vel zettele bey einander, dan wie es von tage zu tage gehandelt, so ist es dartzu geschriben.

Gnedigster herr. Wan wir nhu warlich besorgen, das wir die zehen tawsent ducaten pro compositione und dartzu die annata, die zehn tawsent ducaten auch sein, geben mussen, so ferr wir unser intent zu erhalten gedenken, zu dem noch wol zehn tawsent ducaten uff ander außgeben lawffen werden uffs wenig, bitten wir E. f. g. geruche solich gelt in die banck zu machen, ingedenk zu sein in betrachtung, was dem hawß zu Brandenburg daran gelegen, dan one das wirt es nicht herausgeen.

57. Weiterer Bericht der Gesandten über ihre Verhandlungen vom 21. bis 30. Juni. *Rom 30. Juni 1514.*

Staatsarchiv Magdeburg a. a. O fol. 17. 18. »D«. Pap. Or.

Gnedigster herr. Wir haben darnach dem handel furder nachgetrachtet, und sein mitwochs nach Corporis Christi *[21. Juni]* zusammen komen und herr Jorg von Eltz zu uns getzogen, berathschlagt und in rath befunden, in bedencken, das uns der handel strack furgehalten, auch das wir duros adversarios, als Kaye Mat und den von Gurcka wider uns haben, und das sich bebstliche heiligkeit wider die umb ein kleine Summ nicht gern legt, und dieweil sein heiligkeit unser intent confirmiren wolt, funff sechs und biß in die achte tawsent zu bietten, wa aber solichs nyndert hyn wolt, alßdan in die zehntawsent zu verwilligen, wir wollten aber darentkegen den ablas uff die stifft und auch den provincien, so es ummer gedeien wolt, annehmen. Demnach haben wir doctor Blanckenfelt als bekantten ad cardinalem de Medicis geschickt zuerfharen, was pebstliche heiligkeit umb die uns furgehalttene composition wissen heit, und hat doctor Blanckenfelt die meynung geredt, das uns in unser sach, darumb wir aus, ein summ der composition, die etwas groß were, nemlich zehn tawsent ducaten durch N. furgehalten, bittende bei pebstlicher heiligkeit gut mitler zu sein, damit die summ, so vil ummer mugelich were, geringert und gemessigt, auch das uns darwider und entkegen die gescheen postulation und retention der confirmirtten stifft confirmirt, und der ablas, so uns furgeschlagen, sampt anderm, so wir dem, der den handel der composition an uns hett gelangt, schrifftlich verantwort, gnediglich gegeben wurde, mit angehaffter ursach, das solichs des stiffts Meintz hochste notturfft auch vorhin einer Ludowicus gnant zu Trier bischoff gewesen und dennoch den stifft Meintz auch in coadiutoriam gehabt, unangesehn das beider stifft herren electores imperii weren, das mehr und hoher zu bedencken dan ditzs unser bitten, und woe es schonn were, das man solichs ehr gescheen sein nicht zu beweisen hett, als doch in warheit und zubeweisen ist, das alßdan pebstliche heiligkeit dennoch in betrachtung des capittels zu Meintz eintrechtig postulation, aus hohem bedenckenn irs stiffts notturfft gescheen, die weil sie in newn iaren zwir confirmationem uff sweren kosten hetten holen und annata wie billig geben mussen, und der stifft itzt zum dritten mahl vacirde, auch das sie umb die stat Erfurdt, das ein loblich commun und das best im stifft, als wol bißher voraugen gewesen, noch vorhanden und kurtz practicirt ist, villeicht komen mochten, so man dem nicht furqweme, diese itzige postulation auch retencionem der andern stifft, darumb die postulation gescheen, damit der stifft Meintz sublevirt wurde, billig aus gutem grund und obangetzeigten und notturfftigen ursachen wol zu confirmiren hett, mit anderm furgeben mehr uff unser seyten dinstlich, auch uberantworttung einer supplication ad sanctissimum, die seiner heiligkeit zu uberreichen, darinnen wir unsern promotoren commission zu thun, quo ad postulationem et retentionem, bitten, wie aus eingelegter abschrifft zuvernehmen. Daruff gnanter Cardinal sich ad Sanctissimum gefugt, seiner heiligkeit das alles nach notturfft und mit persuasion, wie er angetzeigt, angetragen und antwort gesagt, das pebstlicher heiligkeit gemut nicht were, gelt vor solich confirmation zu nehmen, dan so vil sein heiligkeit sunst mit eren und billigkeit nach rath der Cardinel thun mocht, das wolt sein heiligkeit dem churfurstlichen und berumbten hawß Brandemburg zu eren nutz und gefallen gern thun, sein heiligkeit wuste aber unserm ansuchen kein fug zu geben, wolt dennoch gern E. f. g. den stifft Meintz zu dem stifft Halberstat confirmiren und mit dem stifft Magdeburg wolt sein heiligkeit nach E. f. g. gefallen auch gern ymands versehen und uff die ubergeben supplication, dieweil sein heiligkeit bey ir noch nicht beschlossen hett, was sie thun wolt, wust sein heiligkeit noch zur zeit kein commission zu thun. Unser ratt also weitleuftig abgeschlagen und sich des gelts halben der composition nichts wollen vormercken lassen und hat gnanter Cardinal angehangen, das das furgeben der composition von dem alten datario, dem itzigen datario und dem antrager an uns her qweme. Als wir nhu solichs verstanden, sein wir ubel content gewesen und uns zum ersten antrager der composition gefunden und vorsteen wollen, ab wir seinem antragen, als wir doch nicht anders hofften, auch glawben geben mochten. Daruff wir antwort entfangen, das sein antragen nicht one bevelch were und gescheen, man meinte aber duodecim et non decem essent apostoli Dei, und solt unser sach damit schlecht sein. Darwider ich doctor Busse geantwort, es weren auch nicht mehr den septem peccata mortalia, also hat uns dennoch der antrager guten trost, das unser sach fur sich geen wurde, gegeben, deßgleichen andere herren alß unsere promotores, die cardinel obgnant, auch gethann, damit sein wir also ein tag oder drey uffgehaltenn. Aber als gestern montags nach dem achten tag Corporis Cristi *[26. Juni]* haben die Cardinel Adriani tituli sancti Crisogoni, Vitalis und Senagaliensis nach unser etlichen geschickt, zu den wir uns geteilt gefugt und irer aller dreyer genug vorstanden, das pebstliche heiligkeit wolt, das wir unser thun vor unsern promothoren an tag brechten, was wir des hetten in exempeln und anderen notturfftigen ursachen mit anhangk und guter wernung, uff unser thun gute achttung zu haben, dan woe wir nicht gute exempel haben wurden, wolt unser sach beswerung haben. Dennoch hat ye einer besser getrostet, dan der ander, dan einer sagt, woe wirs mit exempelen nicht zu beweisen hetten, das solichs ehr gescheen und gewesen, must und wolt er wider uns sein, dan es wer unser bett unbillig, mit weitterm anhangk suß und sawr durch einander vermischkende. Demnach sein wir als dinstags nach dem achten tag Corporis Christi *[27. Juni]* in rath gangen, dartzu wir auch herren Jorg von Eltz getzogen und beratschlagt, wie wir mit exempelen und anderm den Cardinelen bericht thun wolten, und als wir bedacht und befunden, das wir mit beweisung der exempel nicht vast wol geschickt sein, und nicht wusten, wie die commission den promotoren gescheen, de postulacione tantum oder cum retentione der andern stifft, haben wir geacht vor gut, uns nochmalen ad Sanctissimum zu finden, seiner heiligkeit gemut in diesem handel der postulacion auch retention zu vernehmen, das wir also gethann und unser meynung durch den Cardinal de Medicis an sein heiligkeit gelangen lassen, mit einfhurung der notturfft und was sunst ditzs thun furdern mag. Derselb Cardinal zu pebstlicher heiligkeit abermals gangen und antwort ingebracht, das sein bebstliche heiligkeit bey ir beschlossen hett, E. f. g. uff die stifft Meyntz und Magdeburg zu confirmiren dem loblichen hawß Brandenburg zu eren und gefallen und mit dem andern stifft wolt sein heyligkeit ymands anders vorsehn, nach E. f. g. wolgefallen, dan sein heiligkeit wust es anders nicht zu machen noch zu thun. Also sein wir nhu willens den handel der composition mit bedanckung und erbietung dem antrager uffzusagen und wollen unsere sach den promotoren antragen und dennoch umb retencion des stiffts zu Halberstat allen vleis thun, sunderlich denselben uff zwey oder drey iar zu erlangen, mitler zeit mocht man ye noch ein dispensation oder prorogation erlangen, das E. f. g. den stifft neben den andern ad vitam hett, solt man dennoch ye zu einiger composition kommen, ist zeittiger dan zeittig. Wan nhu unser sach noch also in wandel steett und enderung derselben bald gescheen, villeicht zum gelt gegriffen und alles confirmirt werden mocht, bitten wir E. f. g. geruche, dasselb wol zu bedencken, das gelt als obangetzeigte summ in die banck uff ein fursorg zuvermachen und was E. f. g. von exempeln gehaben mocht, dieselben untter eins Capitels oder sunst eins in dignitate constituti, als eins prepositi oder andern ingesigel und nicht in forma instrumenti sampt alle dem, so in der eyl von furschrifften die postulatione und retentione, ut supra narratum, meldende und anderm zu bekommen, hieher one sewmen zu schicken und daran kein vleis zu sparen, dan, dar der handel noch ein kleyne zeit solt vortzogen oder nicht aller beschlossen werden, solten solich exempel auch anders davon obsteet gut thun.

E. f. g. geruche das vertziehn mit diesen schrifften gescheen nicht anders dan aus der ursach, das wir E. f. g. gern eigentlichen grund geschriben hetten und das man uns von tage zu tag uffgehalten, wie aus den briven auch zettelen nach irem dato zuvernehmen und zuvermercken, und unser gne[t] herr zu sein, das wollen wir in aller underthenigkeit willig verdienen und thun uns hiemit E. f. g. bevelhn. Datum dinstags nach dem achten tag corporis Christi a. etc XIIII[to] *[27. Juni]*.

Als wir nhu den brive abermals schicken wolten in die bank, durch die post denselbe an E. f. g. zufertigen, ist uns aber besser zeyttung kommen, alßo haben wir den brive nochmals an uns behalten und freitags nach Petri und Pauli *[30. Juni]* von dem cardinal sancti Georgii, auch dem die Medicis bericht entfangen, das bebstliche heiligkeit bedacht, E. f. g. zu confirmiren uff alle drey stifft, aber Halberstat allein zu einem iar oder zweyn, konnen wirs lenger erhaltten oder auch alsofhurt des prorogationem ad vitam itzt erlangen, daran wollen wir nichts sparen, was wir aber des nicht erlangen, ist nach etlicher verlauffenen zeit dennoch herauß zu brengen, unsers verhoffens. Bitten abermals E. f. g. wolle das bedencken und ye das gelt in die banck in obangetzeigter summ vormachen, so man noch compositionem machen und geben solt, das man dartzu zugriffen, was nicht genohmen wirt aus der banck, hat E. f. g. nicht zu betzaln. Was auch E. f. g. gemute uff ditzs leste pebstlicher heiligkeit bedencken ist, uns eylend zuerkennen geben mit guter vorbetrachtung, das man dem capittel zu Halberstat in iren regalien und anderm darinnen nicht zu schaden handele.

58. Supplik der Gesandten an den Papst und weitere Bemerkungen derselben an Erzbischof Albrecht. Rom, bald nach 28. Juni 1514.

Staatsarchiv Magdeburg a. a. O. fol. 19. Die Supplik in Pap. Abschrift, das folgende Original; auch fol. 30, doch fehlen von den Nachträgen dort die beiden letzten.

Beatissime pater. Vacans superiori mense Februarii ecclesia Maguntinensis decanus et capitulum ejusdem reverendissimum et illustrissimum principem dominum Albertum fratrem germanum Ill^mi principis domini Joachim Marchionis Brandemburgensis principis Electoris postulatum et confirmatum Magdeburgensem et Halberstadensem in eorum archiepiscopum ex rationabilibus necessariis et urgentissimis causis postularunt, pro cujus admissione cum ad Sanc^tem vestram ac sedem apostolicam ab Illustrissimo principe Electore et Capitulo supradicto destinati sumus, Sanc^ti vestre humiliter supplicamus, dignetur huius postulationis et retentionis ecclesiarum supradictarum relationem et causam ad Sanc^tem vestram in sacro consistorio referendam rever^mis dominis Marco episcopo Prenestino Senogaliensi, Hadriano tituli sancti Crisogoni, Julio tituli sancte Marie in domnica sacrosancte Romane ecclesie cardinalibus committere, ut dictarum ecclesiarum indempnitati quamprimam consuli possit

S. V.

obedientissimi servuli
Thomas comes de Rieneck, Theodericus Zobel, Martinus Truchses, Busso de Alvensleven, Johannes Blanckenfeld canonici etc.

Auf der Rückseite:

Als nhu das original dieser copey vast langk bey dem pabst gewesen, ist uns solichs mitwochs am abend Petri et Pauli *[28. Juni]* durch den Cardinal de Medicis wider geschickt, signirt manu pape also: placet et ita committimus.

Wir wollen E. f. g. auch nicht bergen, das wir auch erhalten wollen sovil ummer mügelich, so ye ewer f. g. den stifft Halberstat nach zweyen iaren lassen solt, das alßdan einer damit vorsehen werde nach E. f. g. wolgefallen.

Gnedigster herr. Ich Melchior der schreiber behelt ime hiemit auch fur das betten brott mit wunschung hayls und glucks an leib und sele, davon er thut protestirend.

Gnedigster herr. Ditz alles ist mutatis mutandis an Churfursten auch geschriben.

59. *Nachschrift zum Bericht der Gesandten Erzbischofs Albrecht. Rom 1514 Juli 3.*

Staatsarchiv Magdeburg a. a. O. fol. 29. Pap. Or. Gehörte als Nachschrift zu 55—58. Im Faszikel falsch eingebunden.

Als nhu ditzs alles geschriben ausserhalb ditzs tzettels und wir die brive abermals in die banck zu tragen willens, ist uns abermals ein newes furkemen und ditzs, das pebstliche heiligkeit E. f. g. die stifft Meintz und Magdeburg in titulum geben will und die kirch Halberstat auch zustellen, yedoch die zuwiderruffen sich vorbehalten, das uns zu hertzen gangen. Und haben daruff allen vleis gethann bey dem cardinal sanct Georgii auch andern, das solichs geendert wurde, und zusage vom cardinal sanct Georgii erlangt, das wir von bepstlicher heiligkeit eyn brive haben sollen, das E. f. g. den stifft Halberstat zu E. f. g. leben behalten, konnen aber des noch nicht gewiß gemacht werden, wir hoffen aber, es soll uff den wegk heraus geen, dan wir werden es nicht anders dan also annehmen. Als heut haben wir unser thun den promotoren angeben und unser testes furgestalt, in hoffnung es soll gut werden. E. f. g. mag in warheit glawben, das uns ditzts thun vast swer wirt, dan es wirt alle tage verendert, wie aus diesen schrifften zuvernehmen. E. f. g. soll es ouch darfur haltten, das unß sovil wunderlicher anschlege begegnen, das wir die alle nicht schreiben konnen. Darumb geruche E. f. g. das gelt in der banck zu vermachen, so es nott das man dartzu greiffe, dan wir sorgen es wirt one das nicht zu geen, hoffen aber damit unser intent auch zu erhaltten. Bitten E. f. [g.] eylende antwort, Got fhuge es zum besten. Datum montags nach Petri und Pauli anno etc XIIII^{to}

Auch gnedigster herr, als uns E. f. g. copey des bischoffs von Colnn und Trier brive zugeschickt, haben wir die brive dabey nicht gefunden und hetten gemeint, die brive, so die von Meintz bey sich gehabt und mit gebracht, weren des lawts, als die copey lawten, gewesen, das aber nicht und uns in irthum gefhurt ut supra. Wir hetten auch gemeint, E. f. g. solt uns mehr furschriffen zugeschickt haben, das auch nicht gescheen. So E. f. g. Kay^{e} Ma^{t} brive des lawts wie die zugeschickte nottel vormeldet zuwege bringen mocht, deßgleich von den capitteln Magdeburg und Halberstat noch ein schrifft ad sanctissimum doch in alle wegk de retentione und postulatione meldende, solt vast gut sein. Bitten uns die eylend zuzuschicken.

Newes ist nichts, dan das der von Gurcka noch lebt und Kay^{r} Ma^{t} lewt den Venedigern vierhundert man abermals abgeschlagen nahe bey Padua, so soll auch Kay^{e} Ma^{t} vil lewt zusammen brengen an Behemen und andern und wil baß an sie. Der konig von Hispanien lest vil knecht auffnehmen, woehin weiß man nicht eigentlich. Gluck zu uff unser seytten. Datum Montags nach Petri und Pauli Anno etc XIIIIto

**60. Kurfürst Joachim von Brandenburg an seinen Bruder, Erzbischof Albrecht von Magdeburg. Cöln a. d. Spree 1514 Juli 21.*

Staatsarchiv Magdeburg a. a. O. fol. 20. Pap. Or.

Wir haben etliche Briefe von den Oratoren, so Ihr gen Rom gesandt von Euch erhalten mit der Bitte, Euch mit Rath zu helfen. Wir haben auch den Oratoren auf ihr Schreiben Antwort gegeben, wie Beilage zeigt. Besseren Rat haben wir nicht finden können. »Umb die nachstelligen Süm gulden wol ewr lieb rath finden und also in der banck bestellen, wie sie anzeigen, damit es in dem nit mangele, dann wir vermercken nit anders, es sei allein umb gelt zu thun, was wyr dartzu rathen und helffen mogen, sol bey uns uff ewer lieben ansuchen nichts erwinden. Und als doctor Blanckenfelt in seinem schreiben meldet, das Carpi zu im gesagt, das die orator, die confirmation nicht erlangen worden, sie vertragen sich dann mit kayserlicher Majestat unnd Cardinali Gurtʒensi, reymet sich eben mit dieser des Cardinals Bottschafft; wir hoffen aber, er hab zu Rom nichts entlichs erlangen und vermeint, er wil bey ewr lieben etwas bedringen, in dem werdt sich ewer lieb wol fursehen. Wyr schicken ewr liebn ein kuntschaft des exempels, das ehrmals ein bischoff drey bischoffthum gehabt in Germanien. Das werdt ewr lieben neben anderen briven forderlich gein Rom fertigen. Umb die furschrifften, so die orator begern, besorgen wir, das die fruchtbarsten in kurtz nicht zu erlangen. So ist auch Ewr lieben unverborgen, wie Pfaltz unnd Sachssen dieser sachen geneigt sein, tragen vertrawen, es soll one das dannoch richtig zugeen.« Colen an der Sprew am abent Marie Magdalene XVc decimo quarto.

Adresse ohne Angabe des Ortes.

61. Kurfürst Joachim an die Oratoren seines Bruders in Rom. Köln a. d Spree 1514 Juli 21.

Staatsarchiv Magdeburg a. a. O. fol. 21. 22. Abschrift als Beilage zu Nr. 60.

Joachim . . . Kurfurst . .

. . . Wolgeborner Edler Wirdigen und hochgelarten lieben getrewen. Der erwirdigst . . herr Albrecht Ertzbischoff zu Magdeburg . . . . unser . . brůder hat uns Ewre brieff an sein lieb und uns lautende zugesanndt, derselben innhalt wir vernohmen unnd vermercken daraus, das euch vast geswinde hendl unnd fursleg in manigfaltig wege begegent, die doch durch Ewre schicklicheit fürsichtigkeit getrewen und muhsamen vleyss uff einen leidlichen und eerlichen wege gericht unnd gearbeit sein, des wir zusampt unnserm frundtlichen lieben herren und bruder von euch billich danckbar gefallen tragen. Und als ir bittet, euch uff die furgeslagene artigkel unsern rath seiner lieb zu guth mitzuteylen in ansehung, das ir der wandlbaren hanndlung nach nicht eygentlich wissen megt, waruff Bebstliche Heiligkeit mit irn Cardinalen beruhen werdt, also erkennen wyr unns schuldig unserm fruntlichen lieben herren unnd bruder das best zu rathen unnd zu helffen, sind auch unnsers verstannts und vermogens solichs zu thun ganntz willig und wollen euch erstlich nicht bergen, das der Cardinal sti Angeli Gurczensis seinen camerer Cristoff Grossen vor zweyen tagen bey unns alhier gehabt, unnd anzeygen lassen, das er mit allen prelaturen und beneficien, so durch die nechste postulation eins ertzbischoffs zu Meintz nach abgang etwan Ertzbischoffs Uriels seliger gedechtnus verledigt, von Bebstlicher heyligheit versehen were. So dhann unnser . . bruder zu Meintz postulirt, wern dadurch die stifft Magdeburg unnd Halberstadt verledigt und stunden ime zu. Wo wyr nw sein lieb vermechten, sich mit ime zu vertragen, wolt er sich der billigkeit weysen lassen, wo aber nicht, seinen procuratoren zu Rom bevelch thun wider sein lieb zu procediren mit bethe etc. Daruff wyr anntwort geben, das wie unns solicher anfechtung ganntz nicht versehen, sunder vil mehr seiner hylff unnd forderung getrost, bittende von solicher forderung abzusteen etc. Also ist gnanter Groß zu unnserm freundtlichen herren unnd bruder auch geczogen, dergleichen werbung anzutragen etc. Was aldar der abschid ist, werdt euch sein lieb nicht verhalten. Darumb wir wol abnehmen mogen, das der cardinal solicher anfechtung einesteils, so euch begegnet, gereiczt hab, wer aber den anndern warnt, ist sein freundt, des trosten wyr unns unnd hoffen, er werde sich weysen lassen, dann wyr wissen nicht annders, Kay[e] M[t] sey uff unnser seyten, als sy unns zugeschriben und auch kurtzlich ein furschr[t] an bebstliche heyligkeit gethan pro retentione der anndern stifft. Demnach ist uff ewr schreyben unnser rath unnd gutdüncken, doch uff wolgefallen unsers frundtlichen lieben herren und bruders, das ir uff ewr ersten bethe nemlich die drey stifft zu erhalten beruhet, unnd wo es nicht anders gescheen, das die bayde ertzbischoffthumb sub uno titulo und Halberstat in administration bleyben, als wir hoffen, Ewrm schreyben nach wol erhalten werdet. Wurde sich der fürslag veranndern, so will nicht außzuslahn sein, das die beyden erczbischoffthumb sub uno titulo bleyben und der dritt ein anzal jar oder uff widerruffen angenohmen, doch also das ir versorgknus nach notdurfft erlangt, das nach ausgang der anzal jars oder wo das widerruffen geschee, der stifft zu Halberstat nicht annders dhann nach wolgefallen unnsers fr. l. h. u. bruders versehn werd. Kontet ir auch den dritten stifft ad vitam erlanngen, wer noch besser, dhann so sein lieb die stifft alle drey zu seinem leben erhaltet, mag ein annder nach seiner lieb tode auch sorg haben. Aber uff den vierten fürslag, ob unnser frundtlicher lieber herr und bruder den stifft Halberstatt seiner lieb vettern einem zu stellen oder die composicion annehmen will, stellen wir in seiner lieb bedennceken, dhann der artigkl trifft die consciencien unnd gelt an, doch wo es umb II^{m} oder III^{m} gulden zu thun wer unnd die consciencien nicht beswcret, lassen wir unns gefallen, den selben stifft neben den anndern mit der composicion zu erhalten, wolt aber das alles nicht gesein, so versehen wyr unns, unnser herr unnd bruder gonne nyemants liebers den dritten stifft, dhann seiner lieben vetter einem. In dem thut das best, ir werdt aber von unnserm frundtlichen lieben herren unnd brůder deßhalben seiner lieb meynung auch vernehmen unnd sunst vor euch selbs als die gelegenheit des marcks unnd kawffs am besten wissen, unnd die marcktleuth erkennen, das füglichst unnd best fürnehmen unnd unnder allen fürslegen den besten und füglichsten erwelen. So schicken wyr euch einen versigelten brief des exempels, das vormals ein bischoff drey bischoffthumb in deutschen lannden gehabt, wie ir vernehmen werdet. Umb das gelt in die bannck wirt es nicht mangel haben, als wyr unns versehen, aber der fürschrifft halben wissen wir dieselben sobald nicht bey den fursten zuerlangen. So ist euch auch unverborgen, wie Pfalcz und Sachssen dem thun geneigt sein. Darumb behelfft euch wie ir megt unnd gebraucht sunst guter fordrung, als wir zusampt u. f. l. h. u. bruder vertrawen tragen, widerumb gunstlich unnd in allen gnaden zu erkennen. Datum Koln an der Sprew am abent Marie Magdalene anno etc XIIII^{to}

An graven von Reyneck und doctor Bussen von Alvesleben etc.

62. Supplik des Erzbischofs von Magdeburg und postulierten von Mainz Albrecht von Brandenburg um Gewährung eines Ablasses, mit päpstlicher Genehmigung. [1514 Mitte Juli bis 1. August; unterzeichnet vor dem 6. August.]

Arch. Vatic. Divers. 64. fol. 158^{v}.

Es folgt 1515 April 4; vorher 1515 April 1.

B = Abdruck bei Riedel, Codex diplomaticus Brandeburgensis 1, 8, 474 (auch Erhard, Überlieferungen zur vaterländischen Geschichte Heft 3 Seite 12) nach einem Aktenstück (Originalsupplik?) des Staatsarchivs in Magdeburg.

C = Nach derselben Quelle bei Ferd. Körner, Tezel der Ablaßprediger S. 142 f.

Pro archiepiscopo Magdeburgensi postulato Maguntino.

Placeat. S. V. concedere indulgentias fabrice basilice sancti Petri de Urbe per provincias Maguntinam et Magdeburgensem ac directa et utilia dominia archiepiscoporum Maguntini et Magdeburgensis et[a] episcopi Halberstadensis nec non directa et utilia dominia marchionum Brandeburgensium duraturas ad annos otto a die publicationis illarum cum facultatibus concessis quibuscumque illarum commissariis et ad instar indulgentiarum olim per felicis recordationis Julium papam in favorem partium Livonie concessarum ită tamen, quod indulgentie per[b] S. V. concesse ecclesie Constantiensi et domui fratrum ordinis predicatorum civitatis Augustensis non sint suspense pro eo tempore quo concesse fuerunt.

Medietas elemosinarum et emolumentorum colligendorum deductis oneribus debet cedere S. V. pro dicta fabrica, alia vero medietas dicto archiepiscopo et ecclesiis Maguntine et Magdeburgensi et Halbestadensi.

Item archiepiscopus publicabit seu publicari faciet dictas indulgentias infra annum a dato presentium videlicet diei primo Augusti anni 1514 et diligenter prosequetur et prosequi faciet illarum negocium fideliter et respondebit et responderi faciet singulis annis V. S. de dicta medictate in dicta Urbe et ex nunc solvet per oratores suos S. V. decem millia ducatorum auri de camera[c] libere et cum pacto expresso, quod illi ex dicta medietate S. V. minima[d] deduci debeant.

Et placeat S. V. dare cautionem camere apostolice ac promittere in vim contractus et pacti, dictas indulgentias non revocare vel suspendere et nullas alias indulgentias plenarias etiam pro fabrica ad dictas provincias dictis otto annis durantibus concedere vel iam concessas ibidem publicare seu publicari facere preter supranominatas.

Item placeat S. V. providere, quod pro annatis et juribus camere et collegii ratione retensionis ecclesiarum Magdeburgensis et Halbestadensis archiepiscopus contra concordata Alemanie non cogatur solvere.

Item placeat S. V. concedere marchioni Brandeburgensi principi electori fratri dicti archiepiscopi et suis successoribus in perpetuum jus patronatus ad prepositaras ecclesiarum Brandeburgensis et Havelbergensis, quas ecclesias progenitores et predecessores sui fundarunt et dotarunt, ita tamen quod ipse princeps et successores sui teneantur augumentare[e] dotem ipsarum prepositurarum in aliqua parte, quarum fructus insimul non excedunt valorem annuum viginti marcarum argenti puri, et declarare dictum jus patronatus fundationis et dotationis non autem privilegii iure eis competere et quod presentati sine alia institutione possint administrare dummodo infra sex menses impetrent novam provisionem

---

[a] *B. C.: ac.*

[b] *B: fehlt per.*

[c] *B: de causa.*

[d] *B. C. richtig: minime.*

[e] *B. C. augmentare.*

a sede apostolica et expediant litteras apostolicas ac solvant omnia jura camere apostolice debita.

Item S. V. dignetur gratiose signaturam concedere supplicationi[a] alias S. V. pro parte bone memorie Urielis archiepiscopi Maguntini ultimi defuncti super caritativis subsidiis imponendis oblate

placet J.

Collationata Fu. de Narnia cum originali parti restituto et concordat.

63. Bericht der Gesandten des Erzbischofs Albrecht über ihre Verhandlungen vom 7. Juli bis zum 6. August. Rom 6. August 1514.

Staatsarchiv Magdeburg. In dem bei Nr. 48 angegebenen Faszikel. Pap. Or. mit Siegelverschlussspuren fol. 23—28.

Hochwirdigster in gott vater und durchleuchter hochgebornner furst, gnedigster herr. Als wir E. f. g. hievorn geschriben und nach der lenge zu erkennen gegeben, was uns allhir in sachen E. f. g. beiegent, wollen wir E. f. g. auch nicht bergen, was uns weitter und furder von tage zu tage newes furgehalten, dan als wir hievorn in verhoffung waren, unser sach solt freitags septima die Julii *[Juli 7]* außgericht werden, sein wir dennoch datzumal vortzogen und biß hieher, dieweil unser promotoros etlich zeit irrig und widerwillig gewesen, umb das furgeben und proponeren unser sach, des sie doch zu lest auch zu friden gestalt, durch manigfeltig wunderlich list und wege, und in mitler zeit, auch ehr unser sache furgetragen, ist abermals der vorig antrager der composition zu unser etlichenn . .[b] komen zwir nacheinander und furgeben, wir mochten [e]s[b] achten wie wir woltten, im negsten consistorio unser sach aufzurichtten, es wurde aber, dieweil die composition nicht zugesagt, nichts daraus werden. Dho wir solichs erfharen, sein wir bedacht worden, haben auch in rath befunden, uns zu dem Cardinal de Medicis zu fhugen und doch aus grund vorsteen wollen, ab dem also, das man ye composition von uns haben wolt. Als wir nhu zu im kommen, hat er abermals sich dabey gehalten und ertzeigt, in maß, ab pebstliche heiligkeit auch er davon nichts wusten, und solichs zuverhoren und das best helffen furzuwenden bey pebstlicher heiligkeit zugesagt und uns daruff den andern tag widerumb zu ime beschieden, dem wir volge gethan und antwort entfangen, das pebstliche heiligkeit manigfaltig bericht wer wordenn, das von zulassung und confirmirung wegen solicher stifft seiner heiligkeit billig composition geburen welt, und wiewol sein heiligkeit bei ir, auch die cardinel vor sich noch nicht beschlossen, was sie in dieser

---

[a] *B. suppositionis.*

[b] *Ein kleines Loch.*

unser sachen thun wolten, kontten und mochten, wolt nicht dest minder sein heiligkeit dem churfurstlichen und loblichem hawß Brandenburg zu eren und gefallen, so vil zu thun were, gern wilfharen und hat uns sein heiligkeit also zu dem alten datario, dem itzigen datario und dem ersten antrager der composition gewisen, zu denen wir uns gefunden und von inen vorstanden, das pebstliche heiligkeit zwischen funffzehn und zwelff tawsent ducaten und nicht weniger haben wolt untter anderem mit angehangen, das sein mo[vire]nd[a] were, das andere mehr gebotten und gern geben wolten, und so wir die composition anzunehmen gemeint, solten uns unsere artickel, so wir zu erst inen uffgegeben, dergestalt wie sie uns die corrigert und etlicher maß verendert, sehn lassen und widerumb verantwort durch pebstliche heiligkeit signirt und untterschriben werden, des wir erschrocken und nicht gewust, was daruff zu thun, derhalben den corrigirtten zettel bey uns behalten und das thun biß uffn andern tag in bedencken nohmen. Als wir nhu solichs vast hin und wider bewagenn, haben wir den zettel etlicher maß nach unserm gutduncken E. f. g. zum besten vorendert, sein damit hinauff zu pallas zu dem cardinal de Medicis geritten, den vorantwort und unser bestes furgewant, damit der zettel dergestalt signirt wurde, bittende mit anhangk, es bey des ersten antragers der composition furgegebene summe bleiben mocht. Darauff uns weitleuffig und ummer vortzogelich antwort werden, das pebstliche heiligkeit in die summ nicht vorwilligen noch die artickel dergestalt signiren wolt. Aber zu lest haben wir dennoch so hart hin und wider gearbeittet und pebstlicher heiligkeit des Churfursten E. f. g. bruders uns itzt zugesantten brive, des datum Trinitatis negst vorgangen *[11. Juni]* ungeferlich steet, vorantwort, das man mit der summ des ersten antragers zufriden sein und die artickel dergestalt, wie sie die uns abermals corrigert vorantwort, signiren wolt, die artickel wir gar wol ubersehn und bewagen und unsers raths auch anderer die anzunehmen befunden, darumb in die summ der zehn tawsent offt vormelt bewilligt und die artickel wie zugesagt zu signeren gebetten. Es haben uns aber die artickel nicht mogen signirt werden, sundern uns ist antwort worden, das pebstliche heiligkeit erst vota cardinalium derhalben colligeren und horen wolt. Des solt mitwochs des newunzehnden tags Julii *[19. Juli]* ein consistorium sein, also haben wir das consistorium erharren mussen. Mitler zeit haben wir dennoch die cardinel in sunderheit in iren pallasen besucht und sie informirt und gebetten, sovil unsers bedenckens notturfft gewesen und sich geburen wolt. Als nhu der mitwoch *[19. Juli]* komen, sein wir zu pallas mit unsern promotoren geritten und aldha mehr dan drey stunden vorharret, ehr das consistorium geendigt, wiewol im

---

[a] *Kleines Loch.*

consistorio von nichts anders dan unserer sach gehandelt und antwort von unsern promotoren entfangenn. das concludirt were, das pebstliche heiligkeit E. f. g. die beiden stifft Meintz und Magdeburg in titulum geben wolt, und den stifft Halberstat solt E. f. g. zur irer gnaden lebenn als yconomus auch innen haben, das solt also freitags des einundzwentzigsten tags Julii *[21. Juli]* in consistorio publico publicert werden. Als wir das gehort, haben wir solichs nicht anders dan uff bedencken angenohmen, uns daruff bedacht und nachdem wir befunden, das der terminus yconomus in unser landart ungehort und ungebraucht, haben wir den nicht annehmen und E. f. g. mit newerung und ungewonlichem titel nicht beladen wollen und uns derhalben zu unsern promotoren und andern cardinelen unsers parts gefugt, die umb abwendung des titels gebetten mit beswerung, wie wir die haben wissen zu thun, und sein von etlichen vortrostet worden: nachdem bey inen nicht vor gut sundern pebstlicher heiligkeit auch e. f. g. nachteilig und unleidlich geachtet wurde der titel yconomus, darob zu sein, das der geendert und administration gegeben wurde. Wan nhu die cardinel auch sanctissimus, den wir durch den cardinal de Medicis derhalben auch ersucht, des titels halben also in bedacht standen, auch freitags *[21. Juli]* obgnant alhir festum Braxedis gehaltten worden, dabey die cardinel vast alle gewesen, ist der freitag mit dem consistorio ubergangen. Es haben aber nicht dest mynder die cardinel untter einander des titels halben rede gehabt und etlich titulum procuratoris, gubernatoris oder visitatoris geben wollen, aber zu lest es dahin beschlossen, desgleich pebstliche heiligkeit auch, der eins ecclesiam Halberstadensem pro nunc zu E. f. g. lieben zu unieren ecclesie Magdeburgensi oder aber den stifft Halberstat in administrationem, visitationem oder gubernationem zu geben, darumb wir E. f. g. tituln administrationis zu geben vast arbeitten, wiewol auch etlich cardinel sein, die uns offentlich gesagt, sie wollen nymmer mehr rathen, das man den stifft in administration gebe, sundern wollen das widerfechten, hoffen wir dennoch, es stee nicht allein bey inen, und wollen administrationem erlangen oder ye, so die union sein solt, das alßdan pebstliche heiligkeit per dispensationem in einem sunderlichen brive E. f. g. den titel administrationem und regimen ad vitam E. f. g. gebe und vorgunne und das die union allein zu E. f. g. leben und nicht weitter steen, sundern darnach iglicher stifft in seinen privilegien, wie bißher gewesen, frey bleiben und sein soll, das wir also mitwochs des sechsundzwentzigsten tags Julii *[26. Juli]* alßdan consistorium sein soll, gott gebe, das es geschee, trewen zuerhalten. Das alles geben wir E. f. g. damit die unser handlung wissen habe, zu erkennen und sol E. f. g. glawben, das uns solichs alles in warheit trefflich swer ankumpt, wie aus unsern schrifften zu vermercken, dieweil alle tag enderung geschicht, die wir nochmals sampt andern furschlegen und fynantzen besorgen mussen, thun uns hiemit E. f. g. als unserm gnedigsten herren bevelhen. Datum Rome suntags des drey und zwentzigsten tags Julii anno etc XIIII^{to}

E. F. G.

willige underthanen
Thomas graff und herr zu Rieneck etc.
Busso von Alvensleven und Johannes Blanckenfeld doctores.

Gnedigster herr, als wir vermeint hetten mitwochs des sechsund zwentzigsten tags Julii consistorium zu haben, ist uns zu erkennen geben, das uff den tag kein consistorium wurde sundern freitags darnach *[28. Juli]* mit anhangk, wir wurden aber uff den freitag nicht mogen expedirt werden, dan sanctissimus hett des ursach, das sein heiligkeit mit unser confirmation noch etlich consistoria vortziehn must, wir sollten aber content, dan wir wurden unserer sach wie zugesagt one mangel gewiß sein, des wir erschrocken und ursach worumb zu erfharen in arbeit gestanden. Als wir aber donnrstags des siben und zwenczigsten tags Julii ehr dem freitag Kay^{r} Mayestat brive ad Sanctissimam auch Cetum Cardinalium, so E. f. g. durch Gabriel Vogt bey Kay^{r} Ma^{t} hat furderen lassen, durch die post entfangen und aus beygeschickten brive gnants Gabriel Vogt auch copien der kayserlichen brive vorstanden, das die furschrifften recht gewesen, wie wir die gern verlanget gehabt hetten, haben wir nicht unterlassen desselben tags *[27. Juli]* sanctissimo seiner heyligkeit brive zu vorantwortten, uffs fleissigst anhaltend und bittende, uns des volgenden andern tags *[28. Juli]* zu expediren und nicht weitter uffzuhalten, dasselb wir auch bey allen denen uns dartzu dinstlich, practicert und gebetten, aber unnutzlich, dan es ist des freitags *[28. Juli]* in unser sach nichts mehr gescheen nach vorlesung Kay^{r} Ma^{t} brive ad Cetum Cardinalium auch vermeldung Kay^{r} Ma^{t} brive ad Sanctissimum, dan das diese unser sach ad libitum und manus sanctissimi durch die cardinel gesetzt und concludirt ist, das man uns im negsten consistorio, das freitags schirst quarta augusti sein wirt, unser expedition geben sol, also mussen wir der zeit erharren und hoffen administrationem zu erhaltten, got gebe das solichs also geschee, dan es ist uns vilmals das und anders zugesagt und dennoch vorkert worden. Darumb wiewol wir nicht zweiffelen ewer f. g. das gelt, darvon wie hievorn geschriben, in die banck vormacht haben, bitten wir dennoch, so solichs nicht gescheen, darob zu sein, damit daran nichts mangele, dan: sine me nichil potestis facere. Datum sunabends des newn und zwentzigsten tags Julii anno etc XIIII^{to}.

Das dieser brive also bey uns uffgehalten, ist kein ander ursach, das kein post, dabey wir die brive umb sunst hetten an E. f. g. oder die helfft des weges schicken mogen, von hir außgangen, so haben wir auch kein eigen post daruff geen lassen wollen, E. f. g. myt dem kosten solicher post zu verschonen, biß zu beschluss und entschafft unser sach, alßdan wir ein eylend post one sewmen schicken wollen. Thun uns hiemit E. f. g. als unserm gnten herrn bevelhen. Datum ut supra.

Gnedigster herr. Die brive Kayr Mat von Gabriel Vogt uns zugeschickt, die wir am sibenundzwentzigsten tag Julii alhir entfangen und vorantwort wie obsteet, sein ausgangen nach lawt des datum am XXV tage Junii und durch Gabriel Vogt, wie sein brive an uns mitbrengt, an den secretarium des von Gurcka, der noch daraus im land und nicht hir ist, geschickt, dieselben one sewmen hieher zu fertigen, sye sein dennoch ye dreissig tage unter wegen gewesen, als außzurechen steet, nhu wissen wir, das brive aus demselben Kayn hoff nach dem dato unser brive ausgangen und dennoch ehr unsern briven hieher kommen und verantwort sein, das alles wie E. f. g. abzunehmen gefynantzt unsers bedenckens ist, und auch macht, das Kaye brive, so wir verantwort, wenig geachtet noch angesehen werden, dan als wir vermeint quarta augusti unser sach außgericht werden, wie obsteet, ist, solichs abermals verblieben, wie wol wir des vertrostet und in hoffnung gehaltten worden sein, biß uffn donnrstag tertiam diem augusti in die nacht auch noch freitags den morgen.

Auch gnedigster herr. Wiewol wir Kayr Mat brive zwen an den von Carpis gehabt und die verantwort, ist uns dennoch sein befordern nicht erschynnen, dan uff verantworttung des ersten brives hat er uns geantwort, wie wir E. f. g. hievorn geschriben, und uff ubergebung des andern, so uns durch Gabriel Vogt zugeschickt, hat er als der kranck lydt, auch nichts gethan, sich doch erbotten vil zu thun, so er nicht kranck, das wir also mochten glawben, so wir nicht wusten, das er die zeit seines kranckwesens dennoch uns uff ein seyt gelaborirt hat, durch den orator regis Hispanie, der alhir zursteet ist. Also mussen wir abermals biß uffn negsten freitag den eylfften tag Augusti gedult tragen, dan man hat uns glawblich zugesagt, alßdan zu expediren, Got gebe das es geschee, burgen weren aber gut, der wir doch nicht haben. Wir haben aber unser artickel, darvon unser vorig und itzig schreiben meldet, mit pebstlicher heiligkeit handt durch das verbum placet gesignirt entfangen, super confirmatione Maguntine postulationis et retentione aliarum ecclesiarum Magdeburgensis et Halberstadensis, also das man itzt nicht wol zuruck kann, und hoffen darumb gubernationis oder administrationis uff die kirch Halberstat und uff die andern zewu kirchen titulum archiepiscopalem zu erlangen zu E. f. g. leben. Wir woltten E. f. g. abschrifft der artickel hievoren auch hiemit gern zugeschickt haben, wir sorgen aber, das solichs nicht gut aus vielen ursachen, darumb wirs unterlassen, wie wir des E. f. g. ab got wil bericht thun wollen. Es soll dennoch E. f. g. in geheim wissen, das gegen der summ der composition, die wir nach des ersten antragers furgeben als zehn tawsent geben müssen, E. f. g. denn ablas plenarie durch alle drey ab Gott wil E. f. g. stifft und ire provincien, auch weitter, das wir abermals aus ursach nicht gern schreiben, achte jar langk haben wirt, was davon kumpt sol die helfft sanctissimo deductis oneribus bleiben und die ander helfft E. f. g. behaltten. So haben wir auch daentkegen E. f. g. erhaltten subsidium charitativum im stifft Meintz, das die geistlichen im selben stifft hievorn gegeben, und nhu etlich jar zu thun sich gewidert, das hinfur und itzt E. f. g. zu geben, das sanctissimus also bewilligt, und als dan dieselben geistlichen Meintzischs stiffts drey subsidia vorsessen und nicht haben geben wollen, die E. f. g. itzt alle uff das privilegium von inen furdern kan, damit sie auch gehorsam werden, wirt E. f. g. daraus auch ein gut Summ haben, wie die mentzischen E. f. g. des bericht thun konnen. Datum suntags sexta die Augusti anno etc XIIII[to]

Das alles wolle E. f. g. im besten gescheen gehandelt und gerathen sein, auch nicht anders vormercken und ye des gelts in die banck gedencken, dan wir Thomas Graff und herr zu Reineck etc und Busso von Alvensleven doctor haben E. f. g. derselben bruder den Churfursten und uns selbs bereit umb VII[m] ducaten uber die summ, so E. f. g. in die banck vermacht, obligeren mussen, uff Omnium Sanctorum *[1. November]* zu Nurmberg zu betzalen, Thun uns hiemit E. f. g. als unserm gnedigsten herrn bevelhen Was weitter gehandelt und wen wir von hier auch heim kommen konnen, wollen wir E. f. g. so bald wir des gewiß sein auch nicht pergen. Datum ut supra.

Adresse:

Ein hochwirdigsten in gott vatter unnd
[dur]chleuchtigsten hochgebornen fursten
herrn herrn Albrechten Ertzbischoff
Magdeburg primaten in Germanien
zu Halberstat und postulirtten zu
Marggraven zu Brandenburg etc
unserm gnedigsten herrnn

---

in seiner f. g. selbs handt.

Fol. 31. Pap. Or. Scheint Beilage zu fol. 23—28 gewesen zu sein.

Aus diesem allenn auch unserm vorigen schreibenn hat E. f. g. abzunehmen und gnugsam zuvormercken, das unser handel vast swer zugeet und das man uns mit fynantzen und anschlegen weis zu vortziehen und uff zu haltten und soll E. f. g. in warheit glawben, das solichs alles vil mehr und noch ebentewrlicher, das es nicht zu schreiben steet, gescheen konnen, aber nicht achtten was die ursach, das man uns solangk und bißher vortzogen, allein das wir wenen, das der von Gurcka villeicht ere mocht süchen durch furderung Kay^r Maiestat und anderer bey E. f. g. einen herren von Bayern oder andern in coadjutorem zu nehmen, wue dem also das solichs bey E. f. g. gesucht wurde, das wir doch nicht wyssen, ist unser rath und gutduncken E. f. g. sich darin nicht begebe keines weges, dan es ist nicht nott. So wollen wirs auch so vil an uns [steet] allhie nicht bewilligen noch zulassen. Datum ut supra.

64. Bericht der Gesandten Erzbischofs Albrecht an ihn.

Rom 15. August 1514.

Staatsarchiv Magdeburg a. a. u. O. fol. 32. 33. Pap. Original.

Hochwirdister in gott vater. Durchleuchtigster hochgebornner furst. Gnedigster herr, nach erbietung unser geburlichen dinst wollen wir ewer f. g. nicht bergen, das wir gestern abends *[14. August]* speet E. f. g. brive, des datum steet sunabends nach Jacobi *[29. Juli]* zu Halle ausgangen entfangen und demnach als heut ein eilend post an Kay^r Ma^t hoff mit unsern briven zu herrn Eytelwolff vom Stain Ritter etc und abwesens an Gabriel Vogt Kay^r Ma^t Camer Secretari oder seinem verwalter gefertigt mit einem beybrive an gnanten secretarien oder seinen vorwaltter, wô herr Eytelwolff nicht dar zur steet, alßdan den brive biß zu seiner zukunff des wir uns vorsegen an inen zu behaltten und darnach zuvorantwortten des vorsehns: Es werde dermaß nach E. f. g. gefallen bestalt sein, damit nhu E. f. g. auch wisse, was wir herrn Eytelwolff geschriben und wie unser sach im grund steet, schicken wir E. f. g. hiemit copey herrn Eytelwolffs brive, aus dem sampt andern beygelegten briven E. f. g, was gehandelt und wie unser sach steet, zu vornehmen hat und wissen dismals zu dem nicht mehr E. f. g. zu eroffnen, allein das morgen mitwochs *[16. August]* kein consistorium wirt, als wir wol gehofft, dan es ist ein Cardinal gestorben, der Final gnant[1], den man morgen begraben wirt, darumb das consistorium nachbleibt, aber freitags *[18. August]* werden wir gewiß expedition haben, wie man uns glaublich zugesagt, daran ich auch nicht zweiffel, so ferr uns Kay^r Ma^t brive, so heut ein post gebracht, nicht hindern werden, als wir doch nicht hoffen, dan man hat uns zugesagt zu expedieren freitags schirst one allen mangel non obstantibus quibuscumque. Es ist aber kein ewangelium nec Sibille folium, dan es kan sich gar bald wandelen, wie wir mehrmahls ungehofft innen worden. Als auch E. f. g. schreibt in einem

---

[1] Carlo Carretto Marchese di Finale.

andern brive herrn Lefin von Felthein belangend, wolt ich demselben gern volg thun, weil mir aber mein gnedigster herr der Churfurst bevolhen solich prebend vor mein gne[n] herrn marggraff Hans Albrecht zu behalten, daruff ich auch bereit laborirt und gethann, ich auch dem Churfursten derhalben geschriben und zusage gethann, weis ich solichs nicht zu endern und bitt allenthalben das thun wol zu bedencken und sunderlich das das gelt uff omnium sanctorum *[1. November]* außkome, dan die banckerre haben diß lenger zeit gegeben irs bedunckens, damit sie irs gelts uff die zeit gewiß sein, und mein und anderer auch des Melchioren ewer f. g. diener gnedigster herr zu sein und im besten nicht zu vergessen, in bedencken unser dinst dan wir eins kleinen ingenii sein, haben dennoch meinen vleis gethann. Hirmit thue wir uns E. f. g. alle bevelhn mit wunschung alles guten. Datum eylend am tag assumptionis Marie. anno etc XIIII[to]

E. f. g.

willige diener
und underthanen

Busso von Alvensleven
Johannes Blanckenfeld doctores

Gnedigster herr. Wir hetten gern hern Eytelwolff etwas mehr animert, so haben wir sorg gehabt, der brive mocht in frembde hande kommen, so wir auch freitags schierst expedition haben wurden, wer des von Gurcka handel gar umb sunst sein, das Got gebe, dan wir hettens wegk, solt er etwas uns nehmen, must mehr dartzu thun. Wir schreiben ditzs eylend, dan wir haben vorgeben post.

Dem Churfursten ist ditzs alle nicht geschriben ad longum, darumb stelln wir in E. f. g. gefallen, so dieselb seine f. g. diese schrifft und brive zuschicken will. Datum ut supra myt eyl.

Adresse: An Ertzbischoff zu Magdeburg
unsern gne[ten] herrn
In seiner f. g. selbs hand.

65. Die Gesandten Erzbischofs Albrecht in Rom an den Ritter Eitelwolf von Stein am kaiserlichen Hofe. Rom 15. August 1514.

Staatsarchiv Magdeburg a. a. O. fol. 34. Pap. Abschrift.

Unser gantz freuntlich dinst zuvorn. Gestrenger lieber herr und besunder frund. Nachdem wir als gestern des viertzehenden tags Augusti etlich brive unsers gne[ten] herren von Magdeburg etc auch ewern brive, so zu Halle außgangen sunabends nach Jacobi, entfangen und untter anderm uns bevolhn, das wir euch an Kay[r] Ma[t] hoff schreiben und zu erkennen geben solten, wie unser handel, darumb ir wist und wir aus sein, stunde; also wollen wir euch nicht pergen, das Gott hab lobb unser handel gar wol steet und hoffen als morgen oder ye freitags schirst gewislich expedition zu haben aller dreyer stifft und achtten darumb one not sein, rathen auch nicht ymands etwas daraus zu geben, dan wir mussen alhir ein groß summ auch sovil geben, das unserm gnedigsten herrn hochgnant mehr heraus zu geben nicht wol leidlich noch zu thun ist. Das woltten wir euch unserm gethanen bevelch nach, damit ir euch dest baß darnach in ewer werbung habt zu richtten, nicht vorhalten, thun euch hiemit Gott bevelhn mit wunschung vil glucks und hayls zu ewerm newen ampt. Datum Rome tag assumptionis Marie anno etc. XIIIIto

Busso von Alvensleven
und Johannes Blanckenfeld.

An herrn Eytelwolff vom Stain.

66. Die Gesandten Erzbischof Albrechts an ihn.
Rom 18. August 1514.

Staatsarchiv Magdeburg a. a. O. Bl. 35. Pap. Original.

Hochwirdigster in Gott vater durchleuchtigster hochgeborner furst. Ewer furstlichen gnaden sein unser unterthenige willige dinst altzeit zuvoran bereit. Gnedigster herr, wir geben E. f. g. frőlichs gemuts mit wunschung glucks und hails leibs unnd der selen zu erkennen, das als heut dato des achtzehnden tags Augusti E. f. g. confirmirt ist zu ertzbischoff zu Meintz und Magdeburg und zu administrator des stiffts Halberstat, darumb iubilere E. f. g. in Domino, das woltten wir E. f. g. [nicht][a] bergenn und behaltten uns hiemit fur andern das bettenbrott und thun uns E. f. g. als unserm gnedigsten herrn bevelhn. Datum Rome freitags post assumptionem Marie, der ist gewest der achtzehnde tag Augusti anno etc XIIIIto

E. f. G. underthenige und willige
diener
Thomas graff und herr zu Reineck etc.
Busso von Alvensleven. Johannes
Blanckenfeld doctores etc

67. Meldung der sämtlichen Gesandten an Erzbischof Albrecht.
Rom 1514 August 18.

Staatsarchiv Magdeburg a. a. O. fol. 36. Pap. Or.

Hochwirdigster hochgeborner furst und her. Ewern f. g. sein unser underthenig schuldig und willige dinst alletzeit mitt gantzem fleyß zu-

[a] *Loch.*

voran bereyt. Gnedigster furst und herre, nicht ane freude und frolockung unser gemuet und hertzen verkúnden wir e. f. g., das uf heut freitags nach Assumpcionis Marie den XVIII. tag Augusti unser allerheiligster vater Babst Leo nach vil gehabten unsern vleiss muhe und arbeyt die postulation e. f. g. person halben zum stifft Mentz geschehen, in consistorio secreto gnediglich zuegelassenn und mit verwilligung aller cardinaln dieselbig e. f. g. zue Ertzbischove beyder ertzbischofflichen stift Mentz und Magdeburg auch dorzue Administrator des stifts Halberstat pronunciirt und gemacht hat, zw welchem wir e. f. g. vill glucks und heyls wuntschen, den almechtigen got ufs demútigst bietend, das er e. f. g. in glúckseliger regirung obgemelter dreyer stifft langzceit seliglich zue fristen und zw hanthaben geruche. Auch e. f. g. ufs underthenigst ermanend sich zw innehmung des stifts Mentz furderlich zw schicken und domitt nicht lenger zu verzciehen, wurde unzcweiflich e. f. g. erlich dem stift Mentz und desselben underthanen nutzlich und ersprießlich sein. Wir wollen auch so vil an uns ist, e. f. g. befehle ferner nachzcwkommen allen fleyß habenn, und bey uns keyn mangel spuren lassen, uns alle denselben e. f. g. hirmitt undertheniglich befehlend. Geben zcw Rome freitags nach Assumpcionis Marie anno etc XIIII°

E. f. g. Thomas Grave zu Reineck Custer, Dieterich Zcobel, Mertin Truckses zu Mentz, Busse von Alvesleve zcw Magd. thumher und Johan Blanckenfelt doctor etc.

An Ertzbischoff Albrecht zue Mentz und Magd. etc.

68. Dr. Johannes Blankenfeld an Erzbischof Albrecht von Mainz-Magdeburg. Rom 1514 August 18.

Staatsarchiv Magdeburg a. a. O. fol. 37—38. Pap. Original mit erhaltenem Siegel.

Hochwurdigster hochgheborner Churfurste Meyne undhertenighe dinste ßeint e. f. g. in unnórspartem vleiße bevor. Gnedigster herr. Heut dato Got lob ßeint e. kf. g. czu erczbischoff zu Mencz alzo bestetighet, das e. kf. g. nichts desto wenigher erczbischoff czu Magdeburgk bleibe unnd administrator zu Halberstadt ßie, der ghestaldt wie vorgestern vor dato ich e. kf. g. gheschriben, darczu wunsche ich undhertennigklich e. f. g. vil hails, ghelüks und das e. f. g. irem stiffte und undhertanen langhe zeit ghelukßeliklich und mit allem heil vorsei. Ich kan auch e. f. g. nicht vorhalten einen wellischenn possenn und ein Romisch hoff stuk, ßo mir gesternn vor dato widherfharenn, nemlich das gestern leicht umb IIII stunden noch mittaghe der orator des kunighes von Hispanien im bebstlichen pallas mich beschikt und mir vorghehalten, wie der Cardinal von Gurich in schriftlich ghebethenn, demnach der grave von Carpi Kar Mat orator krankheit halb unvermugklich were, er wolte bie ber het vleisigk handelenn und ansuechen umb expedition der Menczischen confirmation und e. kf. g. sachen, dan den Cardinal hette anghelanghet, das e. f. g. expeditio hie langhe vorzoghen wurde, das in hogk befrembte und kundt nicht ghewisse, worumb es gescheghe. Darauf het er der orator mit br ht ghehandelt, die im zughesagt das ghewislich als heut dato unser sach solt volzoghen werden. Des habe ich mich keghen im e. f. g. weghen vleisigk bedanket mit erbietunghe ken e. kf. g. sulichs ʒu ruemen und bie anderen meynen herren und freunden, dießem handel alhie mit vertrauen. Aber gestern abendt, do doctor Busso meinen her und freundt und ich bei dem cardinal von Medicis warenn, uberandtwurdt deß graven von Carpi diener itzgemeltem Cardinal eine schrifft kar mat an den graven von Carpi ghesteldt und ein memorial odder zetel des von Carpi. Heut noch der Expedition fragte ich denn Cardinal auch in doctor Bussen beisein umb einhalt des briewes Kar Mat, ßo forte der uns belanghet, dan ich mich mit dem Cardinal ßunderlich wol vormagk, sagte der Cardinal, Kar Mat schriebe satis modeste, peteret enim, si Sanctitas domini nostri omnino domino archiepiscopo tres ecclesias concedere vellet, quod saltem constitueretur super illlis pensio domino cardinali Gurcensi etc. Und ist des orators von Hispanien handelunghe und dis schir umb ein czeit zuganghen. In den briewen Kar Mat ist auch dem von Carpi bevholen, wie uns der Cardinal de Medicis bericht, umb weiteren vorczugk der expedition anczuesuechenn, aber be het und der cardinal haben sich gancz rechtgheschaffen in dem und heut im consistorio erʒeigt.

Aber der Cardinal Adrian titulo s. Grisoghoni hat sich nicht mit dem bestenn keghen uns ghehalten unnd ßunderlich ist er auch der ein, die do wolten mher annaten pro retentione ecclesie Magdeburgensis et Halberstadensis, heut hat darin bee het den bescheidt gheghebenn, ßeint wir sie schuldigk, ßo ßollen wir ßie gheben, ßo nicht, ßo sollen wir do mit unbeswert bleiben, wir haben vor uns die Concordata, die expresse dis thuen erortern, item articulos subscriptos manu pontificis und mher behelf, die zu schreiben dießer zeit zu langk.

Wir wollen morghen vleis thun umb ein breve, darin bebe het e. f. g. bevhel gheben ßol den stifft Mentz furderlich einzunemen, ob sie uns derhalb wie negst oben mit den bullen aufhalten woltenn, mit dem breve ad partem, darin die administration zu e. f. g. leben prorogirt, wirt es keinen mangel habenn. Dergheleichen mit vorsehunghe der stifft, das sie mit nichts in iren privilegien und fuerwole vorhindert werden.

Wir wollen auch was e. f. g. in irer instruction und ßieder durch schrifte bevholenn mit allen vleis furderenn unnd auch ßo vil mugklich das e. kf. g. gheschikten hie balde abziehen e. kf. g. des kostens zu erliechteren, der ich mich undhertennigklich bevhelich und czu dienen alles vermughens willigk bin. Undhertennigklich bittende e. kf. g. wollen auch mögen wen ichts von geistlichen lehennen, do mit mich e. kf. g. vorsehen konnen, czu falle kome, unnd mitler czeit mit den primarien gnedigklich eingedenk zu ßein. Datum Rome XVIII. Augusti anno XIIII.

E. kf. g. wolle auch diße meyn schrifft E. kf. g. bruder meym gn[u] hern mitteilen.

E. kf. G. underthenigher diener

Johannes Blankfeldt

Teutsches ordens procurator generalis.

Adresse mit Beisatz: in ir f. g. handt.

69. Motu proprio Leos X. Der Papst befiehlt, vom Erzbischof Albrecht von Mainz für die Beibehaltung des Erzbistums Magdeburg und des Bistums Halberstadt keine Abgaben zu fordern.

O. D. [1514 Sommer].

Arch. Vatic. Divers. 64. fol. 39[r].

Das Stück steht zwischen einem anderen vom 11. Juli 1514 und einem vom 30. Sept. d. J.

Motu proprio etc Cupientes, ne dilectis filiis oratoribus venerabilis fratris nostri Alberti archiepiscopi Maguntinensis pretextu retentionis ecclesiarum Magdeburgensis et Alberstadensis in solutionibus annatarum tam ad nos quam ad sacrum collegium sancte Romane ecclesie cardinalium et aliorum officialium eidem archiepiscopo aliquod prejuditium inferatur, presertim cum simus plene informati etiam per decretum emanatum a dilectis filiis nostris camere apostolice presidentibus, quod ecclesie predicte vacarunt bis in anno et vigore compactarum seu concordie cum principibus nationis Germanie non sint obnoxie alicui solutioni, ideo motu predicto et ex certa scientia precipimus et mandamus omnibus officialibus cujuscumque status gradus et conditionis existant, ut ab exactione pretensorum jurium omnino abstineant nec per se nec per alios aliquid exigere audeant sub pena privationis officiorum et suspensionis a divinis ipso jure incurrenda, non obstantibus quibuscumque in contrarium facientibus.

Placet et ita motu proprio mandamus pro hac vice dumtaxat J. Collat.

Jo. Ja. Cipellus.

70. Das Domkapitel ratifiziert die Abrechnung des Domherrn Mesnang mit den Fuggern über das Ablafsdrittel. Konstanz 1514 August 30.

Generallandesarchiv Karlsruhe 5/194.

Perg. Or. mit Bruchstück des Siegels.

Wir Thumdechan und Capitel des Thumstiffts zu Costenntz Bekennen und tugen khundt menngclichem, Als der Wurdig Hochgelert unnser lieber mitthumher Johanns Meßnang licenciat etc In namen unnser und von wegen der fabric berurts Thumstiffts mit den Vesten unnsern liebn frunden hern Jacoben Fuggern und sinen nepoten zu Augspurg als päpstlicher hailligkait procuratern und anwelten von gevellen der Indulgenntz nechstverschiner fasten In den vier Bisthumben Chur Augspurg Straßburg und Costenntz In namen gemellter fabric unnsers Thumstiffts gehallten, och alles Innemens Vßgebens und uffgeloffen expenß rechnung gethan und daby ettlich gellt von solhen gevellen påbstlicher hailligkait zugehorig, och ettlich expenß noch ustellig beliben und sich daruff verschriben sollich usstendig gelt und expenß und ob an widerzellung oder sunst manngel hieran erfunden wurd zu erstatten lut siner hanndtgeschrifft mit aigen Secret besigelt, der Datum wyßt Anno etc funffzehenhundert vierzehen subenzehen Augusti, Daʒ wir sölh sin caution und verschribung wolbedachtlich und fryes willen ratifficiert und angenommen haben und tügen also die hiemit wussennlich bevesten und annemen in allen puncten och form und maß er die gegeben hat. Gereden und versprechen daruff sölhs alles, des er sich verschriben, wär und vest ze hallten und zü erstatten fur unns und alle unnser nachkommen angeverde. Vrkund diß brieffs mit unnsers Capitels gemainen Secret by ennd der geschrifft besigelt, geben uff Mittwoch den dryssigesten Tag des Augstmonats von Cristi unnsers lieben heren gepurdt funffzehenhundert und im viertzehenden Jare.

71. Motu proprio Leos X. Er quittiert, vom Erzbischof Albrecht von Mainz durch die Fugger 3400 Dukaten Servitiengelder erhalten zu haben. Ende 1514.

Arch. Vatic. Divers. Camer. 64. fol. 42 r.

Die Datierung ist nach der Stellung im Bande vielleicht noch genauer zu präzisieren.

Leo papa X.

Motu proprio etc. fatemur recepisse a dilecto filio Alberto ex marchionibus Brandeburgensibus electo ecclesie Maguntine ducatos tria millia et quadringentos auri in auro de camera pro communi servitio nobis et camere apostolice debito ratione provisionis de eius persona eidem ecclesie facte, que in libris camere ad decem millia ducatos similes taxata reperitur, quam summam trium millium et quadringentorum ducatorum dilecti filii Jacobus Fucher et nepotes mercatores Alamani Romanam curiam sequentes nobis persolverunt hoc modo, videlicet ducatos tria millia similes solutos nobis in prompta et numerata pecunia, et alios quadringentos ducatos similes retentos penes se in deductionem et defalcationem maioris summe, quam a nobis habere debent, prout constat per litteras patentes camere apostolice. Et licet totam dictam summam penes se retinere et pro concurrenti quantitate eorum crediti excomputare potuissent, attamen cupientes nobis complacere solum dictos quadringentos ducatos retinuerunt, in quo nobis rem admodum gratam fecerunt, mandando venerabili fratri nostro R. episcopo Ostiensi ac thesaurario, presidenti et clericis dicte camere, ut summam predictam dictorum trium millium et quadringentorum ducatorum nobis ut prefertur solutorum ad ordinarium introitum et exitum ipsius camere poni et describi faciant, ac quietancias et alias scripturas super solutione dicti communis expediri curent et mandent. In contrarium facientibus non obstantibus quibuscunque.

Fatemur et ita motu proprio mandamus J.

Coll.[a] Jo. Ja. Cipellus.

72. Motu proprio Leos X. Anerkennung, dafs die Kammer den Fuggern für Verbesserungen in der Münze 800 Dukaten schuldet, und Anweisung für deren Ersatz. Magliana 1515 Januar 13.

Arch. Vatic. Divers. Camer. 64. fol. 109. Regest Hergenröther 13678.

Leo papa X[s].

Motu proprio etc. Cum certificati simus, quod dilecti filii Jacobus Fucher et nepotes mercatores Augustenses Romanam curiam sequentes, qui expensas in reparationibus zeche Urbis, quam felicis recordationis Julius papa II. predecessor noster Vulrico Fucher et fratribus eorumdem Jacobi et nepotum auctoribus concesserat et quam prefati Jacobus et nepotes etiam tempore nostro continuarunt et continuant, sunt in interesse et damnis ultra summam mille ducatorum in reparatione loci dicte zeche per eorum auctores pro comodiori exercitio eiusdem zeche expositorum, de quibus in computis in camera apostolica pro tempore datis mentio habita non fuit, volentes eorum indempnitati providere ipsos Jacobum et nepotes veros et legitimos creditores nostros et camere apostolice in summam ottingentorum ducatorum auri tenore presentium premissorum occasione declaramus constituimus et facimus. Mandantes venerabili fratri nostro Raphaëli episcopo Ostiensi camerario et Ferdinando Ponzetto generali thesaurario ac clericis et presidentibus camere aposto-

[a] *Von hier ab andere Hand.*

lice, ut prefatis de Fucheris de dicta summa quamprimum satisfieri curent eisque de Fucheris pro faciliori consecutione dicte summe omnes et singulos fructus redditus et proventus dicte camere et presertim annatarum et comunium nobis et dicte camere ex quibusvis expeditionibus de partibus Alamanie Hungarie et Pollonie per ipsos de Fucheris pro tempore faciendis debitarum specialiter et expresse obligamus et eisdem de Fucheris, ut de illis retineri liceat usque ad integram satisfactionem dicte summe, volumus et concedimus ac de et super premissis ipsis de Fucheris literas patentes crediti huiusmodi fieri volumus et mandamus. In contrarium facientibus non obstantibus quibuscunque. Datum Maliane die 13 januarii 1515. pontificatus nostri anno secundo.

Ita declaramus et mandamus J.

Am Rande: pro Fucharis. Coll. L. Amerin.

73. Motu proprio Leos X. Quittung über Zahlungen aus dem Ablasse in Ungarn, Polen, Schlesien und Böhmen seitens der Fugger.

Magliana 1515 Januar 13.

Arch. Vatic. Divers. Camer. 64. fol. 105[v]. *Reg. Hergenröther 13673.*

Leo papa X.

Motu proprio etc. Fatemur per presentes habuisse et recepisse in prompta et numerata pecunia a dilectis filiis Jacobo Fucher et nepotibus mercatoribus Alemanis Romanam curiam sequentibus summas pecuniarum infrascriptas: videlicet ducatos ottingentos viginti unum, sol. 13 den. 4 auri de camera in auro, qui sunt pro integro residuo omnium pecuniarum exactarum in regno Ungarie pro tertia parte obveniente ex jubileo per felicis recordationis Julium papam II. predecessorem nostrum concesso in dicto regno, deductis et retractis omnibus et singulis expensis quomodocunque factis in exigendis et mittendis ad Urbem dictis pecuniis, et ducatos quinque milia septingentos sexaginta unum auri similes sol. 3 den. 6 pro residuo omnium pecuniarum exactarum in regno Polonie pro tertia parte obveniente similiter ex jubileo per eundem Julium predecessorem concesso in dicto regno, deductis expensis factis ut supra, et similiter ducatos duo milia centum et triginta quinque similes et sol. 10 pro residuo pecuniarum exactarum in Slessia et Boemia pro tertia parte etiam obveniente ex jubileo ut supra concesso in dictis locis, deductis similiter expensis factis modo premisso. De quibus omnibus et singulis pecuniarum ut supra solutarum quantitatibus prefatos Jacobum et nepotes eorumque ministros nec non eorundem heredes et successores ac bona et jura quecunque sine preiudicio tamen nostro contra alios qui in exactione pecuniarum dicti jubilei intervenerint tenore presentium quietamus absolvimus et liberamus et pro quietatis absolutis et liberatis ex certa nostra scientia habere volumus. Mandantes motu simili venerabili fratri nostro Raphaëli episcopo Ostiensi camerario ac dilectis filiis Ferdinando Ponzeto generali thesaurario nec non presidentibus et clericis camere apostolice et illis, ad quos spectat, ut super dictis solutionibus nobis ut premittitur factis quietantias et alias scripturas ad id necessarias et oportunas eisdem Jacobo et nepotibus in pleniori et autentica forma, prout ipsis Jacobo et nepotibus vel eorum ministris videbitur et placebit, ad omnem eorum simplicem requisitionem conficiant ac confici ac tradi curent cum effectu pro eorum securitate et cautela. In contrarium facient. non obstantibus quibuscunque. Datum Maliani die 13. januarii 1515. pontificatus nostri anno secundo.

Ita fatemur et motu proprio mandamus J.

Coll. L. Amer.

Am Rande: pro Fucharis.

74. Motu proprio Leos X. Quittung über ein Darlehen der Fugger von 8000 Dukaten und Anweisung für deren Ersatz.

Magliana 1515 Januar 13.

Arch. Vatic. Divers. Camer. 64. fol. 109 r. Reg. Hergenröther 13677.

Leo Papa X.

Motu proprio etc. fatemur habuisse realiter et cum effectu recepisse occasione veri puri et legitimi mutui a dilectis filiis Jacobo Fucher et nepotibus mercatoribus Augustensibus Romanam curiam sequentibus ducatos otto milia auri in auro de camera, quam summam nobis pro necessitatibus et occurrentiis nostris et sedis apostolice mutuarunt. Quapropter volentes eorum indempnitati ac plene securitati providere constituimus eos exnunc et tenore presentium declaramus veros legitimos et indubitatos nostros et dicte camere apostolice creditores de suprascripta pecuniarum summa, pro cujus summe faciliori consecutione motu simili et ex certa nostra scientia concedimus et ex nunc assignamus eis usque ad integram dicte summe satisfactionem omnes annatas et communia omnium ecclesiarum et monasteriorum nec non quecunque alia jura nobis et eidem camere debita tam occasione cujuscunque jubilei vel indulgentie concesse seu concedende presertim ex provintiis Alamanie Datie nec non omnes pecuniarum summas, que ad eorum manus pro expeditionibus per eos pro tempore faciendis nobis et ipsi camere ex quavis causa et occasione solvendis in futurum evenire contigerit, quas absque aliqua contradictione exigere et penes se libere retinere possint usque ad integram satisfactionem predictam. Inhibentes propterea districtius quibuscunque nuntiis legatis commissariis et aliis quibuscunque personis quacunque auctoritate fulgentibus, ne prefatos mercatores occasione premissa sub quovis pretextu aut colore molestare presumant. Mandantes venerabili fratri nostro episcopo Ostiensi camerario ac Fernando Ponzetto thesaurario nec non presidentibus et camere antedicte clericis, ut eisdem Jacobo et nepotibus de suprascripta summa quam primum satisfieri ac scripturas et mandata et instrumenta super hiis necessaria et oportuna confici et expediri curent faciant et mandent pro ipsorum mercatorum securitate; in contrarium facient. non obstantibus quibuscunque. Datum Malian[i] die 13. Januarii 1515. pontificatus nostri anno secundo.

Ita fatemur et motu proprio mandamus J.

Coll. L. Amerin.

Am Rande: pro Fucharis.

75. Motu proprio Leos X. Quittung über Zahlung aus dem Ablafs der Augsburger Predigerbrüder durch Vermittlung der Fugger.

Magliana 1515 Januar 13.

Arch. Vatic. Divers. Camer. 64. fol. 107. Reg. Hergenröther 13674.

Leo papa X.

Motu proprio etc. Cum dilecti filii Jacobus Fucher et nepotes mercatores Augustenses receperint a priore et conventu fratrum ordinis predicatorum in civitate Augustensi provintie Maguntine florenos mille noningentos nonaginta quinque Renenses et unum duodecimum unius similis floreni in diversis monetis nomine nostro pro eo, quod nobis debebatur pro medietate elemosinarum jubilei per nos concessi dicti priori et conventui in quatragesima proxime decursa, et de dicta summa defalcentur floreni centum viginti otto similes pro detrimento seu agiis monetarum et provisionibus eorundem mercatorum et aliis expensis per eos factis, et sic restent floreni mille ottingenti et viginti septem et unus duodecimus similis floreni Renensis, qui reducti ad ducatos auri in auro de camera ad rationem centum quatraginta florenorum Renensium pro quolibet centinario ducatorum auri de camera prout est moris, faciunt et constituunt summam ducatorum mille tricentorum et quinque auri in auro de camera, quam quidem summam ducatorum mille trincentorum et quinque auri in auro de camera nobis in prompta et numerata pecunia solverunt prefati de Fucheris per manus suorum de Urbe, prout per presentes fatemur, de quibus quidem supradictis summis nostro nomine receptis et nobis ut prefertur solutis realiter et cum effectu eosdem Jacobum et nepotes eorumque ministros ac eorundem heredes et successores tenore presentium quietamus absolvimus et liberamus. ac pro quietatis absolutis et liberatis haberi volumus, mandantes motu simili venerabili fratri nostro episcopo Ostiensi camerario et dilectis filiis Ferdinando Ponzetto generali thesaurario ac presidentibus et clericis camere apostolice et aliis ad quos spectat, ut eisdem Jacobo et nepotibus ad omnem eorum simplicem requisisionem debitas quietantias et alias scripturas necessarias in pleniori et autentica forma, prout ipsis Jacobo et nepotibus vel eorum ministris videbitur et placebit, conficiant ac confici et tradi curent cum effectu pro eorum securitate et cautela, in contrarium facientibus non obstantibus quibuscunque. Datum Maliani die 13. januarii 1515. pontificatus nostri anno secundo.

Ita fatemur et motu proprio mandamus J.

Coll. L. Amerin.

Am Rande: pro Fucharis.

76. Leo X. löst das Verhältnis der Fugger zur Münze und quittiert ihnen. *[Magliana 1515 Januar 13.]*

Arch. Vatic. Divers. Camer. 64. fol. 110.

Zur Datierung: Folgt unmittelbar auf die Stücke vom 13. Jan. 1515.

Leo papa decimus.

Considerantes quod sublato de medio Julio predecessore nostro zecha seu facultas cudendi monetas in alma Urbe alias per eundem predecessorem nostrum dilectis tunc filiis Ulrico de Fucharis et fratribus mercatoribus Alemanis Romanam curiam sequentibus pro quindecim annis concessa tam per obitum ipsius predecessoris quam etiam per obitum dicti Ulrici et mutato nomine ipsorum de Fucharis omnino cessavit et facultas, qua dilecti filii Jacobus de Fucharis et nepotes mercatores Alamani etiam eandem curiam sequentes in cudendam monetam sub novis insigniis nostris usi fuerint nisi nostris tacitis consensu et voluntate excusarentur possent merito redargui, nos plenius informati, quod prefati de Fucharis tam temporibus quibus vixit dictus Henricus (sic) quam successive Jacobi et nepotum diligenter et fideliter se habuerunt, cupientes quoque eorum devotioni quam in sedem apostolicam et nos promptam semper exhibuerunt condescendere, ipsos de Fucharis qui ut accepimus dictam zecham dimittere cupiunt a tanto vinculo, quo forsan nobis ex huiusmodi ingestione in cudendam dictam monetam astricti esse dicerentur, liberaliter absolvimus et eos plene liberamus, zecham nostram huiusmodi ad nos advocantes et recipientes, venerabili fratri Raphaëli episcopo Portuensi camerario nostro et dilectis filiis thesaurario ac clericis et presidentibus camere apostolice committimus et mandamus, ut voçatis dictis Jacobo et nepotibus mercatoribus predictis seu dilecto filio Johanni Zinch eorumdem mercatorum institore ab ipsis Jacobo et nepotibus et pro eis a dicto Johanne institore computa pro temporibus, quibus zecham huiusmodi exercuerunt, prout moris est recipiant et si ex computis huiusmodi dicte camere apostolice creditores restare reperti fuerint, eis de oportuno assignamento pro debita satisfactione provideant et omnia alia et singula, que in premissis et circa ea fuerint quomodolibet oportuna, faciant. In contrarium facientibus non obstantibus quibuscunque.

Placet et ita motu proprio mandamus.

Coll. L. Amerin.

Am Rande: pro Fucharis.

77. Motu proprio Leos X. Quittung über Zahlung aus dem Ablafs des Konstanzer Domkapitels durch Vermittlung der Fugger.

O. D. Wohl sicher 1515 Januar 13.

Arch. Vatic. Divers. Camer. 64. fol. 107^{r}. Reg. Hergenröther 13676.

Leo papa X.

Motu proprio etc. Cum dilecti filii Jacobus Fucher et nepotes mercatores Augustenses receperint a venerabili fratri episcopo et dilectis filiis capitulo ecclesie Constantiensis summam et quantitatem florenorum trium milium quingentorum quinquaginta quatuor Renensium in diversis monetis nomine nostro pro eo, quod debebat nobis pro tertia parte elemosinarum jubilei alias per felicis recordationis Julium secundum predecessorem nostrum dictis episcopo et capitulo concessi, et de dicta summa defalcentur floreni ducenti similes pro detrimento seu agiis monetarum et provisionibus eorumdem mercatorum et aliis expensis, et sic restant floreni tria milia trecentum quinquaginta quatuor, qui reducti ad ducatos auri in auro de camera constituunt summam ducatorum duorum milium trecentorum nonaginta quinque ad rationem centum quadraginta florenorum Renensium pro quolibet centinario ducatorum auri de camera prout est moris, et de dicta summa trium milium trecentorum nonaginta quinque florenorum nobis satisfecerunt prefati de Fucharis per manus suorum de Urbe hoc modo videlicet, quia solverunt nobis actualiter ducatos mille centum nonaginta septem cum dimidio auri de camera, et alii mille centum nonaginta septem cum dimidio fuerint eisdem de Fucharis de Urbe excomputati super patentibus crediti eorum cum camera nostra apostolica de maiori summa, prout per presentes fatemur et recognoscimus. Propterea prefatos de Fucharis de dicta summa trium milium quingentorum quinquaginta quatuor florenorum Renensium nomine nostro ut prefertur receptorum quietamus et nobis integraliter satisfactum esse affirmamus. Mandantes propterea venerabili fratri nostro R[aphaëli] episcopo Ostiensi camerario nostro ac Fernando Ponzetto decano thesaurario nostro generali nec non dilectis filiis presidentibus et clericis camere apostolice, ut desuper premissis oportunas quietantias et alias scripturas necessarias eisdem mercatoribus de Augusta et Romanam curiam sequentibus faciant et fieri mandent, contrariis non obstantibus quibuscunque.

Ita fatemur et motu proprio mandamus J.

Coll. L. Amerin.

78. Motu proprio Leos X. Zweite Quittung über Zahlung aus einem Ablaſs des Konstanzer Domkapitels durch Vermittlung der Fugger.

Magliana 1515 Jan. 13.

Arch. Vatic. Divers. Camer. 64. fol. 106. Reg. Hergenröther 13675.

Motu proprio etc. Cum dilecti filii Jacobus Fucher et nepotes mercatores Augustenses receperint a dilectis filiis decano et capitulo ecclesie Constantiensis summam et quantitatem florenorum quatuormilium quadringentorum septuaginta quatuor Renensium et unum quartum similis floreni in diversis monetis nomine nostro pro eo, quod nobis debebatur pro medietate elemosinarum jubilei per nos concessi dictis decano et capitulo in quadragesima proxime decursa; et de dicta summa defalcentur floreni tricenti sexaginta quinque similes et unus tertius similis floreni pro detrimento seu agiis monetarum et provisionibus eorundem mercatorum et aliis expensis per eos factis et sic restant floreni quatuor mille centum et octo et quinque sexti unius floreni, qui reducti ad ducatos auri in auro de camera ad rationem centum quadraginta florenorum Renensium pro quolibet centinario ducatorum auri de camera prout est moris, faciunt et constituunt summam ducatorum duorum milium noningentorum triginta quatuor et solidorum decem et septem auri de camera, quam quidem summam duorum millium noningentorum triginta quatuor et solidorum 17. auri de camera nobis in prompta et numerata pecunia solverunt prefati de Fucharis per manus suorum de Urbe, prout per presentes fatemur, de quibus quidem supradictis summis nostro nomine receptis ac nobis ut prefertur solutis realiter et cum effectu eosdem Jacobum et nepotes eorumque ministros ac eorundem heredes et successores tenore presentium quietamus absolvimus et liberamus ac pro quietatis absolutis et liberatis habere volumus. Mandantes motu simili venerabili fratri nostro R[aphaëli] episcopo Ostiensi camerario et dilectis filiis Ferdinando Pozetto generali thesaurario ac presidentibus et clericis camere apostolice et aliis, ad quos spectat, ut de et super predictis eisdem Jacobo et nepotibus ad omnem eorum simplicem requisitionem debitas quietantias et alias scripturas necessarias in pleniori et autentica forma, prout ipsis Jacobo et nepotibus vel eorum ministris videbitur et placebit, conficiant ac confici et tradi curent cum effectu pro eorum securitate et cautela; in contrarium facientibus non obstantibus quibuscunque. Datum Maliani Portuensis diocesis die 13. januarii 1515. pontificatus nostri anno secundo.

Ita fatemur et motu proprio mandamus J.

Coll. L. Amerin.

Am Rande: pro Fucharis.

**79. Leo X. gibt dem Domkapitel zu Trier zum Besten des Trierer Domes auf zwei Jahre einen in der Kirchenprovinz Trier zu verkündigenden Ablafs. Rom 1515 Febr. 1.*

Leo . . . . universis in civitate diocesi et tota provintia Treveren. constitutis.

»Dum proclivia in omni evo sexuque« »Cum itaque sicut accepimus ecclesia Treverensis sub beati Petri principis apostolorum nomine dedicata, quam sancta Helena clare memorie Constantini imperatoris mater in ejus palatio construi et inibi tunicam inconsutilem domini nostri Jesu Christi et unum ex claviis, quibus idem Dominus noster cruci affixus fuit, ac caput sancti Cornelii pontificis et martiris venerabiliter recondi fecit ac quam illis et aliis quampluribus preciosissimis reliquiis decoravit et que in Germania et Gallia Metropolitinarum ecclesiarum omnium antiquissima et propterea ac ob sacratissimas in eo reconditas reliquias ab universis illarum partium Christi fidelibus summa in veneratione haberi consuevit, in suis structuris et edificiis vetustate consumptis et tante Basilice dignitati minime convenientibus in instauratione et ampliatione necnon in vasis crucibus calicibus paramentis etiam sacerdotalibus et aliis plurimis ad dictarum reliquiarum et divini cultus ornatum necessariis refectione et incremento adeo indigere noscatur, ut earum rerum absque populorum in illam devotionis et reverentie detrimento ulteriori nequeat laborare penuria et ad tanti operis machinam subeundam ipsius ecclesie facultates ab hiis citra temporibus defecerint, quibus ecclesiam predictam in Romane ecclesie fide et devotione persistentem Hunni Vandali et alie barbare gentes hostiliter invaserunt, diripuerunt et illius bona depopulati sunt. Nos vero fabrica Basilice eiusdem beati Petri sumptuose et multorum annorum opere inchoata diversisque aliis sedi apostolice incumbentibus necessitatibus gravati subvenire et prout alias libenter faceremus nequaquam possumus« verleiht allen Bewohnern von Trier und der Provinz Trier Ablafs. Termin: innerhalb zwei Jahre von der Publikation dieser Bulle an. Kommissare: Johannes de Meyeczenhausen cantor et canon eccl. Treveren. et Johannes de Acie utriusque juris doctor officialis curie Treverensis. Besuch der Domkirche oder der von den Kommissaren zu bestimmenden Kirchen, Gaben in die Capsae »in subsidium fabrice ecclesie Treverensis«. Es folgen dann sehr umfangreiche

Bestimmungen: Wahl eines Beichtvaters (nach Übereinkommen mit dem Kommissar), der Vollmacht hat, die Absolution und Ablafs zu geben totiens quotiens bez. einmal in articulo mortis. *(Diese Formel stimmt durchweg mit dem Ablafsbrief vom 30. Mai 1515 überein).* Veränderung von Gelübden. Befreiung von Irregularität usw. usw. de male ablatis et vel per usurariam pravitatem quesitis etc. Dispens wegen Verwandtschaft, Besitz von Kirchengut.

Für die zwei Jahre werden alle Ablässe abgekündigt (auch der für St. Peter in Rom), auch alle Bettelgänge, Genehmigung von Prozessionen bei Verkündigung des Ablasses. Ablafs für die Verstorbenen per modum suffragii.

Rome apud s. Petrum a. i. d. 1514. Kal. Febr. p. n. a. s.

Auf dem Buge: F. de Vega.

Unter dem Buge: Ja. Sadoletus. Visa E. Balbus.

Auf der Rückseite: Apud me Ja. Sadoletum.

Die Bulle ging also durch die Secretaria.

Mit Bindfäden wurde einst die Bulle an Nägeln befestigt, von jenen sind mehrere Stücke erhalten.

**80. 24 Kardinäle gewähren der hl. Rockbruderschaft am Trierer Dome Ablafs. Rom 1515 Februar 8.*

»Raphael Ostiensis, Dominicus Portuensis, Jacobus Albanensis, Franciscus Tiburtinus et Marcus Prenestinus episcopi [1], Thomas tit. sancti Martini in Montibus, Franciscus tit. sanctorum Johannis et Pauli, Nicolaus tit. sancte Prisce, Adrianus tit. sancti Crisogoni, Leonardus tit. sancte Susanne, Sixtus tit. sancti Petri ad Vincula, Antonius tit. sancti Vitalis, Petrus tit. sancti Eusebii, Achilles tit. sancti Sixti, Bendinellus tit. sancte Sabine et Laurentius tit. sanctorum Quatuor Coronatorum [2], Federicus sancti Angeli, Alexander sancti Eustachii, Marcus sancte Marie in via lata, Amancus sancti Nicolai in Carcere tulliano, Sigismundus sancte Marie nove, Alfonsus sancti Theodori, Julius sancte Marie in Dompnica et Innocentius sanctorum Cosme et Damiani diaconi miseratione diuina sancte Romane ecclesie cardinales« [3] verleihen, da in der Trierer Kirche

---

[1] Die Kardinalbischöfe sind Raffaele Riario, Domenico Grimani, Giacomo Serra, Franceso Soderini und Marco Vigerio. Von den Kardinalbischöfen fehlt nur Philipp von Luxemburg.

[2] Die Kardinalpriester sind Thomas Bacocy, Francesco Remolin, Nicolà Fieschi, Adriano, Lionardo della Rovere, Sisto della Rovere, Antonio de Monte, Petrus Accolti, Achille de' Grassi, Bendinello Sauli und Lorenzo Pucci. Es fehlen der Erzbischof von York, Ximenes, Schinner und der franz.. Kardinal Clermont.

[3] Von den Kardinaldiakonen sind genannt: Alessandro Farnese, Marco Cornelio, Amanto d' Alibert, Sigismondo Gonzaga, Alfonso Petrucci, Giulio Medici, Inno-

eine Bruderschaft »sub vocabulo passionis domini nostri Jesu Christi ac Tunice inconsutilis eiusdem« besteht, und damit die Kirche eifrig besucht, in ihrem Bau erhalten und mit Kirchenschmuck gebührend versehen werde, auf Bitte des Dechanten und Kapitels jeder Kardinal allen »vere penitentibus et confessis«, welche zu bestimmten Festlichkeiten der Bruderschaft kommen und hilfreiche Hand gewähren, je 100 Tage Ablafs.

Rome in domibus nostris a. a nat. dom. 1515 8 m. Febr. p. s. d. n. p. Leonis anno 2.

Auf dem Bug: G. Hominis.
Unter dem Bug: Jo de Contre quadraginta
Jo. Viarampis.
Auf der Rückseite: Jo. Viarampis.

Reich geschmücktes Original. Arabesken umgeben an den drei Seiten den Text. Oben in der Mitte: die hl. Helena mit dem Rock, rechts Kreuzigung, links St. Petrus, in der rechten Ranke der Kreuzesnagel, der entsprechende Platz in der linken leer.

Unten breiter Bug. Von den Siegeln nur das 9. erhalten: Wappen des Kardinals Adriano di Castello.

81. *Breve Leos X., betreffend die Verteilung der Erträgnisse des Ablasses für den Trierer Dombau.* *Rom 1515 März 1.*

Staatsarchiv Coblenz. Perg. Or. Siegel abgefallen.

Leo Papa Xs. Venerabilis frater et dilecti filii salutem et apostolicam benedictionem. Supplicationibus vestris nobis per dilectos filios Joannem Metzenhusen cantorem et canonicum ecclesiae Treverensis et Joannem Acie utriusque Juris doctorem et officialem Curiae Treverensis, Oratores tuos, frater Archiepiscope, porrectis eo libentius annuimus, quo exploratius cognovimus, ex illis animarum Christi fidelium saluti ac reparationi et ornatui ecclesiae vestre Treverensis consultum iri, liberalioresque ob id nos exhibuissemus, nisi necessitas fabricae Basilicae Principis Apostolorum de Urbe, cuius magnitudo maiores sumptus in dies exposcit, nos coegisset aliquid ex vobis concessis proventibus in illius subsidium subtrahere: Volumus igitur medietatem omnium et singulorum proventuum et elemosinarum provenientium ex indulgentiis et facultatibus in favorem ipsius vestre ecclesię per nos ad biennium conceßis dictae nostrę fabricę de Urbe cedere. Et ut eo certius proventus predicti conserventur, quod singulis truncis sive capsis in vestra et aliis ecclesiis provintiae ad id collocandis saltem duę claves diversis seris imponantur, quarum unam Guardianus domus fratrum minorum de observantia oppidi

---

cenzo Cybò. Federicus s. Angeli ist Matthäus Lang. Es fehlen der Kardinal von Arragon und Ippolito d' Este.

Confluentię vel ab eo deputandus vel deputandi, alteram seu alias Commissarii dictarum indulgentiarum per nos deputati vel ab eis substituendi teneant: ad earundemque capsarum clausuram et reserationem Guardianus prędictus vel ab eo deputati requiri una cum Notario publico et Testibus haberi et de inventis in eisdem rogari et instrumentum exinde confectum una cum litteris dicti Guardiani ac pecuniis medietatis prędictae ad dilectorum filiorum Jacobi Fucher et nepotum mercatorum Romanam curiam sequentium Responsalem Coloniae commorantem de sex mensibus in sex menses transmitti debeant. Et ne ecclesia vestra vel eius ministri in aliquo graventur, quoniam, sicut iidem Oratores exposuere, per diem festi Penthecostes et alios quindecim dies inclusive immediate sequentes, ex populi ad eam devotionis causa confluentis multitudine consuevit nonnullos proventus consequi, ordinavimus capsas dictarum indulgentiarum in ipsa ecclesia duntaxat consistentes in vigilia festi prędicti evacuandas et evacuatas iterum ut pręfertur claudendas et post diem quintum decimum etiam reserendas; et de tunc inventis in eisdem ecclesia vestra duas tertias et reliquam tertiam fabrica nostra recipiant; sed reliquis anni temporibus pro medietate partiri debeant, ut pręfertur. Et quoniam perspeximus Oratores prefatos fide et solerti industria pollere, cupientes et vestrę et nostrę fabricis prędictis bene esse consultum, eosdem indulgentiarum et facultatum prędictarum nostros et apostolicae sedis nuntios et commissarios deputavimus, ut in earundem litteris plenius continetur, Eisdem pro eorum mercede et laboribus ducatos trecentos auri de camera anno quolibet communiter dividendos et centum alios ducatos similes anno singulo pro impressione confessionalium et exemplorum dictarum litterarum ad sustinendas impensas, quas in dicta impressione fieri necesse erit, concessimus, constituimus et deputavimus; dictasque concessiones nostras tam trecentorum ducatorum pro eorum laboris et diligentię premio quam centum aliorum similium pro impressura confessionalium inter eos ęquis partibus dividendorum a fraternitate et devotionibus vestris illis inviolabiliter observari mandamus. Volumus autem, ut ad has et alias impensas promptiores vos efficiamus, de nostra mera liberalitate ducatos ducentos quinquaginta auri de camera quolibet anno ex ea medietate, quae integra ad nos pervenire debuit, vobis relaxare et concedere, dummodo nihil ultra ex ea quavis causa vel cuiusvis impensae occasione detrahatur, atque haec omnia ut melius et accuratius executioni demandentur, litteras prędictas pręfato Guardiano clausas reddi iussimus eidemque iniunximus, ut ad illarum publicationem paratum se offerat et exhibeat, fraternitatem et devotionem vestram hortantes in Domino et requirentes, ut tales vos circa ipsas indulgentias et proventus exponendos geratis, ut merito commendari et majoribus gratiis digni haberi mereamini. Datum Romę apud Sanctum

Petrum sub anulo Piscatoris die Prima Martii M. D. XV. Pontificatus nostris anno secundo.

Ja. Sadoletus *[unter dem Bug].*

Auf der Rückseite Adresse: Venli fratri Archiepiscopo Treverensi ac dilectis filiis Decano et capitulo ecclesię Treveren.«

82. Die päpstliche Kammer erkennt eine Schuld von 8000 Dukaten bei den Fuggern an. *Rom 1515 März 9.*

Arch. Vatic. Divers. 64. fol. 161'.

R[aphael]episcopus Ostiensis Dilectis nobis in Christo Jacobo Fucher et nepotibus mercatoribus Augustensibus Romanam curiam sequentibus salutem in domino sempiternam. Cum nuper exhibitum fuerit pro parte vestra in camera apostolica quoddam mandatum manu S. D. N. pape signatum registratum libro secundo diversorum folio 119 cujus tenor est Leo papa X motu proprio etc.[1] nos volentes mandatum predictum debite ut tenemur exequutioni demandare et indemnitati et securitati vestre providere, de mandato S. D. N. pape vive vocis oraculo super hoc nobis facto ac auctoritate nostri camerariatus officii ex deliberatione quoque in camera apostolica mature prehabita, vos veros et legitimos ejusdem camere creditores tenore presentium constituimus decernimus et declaramus pro dicta summa octo milium ducatorum auri in auro de camera vobisque concedimus, ut summam ipsam ex quibuscumque annatis et communibus ecclesiarum et monasteriorum omnium ac aliis juribus nobis et eidem camere debitis etiam occasione cujuscumque jubilei vel indulgentie concesse vel concedende presertim ex provinciis Alemanie Dacie Livonie Hungarie et Polonie recuperare et penes vos retinere libere et sine aliqua contradictione valeatis usque ad integram satisfactionem, mandantes presidentibus et clericis camere prelibate, ut vobis hec omnia efficaciter observare et per eos ad quos spectat observare faciant ac scripturas et mandata ad hec necessaria et oportuna expediant et tradant. in contrarium facientibus non obstantibus quibuscumque. Datum Rome in camera apostolica die 9. martii 1515 anno secundo

Visa F. Ponzettus camere apostolice clericus
Visa Phe. Camere apostolice clericus
Visa J. Armellinus camere apostolice clericus
Visa Jo. de Viterbio camere apostolice clericus
Visa J: de Gisbertis camere apostolice clericus

L. Anitrin

[1] Quere in presenti libro fol. 119. ubi reperies registratum dictum mandatum.

Am Rande: Die 19 martii 1515 dominus Joannis Zinch habuit de supradicta summa ducatos centum auri de camera et jul duos pro annata preceptorie domus sancti Antonii Augustensis diocesis provincie Maguntine: 100 jul. 2

Die 13. junii 1515 habuit ducatos ducentos quinquaginta auri de camera

Die 13. dicti habuit ducatos ducentos quinquaginta tres 1/9

Die 23. Augusti 1515 habuit ducatos mille et quinquagentos

Die 28. Augusti 1515 habuit ducatos ducentos vigintiquinque

Die 28. Augusti 1515 habuit ducatos septuagintaquinque auri de camera

Die 11. Octobris 1515. habuit ducatos decem et octo sol. 14. auri de camera

Dicta die habuit ducatos triginta unum et sol. 4 auri similes

Die 16. Maii 1516 habuit ducatos nonigentos octuaginta duos cum dimidio auri similes

Die dicta habuit ducatos quatringentos quinquaginta quatuor cum dimidio auri similes

Dicta die habuit ducatos mille octingentos similes.

83. Die Stadt Nürnberg an Jakob Fugger über den abgewiesenen Augsburger Ablaſs und die Verhandlung über einen Nürnberger.

1515 März 12.

K. Kreisarchiv Nürnberg, Briefbuch Nr. 73 fol. 211.

Jacoben Fogker Rör Kr Mt. Rathe.

Erber vnd vester! Wir sind glauplich bericht, das die wirdigen prior vnd Conuent des prediger Closters zu Augspurg bey bebstlicher heiligkeit etlich Indulgentz vnd ablas erlanngt vnd die In vnnser Stat zu verkunden vnd vffzurichten vorgehapt, auch deßhalb den hochwirdigen Fürsten vnd Herrn Herrn Georgen, Bischofen zu Bamperg, vnnsern gn. Herrn, dem wir In der gaistlichait alls ordinario vnnderworffen, vmb bewilligung angesucht, wiewol des auß etlichen vrsachen waigerung vnd abschlag befunden haben; vnd dhweyl sich derselben vätter verordenter gewalthaber solcher seiner ersuchung zu Bamberg, wie vnns anlanngt, neben anndern hat vernemen lassen, das diser ablas durch ewer fürdrung außgepracht sey mit verrer bedroung, Ir werden gegen bemellten abschlag, alls Im nit zweyfel, wohl souil hanndeln, das gedachter vnnser gnediger Herr von Bamberg deßhalben weytter angezogen wurd, haben wir nit vnnderlassen wollen, euch nachuolgender meynung zu ersuchen vnd wollen euch gutter meynung nit verhalten, das wir alhie In vnnser Stat Nurmberg einen Spital vnd etwovil annder grosser treffenlichen allmusen der armen sonndersichen vnd In annder weg bißhere gehapt vnd noch haben, die fürwar einer mercklichen Summa zu Irer Jerlichen vnnderhaltung bedorffen, darumb wir auch auß solchen gutten vrsachen vnd zu furdrung diser loblichen allmusen In newligkeit zu Rom bey Babstlicher heyligkeit haben hanndeln laßen vnd steen des noch In arbait, für vnns selbs ablas vnnd Indulgenz zuerlangen, In hoffnung das die vnnsern, den wir deßhalben beuelh gethan, den vff heintigen tag erlanngt haben. So wir dann wissen, das Ir für anndere genaigt seyt, die gaistlichait, allmusen vnd gutten loblichen werck zufurdern, So Ist an euch vnnser sonnder freuntlich Bith, Ir wollet vnns vnd den vnnsern zu gut, souil an euch Ist furdern, damit der vätter zu Augspurg ablas In vnnser Stat nit gepraucht oder durch ewer hilff vnd zuthun ainicher verrer ablas zu verhynnderung des vnnsern vnd diser loblichen allmusen zu Rom gefurdert oder erlanngt werd, dhweyl vnnsers achtens dieselben gaistlichen vätter solchs nit notdurfftig sind. Das wollen wir vmb euch mit sonnder Dinstparkeit vnd genaigten willen verdienen. Datum Montag nach Oculi 1515.

84. Ablafsbulle für die Kirchenprovinzen Mainz-Magdeburg. Rom 1515 März 31.

Arch. Vatic. Reg. Vatic. 1196. fol. 60—64 r. Schwer zu lesen, mit sehr starken Abkürzungen. Gedruckt bei Köhler, Dokumente zum Ablafsstreite S. 83—93 nach dem Originaldrucke der Münchener Universitätsbibliothek.

Leo etc. Universis Christifidelibus in Maguntinensi et Magdeburgensi provintiis ac illarum et venerabilium fratrum nostrorum Maguntinensis et Magdeburgensis archiepiscoporum et episcopi Halberstadensis et dilectorum filiorum nobilium virorum marchionum Brandeburgensium temporali dominio mediate vel immediate ac directe vel indirecte subjectis civitatibus terris et locis constitutis ed ad eas confluentibus salutem[a] etc. — Sacrosanctis salvatoris et redemptoris nostri domini Jhesu Christi preceptis nobis in beato Petro apostolorum principe, dum suas illi pascendas oves commisit, injunctis parere, ut debemus, totis viribus satagentes fideles singulos ad eterne salutis portum perducere sedula meditatione conamur, ut hostis antiqui superata versutia per religiosa pietatis opera uti certissimas scalas ad aule celestis gloriam valeant feliciter pervenire. Cupientes itaque necessarie instaurationis basilice principis apostolorum de Urbe a felicis recordationis Julio papa II. predecessore nostro, grande quidem et incredibilis impense, opus inceptum prosequi et, si tandiu nos in humanis agere divina permittet potentia, prout ipsius augustissimi templi majestas exigit et universe Christiane reipublice decori et digni-

[a] *D: et apostolicam benedictionem.*

tati expedire conspicimus, usquequaque perficere, et considerantes nostras et sedis apostolice facultates ad id et innumerabilia alia onera nobis et eidem sedi incumbentia supportandum nequaquam sufficere sed esse Christifidelium de necessitate imploranda suffragia, quodque[a] inter cetera Deo grata et accepta opera non erit hoc obscuro in loco positum, per quod dicta basilica que tandam[b] ortodoxe fidei regia et lancie, que sanctissimum unigeniti Dei filii latus[c] tranfixit, et illius sacratissimi sudarii et corporum ac reliquiarum apostolorum principum Petri et Pauli et aliorum etiam sanctorum pontificum et martirum, quorum infinitus est numerus, custos precceteris orbis basilicis, supra quas omnes obtinet principatum, deposito ruinose vetustatis obsitu atque fuligine nitore coruscet et splendore refulgeat: ex parte omnipotentis Dei universos et singulos utriusque sexus Christifideles in Maguntinensi et Magdeburgensi provintiis illarumque et venerabilium fratrum nostrorum Maguntinensis et Magdeburgensis archiepiscoporum et episcopi Halberstadensis et dilectorum filiorum nobilium virorum marchionum[d] Brandeburgensium temporali dominio mediate vel immediate directe vel indirecte subjectis civitatibus terris et locis constitutos vel ad ea loca confluentes, de quorum singulari in dictam basilicam devotione plurimum confidimus, hortamur in domino et enixe rogamus, ut pro illius honore, qui redditurus ad patrem eundem beatum Petrum et quemlibet ex eius successoribus vicarium sibi statuit in terris, cujus misericordie ope humane carnis lapsibus occureretur, erga dictam fabricam manus velint porrigere[e] adjutrices. Nos enim, qui ejusdem beati Petri in vicariatu hujusmodi meritis licet imparibus successores simus[f] et ligandi atque solvendi in terris plenissima exinde fungimur potestate, dictis utriusque sexus fidelibus et eorum cuilibet tam secularibus quam etiam mendicantium ordinum regularibus in provintiis civitatibus terris et locis predictis commorantibus et ad illa infrascriptis annis durantibus indulgentias et alias gratias presentibus[g] comprehensas consequendi vel alia quavis causa confluentibus qui juxta promis[h] dilectorum filiorum Alberti archiepiscopi Maguntinensis et guardiani fratrum minorum sancti Francisci de observantia in civitate Maguntinensi nuntiorum et commissariorum nostrorum, quos pro executione presentium speciales nuntios et commissarios nostros ad octo

---

[a] *D: quamquam.*
[b] *D: tanquam.*
[c] *D fügt hinzu: in cruce.*
[d] *Fol. 60 v.*
[e] *D: voluit porrigi.*
[f] *D richtig: sumus.*
[g] *D: poenitentibus.*
[h] *D richtig: providam.*

annos a die publicationis presentium computandos harum serie deputamus aut subdeputandorum ab eis ordinationem desuper faciendam in capsis ad hoc per eosdem nuntios vel deputandos[a] ab eis statuendis suas elemosinas in subsidium dicte fabrice posuerint, quod plenissimam omnium peccatorum suorum remissionem consequantur. Et qui cum prefatis nuntiis vel subdeputatis super id convenerint[b], ut ydoneum possint eligere confessorem, presbiterum secularem vel cujusvis etiam mendicantium ordinis regularem, qui eorum confessione diligenter audita pro commissis per eligentem delictis et excessibus ac peccatis quibuslibet quantumcumque gravibus et enormibus, etiam in dicte sedi reservatis casibus ac censuris ecclesiasticis etiam ab homine ad alicujus instantiam latis de consensu partium, etiam ratione interdicti incursis et quarum absolutio eidem sedi esset specialiter reservata, preterquam machinationis in personam summi pontificis, occisionis episcoporum aut aliorum superiorum prelatorum et injectionis manuum violentarum in illos aut alios prelatos, falsificationis[c] litterarum apostolicarum, delationis armorum et aliorum prohibitorum ad partes infidelium ac sententiarum et censurarum occasione aluminum Tulfe nostre de partibus infidelium ad fideles contra prohibitionem nostram delatorum incursarum, semel in vita et in mortis articulo, quotiens ille imminebit, licet mors tunc non subsequatur, et in non reservatis casibus totiens quotiens id petierint plenarie absolvere ac eis penitentiam salutarem injungere, nec non semel in vita et in dicto mortis articulo plenariam omnium peccatorum indulgentiam et remissionem impendere, et Eucharistie sacramentum, excepto die paschalis et mortis articulo, quibusvis anni temporibus ministrare, necnon per eos emissa pro tempore vota quecumque ultramarium visitationis liminum apostolorum de Urbe[d] et sancti Jacobi in Compostella, religionis et castitatis votis duntaxat exceptis, in alia pietatis opera commuttare; ac cum simonie in ordinibus vel beneficiis commisse labe pollutis ad dicte[e] fabrice opus contribuentibus[f] super irregularitate, si quam censuris hujusmodi ligati missas et alia divina offitia non tamen in contemptum clavium celebrando aut alias[g] divinis se immiscendo seu alias quomodolibet etiam beneficia ecclesiastica premissorum occasione vel alias indebite occupando, sed non ratione homicidii voluntarii et bigamie, contraxerint, dispensare eosque absolvere omnemque inhabilitatis maculam sive notam inde pro-

a *D: subdeputandos.*
b *Die Lesung fraglich.*
c *Fol. 61.*
d *D: fehlt: de Urbe.*
e *D: dictum.*
f *D: contribuentes.*
g *D: aliis.*

venientem ab eis abolere, et ut in susceptis ordinibus ministrare ac sic acquisita benefitia ecclesiastica, que extunc eis de novo collata censeantur, et perceptos ex eis fructus, etiam ratione omissionis horarum canonicarum et divinorum offitiorum licite retinere valeant, facta aliqua compositione cum dictis nuntiis vel subdeputandis licentiam elargiri; necnon super male ablatis incertis vel per usurariam pravitatem quesitis, etiam certis, que fenerator ab alio feneratore extorserit et que ipse requisitus usuras restituere paratus non sit vel alicui private ecclesie deberentur, seu[a] quibus tamen Romana ecclesia de jure communi succedere posset, ac super bonis, que ad alicujus manus pervenerint et illa habentes, quibus restitui debeant, et[b] ignorent vel dubitent, quanquam male ablata per eos non existant, seu illa ad eos alias pervenerint, et similiter de hiis, que pauperibus et aliis piis locis[c] in genere vel absque ulla spetiali determinatione et propriis nominibus personarum non expressis relicta fuerint, tam pro preterito quam pro futuro temporibus componere, ita, ut soluta aliqua quantitate pro dicta fabrica eisdem nuntiis vel subdeputandis duntaxat in capsis ipsis ponenda a reliquorum sic relictorum et male ablatorum aut per usurariam pravitatem extortorum seu, que ad eos alias pervenerint et cui ea restituenda sint, dubitent vel ignorent, ut prefertur, restitutione absoluti existant et ulta restituere minime teneantur; ac quoscunque, qui ante etatem legittimam ad sacros etiam presbiteratus ordines absque aliqua dispensatione se promoveri[d] fecerunt et in susceptis ordinibus ministrarunt, ac qui ex quavis licita aut illicita cognatione proveniente affinitate consanguinitate ac cognatione carnali vel spirituali inter levatum et[e] levantem, excepto simplici aut multiplici gradu ac quocumque publice honestatis justitie impedimento, seu alias quomodolibet impediti matrimonium scienter vel ignoranter in quarto vel tertio ac per copulam fornicariam non tamen publicandam[f] etiam in primo affinitatis gradu contraxerint et contractum carnali copula consumaverint, si impedimentum hujusmodi in judicium deductum non fuerit vel scandalum generare[g] non possit, ab excessu huiusmodi ac excommunicationis sententia, quam propterea incurrerint, injuncta inde eis pro modo culpe penitentia salutari, que ad fabricam hujusmodi dirigatur, et quod de cetero talia non committent nec committentibus prestabunt auxilium consilium vel favorem, et aliis, que de jure fuerit injungenda, absolvere, et ut de novo invicem matrimonium contrahere et in illo sic contracto similiter remanere libere et licite valeant, prolem susceptam ex hujusmodi matri-

---

a *D: in.*
b *D fehlt: et.*
c *Fol. 61 r.*
d *D: promovere.*
e *D: vel.*
f *D richtig: publicam.*
g *D: generari.*

monio, si qua sit, et suscipiendum legittimam decernendo, in foro conscientie duntaxat: quo ad alios quam quo ad illos, qui in tertio vel quarto consanguinitatis gradu existentes matrimonium contraxerunt[a], ut prefertur, quos in utroque foro absolvi et matrimonium de novo etiam publice contrahere posse[b] volumus[c]; et cum eisdem promotis super irregularitate, quam etiam in dictis ordinibus ministrando contraxerint, quodque in illis ministrare possint, etiam dispensare. Ac cum quibuscumque, qui bona ecclesiastica monasteriorum et ecclesiasticorum beneficiorum quorumlibet habent et judicialiter deficientibus probationibus ad illorum restitutionem compelli nequeant, etiam si per eos probari posset, et bona omnia ac quecumque legata et alias quomodolibet etiam heritatis[d] titulo pro male ablatorum restitutione relicta hactenus et que reliqui[e] et legari contigerit in futurum, dictis octo annis duntaxat durantibus, in quibuscumque testamentis donationibus causa mortis codicillis aut aliis ultimis voluntatibus per quoscumque et ubicumque factis et que interim fient, quibuscumque in certis ecclesiis et piis locis aut personis similiter incertis vel absentibus taliter, quod ipsi[f] illorum absentiam merito de eis notitia haberi non posset; ac ea, que restitutioni subjacerent, sed in eis vel ad ea personis, quibus illa fieri deberet, repetitio non competeret necnon quecumque in testamentis donationibus causa mortis codicillis aut aliis ultimis voluntatibus pro redemptione captivorum, etiam si beate Marie de Mercede et Sancte Trinitatis redemptionis captivorum ordinibus et sancte Eulalie Barchinonensis relicta fuerint, ac hereditates et bona decedentium ab intestato clericorum et laicorum, que ex indultis apostolicis[g] aut alias ad redemptionem predictam captivorum pertinere deberent, durantibus annis predictis; omnes quoque et singulas pecunias et res alias, que in prandiis et conviviis ac publicis spectaculis in aliquibus celebritatibus ex voto statuto seu consuetudine in quibusvis locis exponi consueverint et dicta deputatione durante exponi deberent, fabrice hujusmodi applicamus et super restitutione bonorum ecclesiarum monasteriorum benefitiorum hujusmodi, recepta competenti portione vel quantitate pro eis in fabrica hujusmodi convertenda, ipsos sic ea tenentes ab ulteriori eorum restitutione liberare et quod illa retinere libere possint imposterum[h] eis etiam concedere. Ipsique nuntii et quibus vices suas in genere vel in spetie duxerint committendas, possint quecumque dubia tam super qualitate personarum, quibus facultas eligendi confessorem

[a] *D: contraxerint.*

[b] *Fehlt in D.*

[c] *Fol. 62.*

[d] *D richtig: hereditatis.*

[e] *D richtig: relinqui.*

[f] *D richtig: propter.*

[g] *D: indulto apostolico.*

[h] *Fol. 62 r.*

concedi possit, etiam si comprehendantur communia civitatum universitates oppidorum castrorum villarum et aliorum locorum ac collegia que et illorum singulares persone absolutione a premissis vel aliquo premissorum ac dispensatione super eis vel aliquo eorum indigerent, quam alias premissorum occasione infra dictos annos emergentia decidere et summam pecuniariam pro consequenda indulgentia et aliis premissis limittare et taxare ac facultatem eligendi confessorem hujusmodi concedere. Ac quascumque indulgentias tam a nobis quam predecessoribus nostris et a sede predicta vel ejus auctoritate quibuscumque ecclesiis etiam cathedralibus vel metropolitanis seu earum fabricis monasteriis hospitalibus etiam nostro Sancti Spiritus in Saxia de Urbe ordinis sancti Augustini, etiam quas dictus Julius predecessor eidem hospitali nostro sancti Spiritus concessit, et aliis piis locis universitatibus et confraternitatibus cujuscumque qualitatis et ad quemcumque usum etiam laicorum et clericorum institutis et singularibus personis, etiam plenarias in vita ac quascumque facultates quibusvis personis cujuscumque dignitatis etiam cardinalatus honore aut legationis offitio fungentibus[a] super premissis vel aliquo premissorum hactenus a prefato Julio et aliis Romanis pontificibus predecessoribus nostris ac nobis, etiam in eisdem provintiis civitatibus terris et locis, etiam pro eadem fabrica quoad easdem provintias civitates terras et loca et[b] illis morantes ac ad illa declinantes personas concessas etiam quascumque clausulas ipsarum preservativas adversus revocationes et suspensiones earumdem in se continentes, quando et quotiens et ad quod tempus commissariis vel subdeputandis prefatis videbitur opportunum, non tamen ultra octo annos hujusmodi, suspendere et suspensas esse decernere et declarare libere et licite possint, auctoritate apostolica statuimus et ordinamus, prohibentes omnino questas quascumque suspensarum pro tempore iudulgentiarum hujusmodi occasione fieri solitas, ac mandantes universis et singulis locorum ordinariis abbatibus et aliis[c], cujuscumque dignitatis status gradus ordinis et conditionis vel preeminentie existant, sub excommunicationis late sententie pena et mille ducatorum auri dicte fabrice applicandorum penis ipso facto incurrendis, ut[d] predicationem et publicationem presentium et suspensionem aliarum quarumvis indulgentiarum et facultatum pro tempore in eorum ecclesiis civitatibus et diocesibus quando et quotiens opus fuerit faciendum impedire aut aliquid pretextu publicationis petere et etiam ab sponte afferentibus[e] recipere et exigere aut in premissis vel circa ea fraudem aut[f] dolum committere neque procurantes hujusmodi indulgentiarum participes fieri

---

[a] *D richtig: fulgentibus.*
[b] *D richtig: et in.*
[c] *Fol. 63.*
[d] *D: ne.*
[e] *D richtig: offerentibus.*
[f] *D: et.*

et sua pia suffragia erogare ab hujusmodi eorum proposito in toto vel in parte directe vel indirecte tacite vel expresse retrahere aut per se vel eorum vicarios seu offitiales licentiam faciendi questas aliquibus questoribus sive nuntiis alicujus ordinis vel religionis aut fraternitatis vel hospitalium aut alias quomodolibet, etiam per nos in provintiis civitatibus terris et locis predictis deputatis, verbo vel scriptis suspensione vigore presentium pro tempore facta durante concedere, quinymo questores omnes et singulos, quos in eorum jurisditione reppererint, cum eorum rebus et bonis, que dicte fabrice applicata esse decernimus et ad cameram apostolicam fideliter deferri mandamus, retinere valeant nec[a] modo aliquo audeant aut presumant per se vel alium illos, cum quibus presentium vigore ab ipsis commissariis nostris vel subdeputandis contigerit dispensari, molestare vel perturbare aut penas aliquas pro casu, in quo ut prefertur dispensatum fuerit, ex statuto vel consuetudine exigere. Questoribus vero supranominatis sub similibus penis inhibemus questas modo aliquo facere presumant, et nichilominus sub[b] eisdem sententia et pena precepimus quibuscumque predicatoribus verbi Dei quorumcumque ordinum etiam mendicantium, ut requisiti ac prefatis commissariis nostris vel subdeputandis ab eis Christifideles hujusmodi ad contribuendum dicte fabrice exortentur, et ab eisdem nuntiis vel subdeputandis[c] admoniti a predicationibus diebus, quibus presentes littere et earum vigore dictarum indulgentiarum et facultatum suspensiones pro tempore facte ab ipsis vel de ipsorum commissione publicabuntur, abstineant. Volumus insuper, quod liceat eisdem nuntiis nostris et ab eis subdeputandis pro tempore premissa omnia et singula etiam omnibus et singuli predictis sub eisdem penis totiens quotiens eis vel eorum alteri visum fuerit opportunum mandare et injungere; necnon juramenta quecumque a quibusvis laicis utriusque sexus de stando in aliqua societate fraternitate vel numero personarum et de solvendo ratam aliquam imperpetuum vel ad tempus occasione fraternitatis societatis et numeri ratione dictarum indulgentiarum privilegiorum et questarum quomodolibet prestita relaxare et eosdem ab illorum observatione et implemento infucturum absolvere, contradictores quoslibet et rebelles etiam per censuram ecclesiasticam et alia juris opportuna remedia invocato ad hoc si opus fuerit auxilio brachii secularis compescendo ac processiones publicas ad effectum predictum celebrari et populum pro hujusmodi operibus peragendis ad sonum campane advocari facere et a censuris et penis predictis satisfactione previa illos[d] innodatos absolvere et eas remittere et suspensiones aliarum indulgentiarum hujusmodi relaxare. Et quod presentium transumptis et confessionali-

[a] *In D fehlen diese beiden Worte.*
[b] *Questoribus — sub fehlt in D, das fortfährt: Et sub similibus.*
[c] *Fol. 63 r.* [d] *D richtig: illis.*

bus in dictis provintiis civitatibus terris et locis quibusvis personis per prefatos nuntios vel subdeputandos ab eis subscriptis et suo sigilo duntaxat munitis fides adhibeatur indubia. Quodque in pecuniis occasione presentium provenientibus fraudem aliquam committentes excommunicationis sententie subjaceant ipso facto, a qua ab alio quam a nobis vel nuntiis nostris predictis aut personis ad id ab eisdem nuntiis specialiter deputandis et satisfactione previa absolvi non possint, preterquam in mortis articulo constituti. Et ut defunctarum animarum salus eo potius procuretur, quo magis aliorum egent suffragiis et quominus sibi ipsis perficere[a] valent[b], ex thesauro sancte matris ecclesie nostre administrationi et dispensationi commisso animabus in purgatorio existentibus, que per charitatem ab hac luce Christo unite decesserunt, et que dum viverent ut sibi hujusmodi indulgentia suffrageretur meruerunt, quantum cum Deo possumus, succurrere cupientes, de divina misericordia et apostolice potestatis plenitudine etiam volumus et dicta apostolica auctoritate concedimus, ut, si qui parentes amici aut ceteri Christifideles pietate commoti pro ipsis animabus in purgatorio ad expiationem penarum eisdem secundum divinam justitiam debitarum retentis, [c] annis predictis duntaxat durantibus, in opus fabrice hujusmodi aliquam elemosinam juxta commissariorum aut ab eis deputandorum predictorum ordinationem erogaverint, eadem plenissima indulgentia per modum suffragii animabus ipsis in purgatorio existentibus, pro quibus dictam elemosinam pie erogari contigerit, ut prefertur, pro plenaria penarum relaxatione suffragetur. Ac omnes et singuli benefactores prefati eorumque parentes defecti[d], qui cum caritate decesserunt, in precibus suffragiis elemosinis jejunis orationibus missis horis canonicis disciplinis peregrinationibus et ceteris omnibus spiritualibus bonis, que fuerunt et fieri poterunt in toto[e] universali sacrosancta ecclesia militante et omnibus membris ejusdem, participes imperpetuum fiant. Non obstantibus premissis ac constitutionibus et ordinationibus apostolicis necnon privilegiis et indultis etiam mare magnum nuncupatis quibusvis etiam mendicantium ordinibus ac etiam nostro sancti Spiritus et aliis hospitalibus hujusmodi illorumque personis in genere vel in specie ac aliis nostris litteris et facultatibus commissariis et nuntiis nostris ac aliis personis deputatis vel deputandis ab eis[f] in dictis provintiis civitatibus terris et locis etiam ad eadem querenda subsidia sub quibusvis verborum formis et clausulis etiam motu proprio et

---

[a] *D richtig: proficere.*
[b] *Fol. 64.*
[c] *D hat richtig: octo.*
[d] *D richtig: defuncti.*
[e] *D richtig: tota.*
[f] *D ziemlich abweichend.*

ex certa scientia ac de apostolice potestatis plenitudine forsan concessis et factis, quibus etiam si pro illorum sufficienti derogatione de illis eorumque totis tenoribus specialis specifica[a] expressa et individua ac de verbo ad verbum, non autem per generales clausulas id importantes, mentio seu quevis alia expressio habenda aut alia exquisita forma servanda foret, illarum tenores pro sufficienter expressis et insertis habentes, illis alias in suo robore permansuris, hac vice duntaxat, specialiter et expresse de simili scientia ac potestatis plenitudine derogamus, ceterisque contrariis quibuscumque aut si aliquibus vel eorum ordinibus communiter vel divisim ab eadem sit sede indultum, quod interdici suspendi vel excommunicari non possint per litteras apostolicas non facientes plenam et expressam ac de verbo ad verbum de indulto hujusmodi mentionem, presentibus octo annis elapsis minime valituris. Nulli etc.[b] hanc paginam nostre deputacionis voluntatis applicationis statuti ordinationis prohibitionis mandati constitutionis precepti concessionis et derogationis infringere etc.[c] si quis etc.[d] — Datum Rome apud Sanctum Petrum anno incarnations dominice 1515. pridie kalendas Aprilis pontificatus nostri anno tertio. B. Balandrinus.

85. Motu proprio Leos X. Bestätigung des vom Erzbischof von Magdeburg erbetenen Jubelablasses. Rom 1515 April 15.

Arch. Vatic. Divers. Cam. 64 fol. 166[v]. Reg. Hergenröther 15002.

Nach dem Original im Magdeburger Staatsarchiv gedruckt bei H. A. Erhard, Überlieferungen z. vaterl. Geschichte 3, 14 f.; bei Ferd. Körner, Tezel als Ablafsprediger S. 143 f.

Leo papa X.

Motu proprio etc. Venerabili fratri N. episcopo Ostiensi camerario nostro et dilectis filiis thesaurario presidentibus et clericis camere nostre apostolice salutem et apostolicam benedictionem. Concessimus nuper ad supplicationem venerabilis fratris archiepiscopi Magdeburgensis postulati Maguntini indulgentias in favorem fabrice principis apostolorum de Urbe in provinciis Maguntina ac Magdeburgensi nec non in directi et utilis dominii archiepiscoporum Maguntini et Magdeburgensis ac episcopi Alberstadensis et marchionum Brandeburgensium respective locis publicandas et exequendas per dictum archiepiscopum postulatum pro annis otto incipiendis infra annum a dato litterarum earumdem indulgentiarum, que fuit prima Augusti anni 1514, cum conditionibus et pactis, ut medie-

---

a *Fol. 64 r.*

b *D löst auf: ergo omnino hominum.*

c *D löst auf: vel ei ausu temerario contraire.*

d *Ebenso: autem hoc attemptare presumpserit, indignationem omnipotentis Dei ac beatorum Petri et Pauli apostolorum se noverit incursurum.*

tas proventuum indulgentiarum hujusmodi deductis oneribus perveniat ad fabricam predictam ac per eundem archiepiscopum ad illam annis singulis mittatur et, quoniam ipse archiepiscopus in subventionem ipsius fabrice solvit in manibus nostris summam ducatorum decem milium auri de camera, nos eidem promisimus et convenimus indulgentias predictas durantibus dictis otto annis non revocare nec suspendere et nullas alias indulgentias plenarias etiam pro dicta fabrica in dictis provinciis concedere aut concessas publicare seu publicari facere propter supranominatas, ut latius in capitulis et pactis desuper per nos firmatis continetur, volumus et vobis committimus ac mandamus, ut pro potiori cautela dicti archiepiscopi postulati vos camere apostolice nomine eidem et pro illo agentibus in vim contractus et pacti pro observantia premissorum promittatis et obligetis, contrariis quibuscumque non obstantibus. Datum Rome apud sanctum Petrum die 15. aprilis 1515.

Placet et ita motu proprio mandamus J

Collationato Fu. de Narnia.

86. Ablafs für Dänemark, Schweden, Norwegen, Preufsen, Livland usw. 1515 April.

Arch. Vatic. Reg. Vatic. 1196. fol. 64 r.

Leo etc. Universis etc. in Dacie Svecie et Norwegie regnis ac universa Prussia Livonia ac partibus scanignalibus necnon illorum et carissimi in Christo filii nostri regis Dacie temporali dominio mediate vel immediate ac directe vel indirecte subjectis civitatibus terris et locis constitutis et ad ea confluentibus salutem etc. — Sacro etc. ut in premissa[1] et Joannes episcopus Revalliensis deputatur commissarius ad tres annos duntaxat. — Datum Rome anno incarnationis etc. 1515. sextodecimo kalendas Maii, pontificatus nostri anno tertio.

B. Balandrinus.

87. Auf Grund des Trierer Ablasses ausgestelltes Confessionale für Johannes Herman. Trier 1515 Mai 30.

Staatsarchiv Coblenz.

Johannes de Meytzenhusȝen Cantor et Canonicus maioris ecclesie Teuerensis et Johannes de Acie artium et utriusque iuris doctor Officialis curie Treuerensis | Super executione plenissimarum indulgentiarum Sacratissime domini nostri iesu christi Tunice inconsutili et a|liis in bulla expressis concessarum Ad Civitatem: diocesim et totam provintiam Treuerensem ac | ad eos pro huiusmodi indulgentiis consequendis vnde-

[1] *Es geht vorher der Ablafsbrief Mainz-Magdeburg. Nr. 84.*

cumque confluentes A sanctissimo in christo patre et domino nostro domino | Leone papa X. Nuntii et commissarii specialiter deputati, prout in litteris eiusdem sanctissimi domini nostri pape | sub plumbo editis continetur. Dilecto[a] nobis in christo Johanni Herman[b] | Salutem in domino sempiternam exigente pie deuotionis affectu quem nos erga deum et dictam sacratissimam | vestem vos[c] habere cognovimus: eo quod ex pinguedine caritatis pro illius cultu et ornatu et aliis iuxta apostoli|cum indultum et nostram ordinationem manus porrexistis[a] adiutrices. Ideo auctoritate apostolica nobis tradita | vobis[c] concedimus liberam et plenam facultatem eligendi idoneum secularem vel cuiusuis etiam men-|dicantium ordinis regularem confessorem qui confessione vestra[c] diligenter audita pro commissis per vos[c] excessibus criminibus delictis atque peccatis quantumcunque grauibus et enormibus: etiam sedi apostolice reseruatis: etiam si | talia forent super quibus sedes ipsa merito esset consulenda ac censuris ecclesiasticis etiam ab homine ad alicuius[d] | instantiam latis de consensu partium etiam ratione interdicti incursis: et quorum absolutio dicte sedi esset reseruata: preter quam machinationis in personam summi pontificis: occisionis episcoporum et aliorum superiorum prelatorum et iniectionis manuum violentarum in illos aut alios prelatos falsificationis bullarum et litterarum apostolicarum delationis armorum et alio|rum prohibitorum ad partes infidelium ac sententiarum et censurarum aluminum sancte matris ecclesie ac de partibus infidelium ad fideles contra prohibitionem apostolicam delatorum incur|sarum semel in vita: et in non reseruatis casibus totiens quotiens id petieritis[a] et in mortis articulo plenariam omnium peccatorum indulgentiam et remissionem impendere ac penitentiam salutarem iniungere: ac omissa per vos[c] vota quecunque vltra marino ingressus religionis et castitatis votis dumtaxat exceptis in cultum et ornatum di|cte sacratissime vestis et aliorum commutare possit: Ita tamen quod durante tempore presentis commissionis et publicationis cum prefatis commissariis vel altero vel eorum sub depu|tato super commutatione dictorum votorum: fiat compositio necnon vobis[c] et parentibus ceteri|que defuncti[a] qui in sinceritate fidei et vnitate sancte matris ecclesie | decesserunt omnium et singularum missarum orationum: diuinorum officiorum: ieiuniorum disciplinarum: stationum peregrinationum: elemosinarum: suffragiorum omniumque aliorum bonorum spiritualium que fiunt et fient in perpetuum in vniversali sacrosancta militante ecclesia et omnibus membris eius participationem impartimur. In quorum fidem et testimonium presentes litteras fieri et

[a] *Die Endung in den leergelassenen Raum handschriftlich eingetragen.*
[b] *Der Eigenname handschriftlich.*
[c] *Wort handschriftlich.*
[d] *sic!*

sigilli nostri quo in talibus communiter vtimur fecimus appensione muniri. Datum Treueris[b] Anno domini Millesimo quingentesimo | decimo quinto[c]. Die penultima[c] mensis Mai[c] pontificatus prefati Sanctissimi domini nostri. Anno tercio[c] |

Forma absolutionis plenarie premissa confessione. |

Misereatur tui dominus noster iesus christus et per merita sue sanctissime passionis te absoluat et ego auctoritate eiusdem et beatorum petri et pauli apostolorum eius ac sanctissimi do|mini nostri pape tibi concessa: et in hac parte michi commissa: absoluo te ab omnibus peccatis delictis et excessibus quantumcunque enormibus hactenus per te commissis ac censu|ris quomodolibet incursis etiam sedi apostolice reseruatis in quantum michi facultas conceditur remittendo tibi per plenariam indulgentiam omnem penam in purgatorio pro premis|sis tibi debitam: ac restituo te sacrosancte ecclesie sacramentorum perceptioni vnitati fidelium ac innocentie et puritati illi in qua eras quando baptizatus fuisti: ita | quod tibi decedenti clause sint porte penarum et aperte ianue paradisi deliciarum: quodque si hac vice non morieris salua sit tibi ista gratia: quando alias fueris in mortis articulo constitutus. In nomine patris et filii et spiritus sancti Amen.

Unter dem Buge handschriftlich: De mandato dominorum commissariorum Johannes Voysʒ notarius publicus subscripsit.

Gedrucktes Original mit außerordentlich vielen Abkürzungen. Rechts vom oberen Teile des Textes ein Holzschnitt: die Kaiserin Helena, den hl. Rock vorzeigend, im Hintergrund das Kreuz ohne Oberbalken und der Nagel. Links Holzschnitt Wappen Leos X. mit italienischer Schildform. Das Siegel abgefallen, die gebräunten Hanfschnüre erhalten.

88. *Mandat Papst Leos X., die Fugger sollen sofort auf der päpstlichen Münze das vorhandene Gold ausprägen.*

O. O. u. Z., aber sicher aus den ersten Monaten von 1515.

Arch. Vatic. Divers. Cam. 64 fol. 108.

Leo papa X.

Cum contigerit, quod dilecti filii novi zecherii in nostra zecha alme Urbis deputati non potuerint opportune providere et preparare necessaria ad cudendum, prout eorum incumbit officio, expediatque bono publico, quod certa quantitas auri, que inibi reperitur, cudi possit; nos volentes bono publico huiusmodi providere, motu proprio et ex certa nostra scien-

---

b *Der Eigenname handschriftlich.*

c *Wort handschriftlich.*

tia mandamus dilectis filiis Jacobo de Fucharis et nepotibus mercatoribus Alamanis Romanam curiam sequentibus et pro eis Johanni Zinch eorum institori generali, sub excommunicationis ac duorum milium ducatorum auri camere apostolice nostre applicandorum penis, dictam quantitatem auri, quamprimum comode potuerint, cudi faciant, prout consueverint, dum se in dicta zecha nostra in cudendis monetis tempore nostro se inmiscuerint, antequam supradictis novis zecheriis concessa esset. Nolumus tamen, quod prefatis de Fucharis ex huiusmodi conditione aliquid a dictis novis zecheriis et quovis alios (sic) imputari possit nec ullo unquam tempore quomodolibet desuper molestari, pro quibus promittimus et absolvimus et quod nullatenus ulterius teneantur ad continuandum opus et exercitium dicte zeche, postquam aurum, quod de presenti in Urbe reperitur, cuderint, set cusso dicto auro omnino in sua libertate remaneant eosque penitus et liberos et absolutos fore decernimus, dicta concessione dictis novis zecheriis facta; nec non omnibus et singulis aliis in contrarium facientibus non obstantibus quibuscunque.

Placet et ita motu proprio mandamus J.

Coll. L. Armerin.

Am Rande: pro Fucharis.

89. Revers des Mainzer Kanzlers Johann von Dalheim gegen Kaiser Maximilian über Zahlung aus den Mainz-Magdeburger Ablafsgeldern.

1515 Oktober 28.

Kgl. Kreisarchiv Würzburg: Mainzer Ingrossaturbuch Nr. 52, fol. 79—79[r]*.*

Gedruckt von Bodmann in Niederrheinisch-westfälische Blätter, herausgeg. von Aschenberg 1 (Dortmund 1802) S. 314 f.

Wie sich Johann von Dalheim, mentʒischer cantzler, gegen keyserliche maiestät des ablasgelts halben verschreiben hat mussen.

1515.

Ich Johann von Dalheim, doctor. probst zu Wetzflar und mentzischer cantzler, bekenn und thun kunt offentlich mit diesem brieff, als der allerdurchleuchtigst großmechtigst furst und her, her Maximilian erwelter romischer keiser etc., mein allergnedigster herr, dem hochwirdigsten hochgepornen fursten und hern, hern Albrechten, ertzbischoven zu Mentz und Magdeburg, churfursten primaten und administratorn zu Halberstat etc., meinem gnedigsten hern, uff siner furstlichen gnaden underthenig ansinnen, durch mich by seiner maiestät bescheen, den ablas, so bebstliche heiligkeit durch die provincien eberurter beider ertzbistumb, inhalt der bebstlichen bullen daruber sagend, hat außgeen lassen, zu erkunden und drey jar lang zu gepruachen gnediglich vergont und gestat hat, das ich uff ir maiestät gnedig begern von wegen und in namen gedachts meins gnedigsten hern zugesagt und versprochen hab und thu das in crafft dieß brieffs, das gemelter mein gnediger her irer keyserlichen maiestät von den gefellen des berurten ablas dreytausent gulden, nemlich yedes derselbigen bewilligten drey jar ein tausent, zu uffrichtung einer kirchen, die ir maiestät zu Ynsprug in sant Jacobs des heilgen apostelu namen und ere uffrichten und bauen zu lassen in willen ist, geben und zu Ynsprug irer maiestät kunfftigen haußkammerer daselbst bezaln und sich der unter seiner furstlichen gnaden siegel innerhalb dreyen moneten auch verschreiben und solich verschreibung irer maiestät zuschicken soll. Das zu urkhundt hab ich mein pitschafft zu end dieser schrifft gedruckt und mit meiner eygen handt unterschrieben, die geben ist uf sant Symon und Juden der heiligen aposteln tag, anno etc. XV°.

90. Schreiben des päpstlichen Skriptors Johann Ingenwinkel an den Kurfürsten Albrecht von Mainz. Florenz 1516 Febr. 14.

Staatsarchiv Magdeburg, Akten Erzstift Magdeburg II. Gedruckt bei Ferd. Körner, Tezel als Ablafsprediger S. 144 f.

Reverendissime in Christo pater illustrissime princeps domine domine mi colendissime. Post humilem commendationem etc. Die prima presentis mensis venerabilis dominus Fridericus de Mortorff[a] prepositus in Wilburgh attulit michi litteras reverendissime paternitatis vestre. Et quantum ad rem Indulgentiarum exposuit, quod alias juxta conventionem factam cum sanctissimo domino nostro Reverendissima paternitas vestra per procuratorem suum se obligasset de respondendo Camere apostolice medietatem emolumentorum, et licet mens sanctissimi domini nostri fuerit indubitata, quod reliqua medietas pro usu Reverendissime paternitatis vestre ad redimendum bona ecclesiarum suarum olim distracta et impignorata remaneret, tamen, quia id in conventione predicta expresse tactum non fuit, et dicte indulgentie dicunt pro fabrica ecclesie sancti Petri de Vrbe et non pro ecclesiis reverendissime paternitatis vestre dubitavit excellentissima paternitas vestra, pro dicta reliqua medietate aliquando nomine Camere apostolice molestari posse, ego explicavi rem prefato sanctissimo domino nostro et pecii circa premissa promisionem fieri. Sanctitas sua optime tulit et ostendens prefato paternum amorem erga Reverendissimam paternitatem vestram, mandavit circa premissa provisionem fieri in ea forma, qua ego eligerem. Supradictus dominus Fridericus juxta memoriale suum petebat, ut fierent super premissis littere patentes dicte camere, ego quidem elegi aliam viam meo iudicio magis convenientem, puta ut detur nobis breve apostolicum, quod cum immediate a principe emanaret plus valeret et majoris esset auctoritatis,

[a] *Körner fälschlich: Nortorff.*

quam patentes Camere, que ab ejus ministris emanant. Itaque hujusmodi breve expedivi in meliori forma et reverendissime paternitati vestre presentibus mitto. Non sum usus diligentia postarum, quoniam dominus Fridericus dixit non habuisse de hoc commissionem a Reverendissima paternitate vestra, et re nondum expedita abcessit hinc Romam versus pro propriis negotiis cum urgentibus, sed curam huius expeditionis in me suscepi et necessaria in ea libenter exposui. Ceterum in re venerabilis domini vicarii Reverendissime paternitatis vestre prestabo officium, quod possum, eique desuper scriptum rescribo et per dictum dominum Fridericum, qui eciam suam illius curam gerebat, satis rescriptum puto meque ad majora pro posse[a] offero Reverendissime paternitati vestre, que felicissime valeat. Florentie die XIIII. februarii 1516.

E. V. R[m] Pt[is]

humilis servitor Jo. Ingenwinkel scriptor apostolicus.

Adresse: R[mo] in X[o] patri Illustrissimo principi domino domino Alberto Archiepiscopo Maguntin. et Magdeburgensi Administratori Halberstaden. Marchioni Brandenburgensi etc. domino meo colendissimo.

91. Schreiben des Dr. jur. Valentin von Teutleben an Kurfürst Albrecht von Mainz. Rom 1516 März 6.

Staatsarchiv Magdeburg. Akten des Erzstifts Magdeburg II. Gedruckt bei Ferd. Körner, Tezel als Ablaſsprediger S. 145 f.

Reverendissime in Christo pater et domine obseruandissime post humilem recommendationem: Cautionem, quam dominatio vestra Reverendissima a Sanctissimo domino nostro et Camera apostolica desiderat, multos ante dies fuisse obtentam ex dominis Johanne Inewinkel et Johanne Cristmann, cum vtrisque dominationis vestre Reverendissime redderem litteras, factus sum certior, nam ultra cautionem illam, quam Reverendus pater dominus Revaliensis, anteaquam in Germaniam proficisceretur, a Camera apostolica manu Sanctissimi domini nostri obsignatam ac subscriptam de dividendis indulgentiarum concessarum inter Cameram apostolicam et dominationem vestram Reverendissimam emolumentis ac eisdem intra annos octo non revocandis obtinuerat, et apud Johannem Cristman dominationis sue Reverende sollicitatorem reliquit, prefatus dominus prepositus Inewinkel nuper Florentie pro paternitate vestra Reverendissima litteras Sanctissimi domini nostri in forma brevis est consecutus, quibus emolumentorum hujusmodi medietatem pontifex dominationi vestre Reverendissime libere condonat, quod[b] et apud trapesitam Nurem-

---

[a] *Es steht da: pp. ob proprie, perpetuo?*

[b] *Korrigiert.*

bergensem dominationi vestre Reverendissime ex Florentia se misisse ajebat. Quapropter aliam diligentiam hanc rem desiderare non video, quod si dominatio vestra Reverendissima cautionem Camere apostolice ad se mitti voluerit, necesse erit, ut dominus Revalien. de hoc admoneat sollicitatorem suum, cum alias nulli[a] aut posse aut velle consignare eandem cautionem videatur. In causa pretense exemptionis Abbatie[b] s. Egidii Brunswiccen. termini omnes sunt servati, dati per adversarios articuli, completum registrum, jura tamen hucusque producta sunt nulla, expectantur in eam rem peccunie mittende, cum reliquas nuper pro pensione per dominationem vestram reverendissimam domino Jacobatio Rote auditori solvenda dare Johannes Cristmann habuerit necesse, quod et dominationem vestram copiosius ex ejusdem Johannis litteris intellexisse non ambigo; hiis me dominationi vestre Reverendissime plurimum commendo. Datum Rome die VI. Marcii anno etc decimo sexto

E. d. vestre rev^me^

humilis
servitor Valentinus de Tetelebenn doctor.

Auf der Rückseite: R^mo^ et Illmo in christo patri et dno dno Alberto Maguntin. et Magdeburg. archiep.^co^ primati ac Electori et dno[c] suo observan^mo^.

92. Schreiben des Mainzer Domherrn Dietrich Zobel an Kurfürst Albrecht von Mainz. [Mainz?] 1516 April 14.

Staatsarchiv Magdeburg. Akten Erzstift Magdeburg II. Gedruckt nach denselben Quellen bei Ferd. Körner, Tezel als Ablaßprediger 146 f.

Hochwirdigster, durchluchter, hochgeborner churfurst, e. ch. g. seindt meine gantz vnterdenigen schuldigen vnd pflichtigen dinst zu vor, gnedigster her, vff e. ch. g. nechsten beuelhe dem cantzler by vnss vnd mir dass gescheftt dess romischen volkummelichen ablass betreffend gethon, haben wir auch in bie sein hern Valentin von Sunthofen doctorss etc einem Canoniken von Francfort Fridrich Martorff genant, so gen Rom vnd zu der bepstlichen heilickeit zu ziehen von seinem stifft sant Bartolmessen kirchen do selbst zu Francfurt verordnet, beuelhe gethon instruction vnd genugsamen bericht mit geben vnd behendigt, by hern Johan Ingewinkel, probst zu Xancten Colnisch bistumps, auch by der bepstlichen cameren ansuchen, vff dass e. ch. g. die zusagungen der por-

---

a *Von ut bis nulli fehlt im Druck bei Körner.*

b *Körner liest: abbatis, was auch möglich ist.*

c *Auf der Zunge des Siegelstreifens.*

tion von dem vff gehabenen abploss geld, wo ess in volnziehung kem, on weygerung vnd fernere differentien, wie vnss von wegen e. ch. g. in zeit vnssere legation zugesagt were, wider farn mocht vnd e. ch. g. dess benügig wer. Vff solchen beuelhe hot gedachter canonick bepstlich heylickeit zu Florentz auch gemelten probst Ingewinckel funden, dem selben sin beuelhe geoffnet vnd wess e. ch. g. in mangel zu vonlenziehung der erlangten indulgentien sten zu erkennen geben, mit beger e. ch. g. also dorin zu uersehen, dass bepstlich heilickeit vnd dem angefangen bwe sant Peterss kirchen auch e. ch. g. onuerhindert mög diss heilig wergk volenzogen werden. Vff solche werbunge hat sich genanter probst e. ch. g., wie auch zu vor allewege, zu aller vntertenigkeit berayt lossen vernemen vnd dass sin gutt beduncken sie, von der bepstlichen camern kein versorgniss ader sicherheit zu begeren, sunder er woll by bepstlicher heylickeit ein breue apostolicum erlangen. do durch e. ch. g. genugsam versorgt vnd ierss halben teylls aller gefell gewiss sein soll. er acht auch e. ch. g. solchss an die bepstliche camern zu bringen nachteilig, hat auch also solchs breue vssbracht vnd gemeltem francfortischen canonicus dass zu dem furderlichsten e. ch. g. heruss zuschicken vertröst, dass der selb also angenomen hott vnd sinen vberigen geschefften nach von Florentz gen Rome gezogen vnd solche sin handelungen mir alle schrifftlich zu erkennen geben. Ich hab auch also dess breue apostolicum zu entpfahen begerlichen gewartt, dass aber ytzundt in den heilgen tagen aller erst komen vnd wie vorangeben disser zit by e. ch. g. on frucht, schick ich e. ch. g. solche breue sampt einer missiuen von vorgenantem probst an e. ch. g. vssgangen. Kurtz darnach hab ich von Rom ferner in schrifften von dem canonicken vernomen, dass probst Ingewinckel wieder gen Rom komen vnd im wie e. ch. g. dass breue apostolicum zugeschickt sie angezeygt vnd da by dass er allerst in sinem wider gen Rom komen erfaren hab, dass die bepstliche camer sich habb vmb die portion etc mit e. ch. g. vertragen vnd dass die artickel dess vertragess durch bepstliche heylickeit vnterschriben sin, welcher cedell by dess bischoffss von Reualien. sollicitatoren zu Rome sin vnd er die niemant on seins hern des bischoffss sunder geheyss zu geben beuelhe habe, auch dass dem selben bischoff dass instrument der obligation camere apostolice gegeben worden wer, wo er zehen ducaten hett wollen darvmb vss legen. Vss solhem allem, erwirdi[g]ster churfurst vnd her abzunemen, woruss die verhinderung e. ch. g. in vffrichtunge dess gescheffts entstanden vnd dass die zehen ducaten e. ch. g. zu ierem geburendem teyl disser verschinene zit vber die trytusend g[ulden] schaden bringen, wie dem wess e. ch. g. ferner durch mich zu thun begern. ob dass instrument auss der bepstlichen canern gelösst werden soll vnd wass anderss e. ch. g. mir mit gnediglichen verschaffen wollen, will ich in aller vnterdenickeit folge thun, dan diss jar ist verloren vnd uff ein andress müss man warten.

Hie by sindt auch brieff kurtz darnach von Rom an e. ch. g. sagendt komen, do mit ich e. ch. g. die meinsȝ vngeschickten verdrossigen schreiben gnedig vbersehen haben wollen, mich zu dem vnterdenigsten thun beuelhen. Datum vff montage nach Jubilate anno etc. XVI.

E. ch. g.

vnterdeniger cappellann
Dietrich Zobell.

Verschlufs mit Oblatensiegel und Adresse: Dem hochwirdigsten, durchluchtigen, hochgebornen fursten vnd hern hern Albrechten zu Meintz vnd Magdeburgk ertzbischoffen, churfursten vnd primaten, administrator zu Halberstadt, marggraue zu Brandeburg etc., meinem gnedigsten hern. *Mit dunklerer Tinte:* Doctor Dietrich Zobell vberschickt hie bey das breue apostolicum mit anzeigung, wor an es zue Roma des instruments halben pro . . . . camere gemangelt.

93. Motu Proprio Leos X. Quittung über Zahlung aus dem Ablafs der Augsburger Dominikaner (durch Vermittlung der Fugger).

Rom 1516 Mai 16.

Arch. Vatic. Divers. Cam. 65 fol. 123.

Leo papa X.

Motu proprio etc. fatemur recepisse a dilectis filiis priore et conventu fratrum ordinis predicatorum in civitate Augustensi provincie Maguntine ducatos mille noningentos octuaginta duos cum dimidio auri de camera in auro per manus Jacobi Fucher et nepotum mercatorum Alamannorum Romanam curiam sequentium, deductis expensis factis intransmittendo dictas pecunias ad Urbem, que pecunie sunt pro medietate elemosinarum jubilei per nos concessi eisdem priori et conventui in quatragesima preterita 1515, pro qua pecuniarum summa nobis ut prefertur soluta tam prefatos priorem et conventum quam Jacobum et nepotes predictos, qui nobis dictas pecunias nomine dictorum prioris et conventus realiter et cum effectu persolverint, quietamus absolvimus et liberamus volumusque ac motu simili decernimus et declaramus presens mandatum pro sufficienti valida et ampla quietantia eis sufficere pro eorum securitate et cautela ac eidem presenti mandato in omni loco coram quibuscumque judicibus etiam plenissimam fidem adhibendam, in contrarium facientibus non obstantibus quibuscumque. Datum Rome in palatio apostolico die 16. maii 1516. pontificatus nostri anno quarto.

Ita fatemur et motu proprio mandamus J.

Am Rande: Pro Jacobo Fucher.

94. Motu Proprio Leos X. Quittung über Zahlung aus dem Ablaſs des Trierer Domkapitels (durch Vermittlung der Fugger).
Rom 1516 Mai 16.

Arch. Vatic. Divers. 65. fol. 123'.

Leo papa X[s]

Motu proprio etc. fatemur recepisse in prompta et numerata pecunia a dilectis filiis decano et capitulo ecclesie Treverensis sive a Nicolao Roland nomine dicti capituli ducatos auri in auro quadringentos quinquaginta quatuor cum dimidio pro valore florenorum Renensium sexcentos quadraginta quinque cum dimidio per manus dilectorum filiorum Jacobi Fucher et nepotum mercatorum Alamannorum curiam Romanam sequentium et sunt pro parte nobis obvenienti ex jubileo concesso dictis decano et capitulo, pro qua pecuniarum summa nobis ut prefertur effectualiter soluta prenominatos capitulum ac Nicolaum et Jacobum respective eorumque heredes et successores libere quietamus absolvimus et plenarie liberamus volumusque motu simili declaramus atque decernimus presens mandatum pro sufficienti valida et ampla quietantia eis sufficere pro eorum securitate et cautela ac eidem presenti mandato in omni loco coram quibuscumque judicibus etiam fidem plenissimam adhibendam, in contrarium facientibus non obstantibus quibuscumque. Datum Rome in palatio apostolico die 16 maii 1516.

Ita fatemur et motu proprio mandamus J.

94[a]. Die Stadt Nürnberg an ihren römischen Syndikus Dr. Caspar Wirt. Auftrag, über einen Ablaſs zu verhandeln. *1516 Juni 11.*

K. Kreisarchiv Nürnberg. Briefbuch Nr. 75 fol. 198.

Herrn Casparn Wirt doctor etc vnnserm Sindico zu Rom.

Wirdiger hochgelerter lieber Herr! Wir haben auff mittel gedacht den beden almusen der armen Krancken Im Spital auch der Sonndersichen menschen, die Jarlich In der heyligen marterwochen In vnnser Stat Nurmberg mit grosser anzal komen (dhweyl solche almusen durch die Jerlichen darzu gehorigen gefel beschwerlich erhalten werden mogen) mit merer pesserung verholfflichs allmusens hilflich zuerscheinen vnd demnach ein Informacion stellen lassen bey dem stul zu Rom etlich Indulgencias den angezaigten beden almusen zu gut und hanndthabung zuerlanngen, haben auch vnsern gutten freund Engelharten Schawer, der ytzo etlich tag In vnnser Stat Nurmberg gewest, dhweyl der von vnnser Stat geporen Ist, ersucht vnns darynn mit seiner hilf vnd furdrung zuerschießen. der sich darzu gar gutwillig vnd ganz genaigt erpotten hat. Ist darumb an ewer wird. vnnser dinstlich bith, die wollen möglich vleys fürwenden den angezaigten ablas gemeß eingeschloßner verzaichnus vnd

Informacion zuerlangen vnd darzu Engelhart Schawers hilfflicher furdrung zugeprauchen. Stellen wir In keinen zweyfel, er werd sich disen loblichen almusen zu merung vnd vnns zugefallen darynn allso trostlich vnd furderlich, wie er vnns hat verwennt, erzaigen, damit die Indulgencie on mercklichen costen vnd grosse arbait erhebt werden. Darynn wollen sich ewer wird. mit begrif der Suplication vnd anndern darzu gehörig dermassen erzaigen, wie wir vertrawen tragen, mit willen vmb ewer wird. zuverdienen vnd durch billiche belonung zuvergleichen. Datum Mitwoch nach Bonifacii 1516.

95. Motu Proprio Leos X. Quittung über Zahlung aus dem Ablafs der Stadt Wien durch Vermittlung der Fugger. 1516 Juni 20.

Arch. Vatic. Divers. 65. fol. 202 r.

Leo papa X.

Motu proprio etc fatemur recepisse in prompta et numerata pecunia a communitate civitatis Viennensis in Austria ducatos quadringentos viginti duos et quartos tres auri in auro de camera et sunt pro valore sexcentorum viginti unius florenorum Renensium in diversis monetis, qui deductis ex eis florenis viginti similibus et duobus tertiis pro calo sive lagio monete constituunt summam predictam 422³/₄ ducatorum auri de camera, per manus dilectorum filiorum Jacobi Fucher et nepotum mercatorum Alamannorum Romanam curiam sequentium et sunt pro parte nobis obveniente ex jubileo concesso dicte communitati, pro qua pecuniarum summa nobis ut prefertur soluta cum effectu prenominatos communitatem Jacobum Fucher et nepotes eorumque et cujusque ipsorum heredes libere quietamus absolvimus et plenarie liberamus volumusque et motu simili mandamus et declaramus atque decernimus presens mandatum pro sufficienti valida et ampla quietantia eis sufficere pro eorum securitate et cautela ac eidem presenti mandato in omni loco coram quibuscumque judicibus fidem plenissimam adhiberi, in contrarium facientibus non obstantibus. Datum Rome in palatio apostolico die 20. junii 1516, volumusque per presentes, in camera apostolica registrentur et per decanum camere serventur.

Fatemur et ita motu proprio mandamus.

Am Rande: pro Fucharis.

96. Erste Quittung Leos X. über Zahlung aus dem durch Arcimboldi verkündeten Ablafs (durch Vermittlung der Welser). Rom 1516 August 7.

Arch. Vatic. Divers. 65. fol. 185.

Leo papa X

Fatemur per presentes in pecunia numerata habuisse a societate dilectorum filiorum Antonii Velser de Alamannia ducatos sex milia auri in auro de camera, quos nobis solvunt vigore litterarum sub data Colonie die 23. maii presentis anni pro totidem habitis nomine nostro a dilecto filio magistro Joanne Angelo Arcimboldo indulgentiarum fabrice principis apostolorum de Urbe commissario et ab Aravino Cibo penes dictum commissarium thesaurario, de qua summa dictos societatem commissarium et casserium per presentes absolvimus et liberamus et sic per cameram apostolicam cum oportunis quietantiis et mandatis absolvi volumus et mandamus, et in fidem veritatis presentem primam quietantiam fieri fecimus et manu propria subscripsimus. Datum Rome apud sanctum Petrum die 7. augusti 1516. pontificatus nostri anno quarto.

Ita fatemur et mandamus. Collationatum cum originali et concordat S. de Spoleto.

97. Zweite Quittung Leos X. über Zahlung aus dem durch Arcimboldi verkündeten Ablaſs (durch Vermittlung der Welser).

Rom 1516 August 7.

Arch. Vatic. Divers. 65. fol. 185'.

Leo papa X.

Fatemur per presentes in pecunia numerata habuisse a societate dilectorum filiorum Antonii Velser de Alamannia ducatos sex milia auri in auro de camera, quos nobis solvunt vigore litterarum sub data Colonie die 23. maii presentis anni pro totidem habitis nomine nostro a dilecto filio magistro Joanne Angelo Arcimboldo indulgentiarum fabrice principis apostolorum de Urbe commissario et ab Aravino Cibo penes dictum commissarium thesaurario, de qua summa dictos societatem commissarium et casserium per presentes absolvimus et liberamus et sic per cameram apostolicam cum oportunis quietantiis et mandatis absolvi volumus et mandamus et in fidem veritatis presentem secundam quietantiam fieri fecimus et manu propria subscripsimus. Datum Rome apud sanctum Petrum die 7. augusti 1516 pontificatus nostri anno quarto.

Ita fatemur et mandamus. Collationatum cum originali et concordat. S. de Spoleto.

98. Breve Leos an Arcimboldi, betreffend Begrenzung des Arcimboldischen und des niederländischen Deichablasses. Rom 1516 Sept. 3.

Arch. Segr. Vat. Leonis X. Brevia MDV—MDXVIII. Armar. 40 vol. 3. nr. 161. Konzept.

In verso kurze Inhaltsangabe von der Hand des Stücks, eine ausführliche von einer zweiten Hand; die Schluſsworte schreibt der Kardinal L.; auſserdem eine jüngere Inhaltsangabe wohl noch s. 16. Alte Signatur in verso: 27. Registratur-

vermerk der zweiten Hand: 73. Die Randnotizen im Stück vom Kardinal. — Unterschriften eigenhändig.

Leo etc.

Dilecto filio Johanni Angelo de Arcimboldis referendario ac ad nonnullas provincias civitates et dioceses partium ultramontanarum nuntio et commissario nostro.

Dilecte fili salutem etc. Revolventes nuper animo, quod camerae apostolicae pro continuatione fabricae immensi operis basilica principis[a] apostolorum de Urbe non suppeterent facultates, universis utriusque sexus christifidelibus tam secularibus quam regularibus in Coloniensi, Treverensi, Saltzeburgensi, Bremensi, Bisuntinensi et Upsalensi provintiis illarumque ac Cameracensi, Tornacensi, Morinensi, Attrebatensi et Caminensi civitatibus et diocesibus commorantibus ac ad illas confluentibus, qui durante biennio, nondum finito, elemosynas in subsidium dictae fabricae pie erogarent, ut plenissimam omnium peccatorum suorum remissionem consequi possent per quasdam, quarum te nuntium et commissarium unicum deputavimus, inter alia indulsimus. Et deinde accepto per nos, quod nonnullae partes inferiores Germaniae temporalis dominii charissimi in[b] Christo filii nostri Caroli regis Hispaniarum[c] essent maritima, et tempestati maris exposita, quodque habitatorum et incolarum circa aggeres tempestati huiusmodi oppositos commorantium, ad illos conservandos similiter non suppeterent facultates, per alias litteras apostolicas, quarum dilectum filium Hadrianum Florentii de Traiecto in ecclesia Trajectensi archidiaconum similiter unicum constituimus commissarium, in cuius locum propter eius a partibus illis absentiam dilectum filium Johannem Hubberti de Lomel in ecclesia Leodiensi archidiaconum certas uberiores facultates sibi concedendo per litteras in forma brevis postea surrogavimus omnibus et singulis christifidelibus ducatuum, marchionatuum, comitatuum et aliorum dominiorum dicti regis ac civitatum, diocesum et locorum illis adiacentium et ad eos et ad ea quavis de causa undecumque confluentibus et ad reparationem et conservationem aggerum predictorum durante triennio similiter nondum finito contribuentibus similiter peccatorum remissionem inter caetera concessimus, et alia fecimus et fieri voluimus. Cum autem, sicut accepimus, priores litterae predictae tam ante quam post datam posteriorum litterarum huiusmodi in plurisque civitatibus diocesibus et locis temporali dominio prefati regis vicinis fuerint per te et tuos subdelegatos etiam cum solenni pompa erectionis signi sanctissimae crucis etiam clero cum publica processione interve-

---

[a] *pr. ap. am Rande anstatt des in der Zeile getilgten Sancti Petri.*
[b] *In Chr. am Rande mit Verweisungszeichen.*
[c] *Von Sadolets Hand über durchstrich. catholici.*

viente et populo spectante publicate, et inumerabiles utriusque sexus christifideles earundem vicinarum civitatum diocesum et locorum, ut gratiam et indulgentias in prioribus praedictis litteris contentas consequerentur et consequantur, eam fecerint et in dies faciant ad dictam fabricam contributionem, fueritque mentis nostrae semper et hodie sit, quod posteriores litterae predictae priores litteras nullatenus censerentur suspendere aut excludere nisi in civitatibus diocesibus et locis prefato regi in temporalibus plene subiectis, nos singularum predictarum et quarumcumque aliarum litterarum apostolicarum a nobis super praemissis etiam in forma brevis respective emanatarum tenores, ac si praesentibus de verbo ad verbum insererentur, pro expressis habentes ac serenitati conscientiarum omnium et singulorum christifidelium vicinarum civitatum et diocesum et locorum predictorum et ad illa pro tempore confluentium paterne consulere, cupientes motu proprio et ex certa scientia tenore presentium, quod eaedem posteriores litterae in locis temporali eiusdem regis dominio plene non subiectis sub prioribus litteris comprehensis nullum omnino praeiudicium afferre debuerint aut debeant. Quodque tu et per te pro tempore subdelegati ad ipsarum priorum litterarum plenariam executionem extra loca temporali dominio eiusdem Caroli plene subiecta procedere potueritis et debueritis ac indulgentiae facultates et gratiae per priores litteras christifidelibus civitatum diocesum et locorum vicinorum huiusmodi et etiam alibi in locis tuae commissioni vicinis tam in preteritum quam futurum tempus suffragentur in omnibus et per omnia perinde, ac si posteriores litterae huiusmodi nullatenus emanassent, decernimus et declaramus. Non obstantibus omnibus et singulis, que in singulis litteris huiusmodi voluimus non obstare, caeterisque contrariis quibuscumque. Datum Rome[a] die 3. septembris 1516 anno quarto.

Duplicatum.

L. cardinalis sanctorum quatuor

Ja. Sad.

99. Leo X. erweitert die dem Arcimboldi gegebenen Fakultäten bez. Verwendung von Butter in der Fastenzeit usw. usw.

Rom 1516 Sept. 3.

Arch. Segr. Vat. Leonis X. Brevia MDV—MDXVII. Armar. 40 vol. 3 nr. 167. Konzept.

Unterschriften eigenhändig. Eine gelehrte Hand verzeichnet in verso kurz die Hauptpunkte des Inhalts; von ihr rühren auch die Randnotizen im Breve her, die zum Zweck der Inhaltsangabe niedergeschrieben wurden. — Alte Signatur in verso: 30.

---

a *Von Rome bis Duplicatum von Sadolet.*

Ebendort von der Hand des Stücks: Minuta lacticiniorum et aliarum facultatum ad usum fabrice S. P. — Darunter von anderer Hand: S

Leo

Dilecto filio Johanni Angelo de Arcimboldis referendario ac ad nonnullas provintias, civitatis et dioceses partium ultramontanarum nuntio et commissario nostro. Dilecte fili salutem etc. Comperto per nos nuper, quod camerae apostolicae pro continuatione fabricae immensi operis basilicae principis[a] apostolorum de Urbe non suppeterent facultates, universis utriusque sexus christifidelibus tam secularibus quam regularibus in Coloniensi. Treverensi, Saltzeburgensi, Bremensi, Bisuntinensi et Upsalensi provintiis illarumque ac Cameracensi, Tornacensi, Morinensi, Attrebatensi et Caminensi civitatibus et diocesibus commorantibus ac ad illas confluentibus, qui durante biennio, nondum finito, elemosynas in subsidium dictae fabricae pie erogarent, ut plenissimam omnium peccatorum suorum remissionem consequi possent, per certas sub plumbo sub datavidelicet quarto nonas decembris pontificatus nostri anno secundo expeditas, postea ad[b] civitatem et diocesim Misnensem ac Daciae et Norvegiae regna successive per nos extensas, quarum te nuntium et commissarium unicum deputavimus, inter alia indulsimus. Cum autem sicut partim experimento olim, dum cardinalatus fungeremur honore, didicimus oleum olivarium in singulis provintiis, civitatibus et diocesibus regnisque predictis non crescat, ac uti accepimus, clerus et populus provintiarum [civitatum][c] diocesum et regnorum huiusmodi oleo ex nucibus et [ra][c]parum ac aliorum leguminum seminibus expressis corporibus humanis non usquequaque salubribus quadragesimali et aliis temporibus, quibus esus butyri et aliorum lacticiniorum est prohibitus, plerumque utantur cupiantque quamplures utriusque sexus homines in singulis provintiis, civitatibus, diocesibus et regnis praedictis commorantes ac ad illos et illa quavis de causa confluentes sibi, ut eisdem lacticiniis quadragesimali et aliis temporibus huiusmodi vesci possint, concedi; et si id eis auctoritate apostolica indulgeatur parati sint ad fabricam praedictam aliquam, quam tu statuendam et moderandam duxeris, facere contributionem: Nos de tuis probitate et fide plenius confidentes circumspectioni tuae utriusque sexus personis secularibus etiam clericis et presbyteris omnium et singularum provintiarum civitatum diocesum et regnorum hujusmodi et ad illas et ad illa quavis de causa confluentibus, qui iuxta moderationem per te et tuos pro tempore subdeputatos commissarios faciendam ad fabricam ipsam suas elemosynas pie erogaverint, quod eorum vita durante

---

[a] *prin. ap. am Rande anstatt des in der Zeile durchstrichenen Sancti Petri.*
[b] *Am Rande ein Strich.*
[c] *Vorl. Loch.*

quadragesimalibus usque ad dominicam palmarum inclusive, et aliis diebus, quibus lacticiniorum usus est prohibitus, butyro loco olei et caseo sine ac cum consensu utriusque medici tempore infirmitatis in septimana sancta lacticiniis huiusmodi ac etiam tunc et quocumque tempore prohibito ovis et carnibus vesci. Quodque aliquam vel aliquas ecclesiam vel ecclesias ad hoc per te et tuos pro tempore subcommissarios deputandos vel per ipsos christifideles eligendos devote singulis quadragesimalibus et aliis diebus, quibus ecclesiae Urbis et extra eam per christifideles pro consequendis indulgentiis stationum Urbis visitari solent, visitando tot et similes indulgentias et peccatorum remissiones consequantur, quas consequerentur, si singulis diebus eisdem dictas ecclesias personaliter visitarent, eorum similiter vita durante ipsorumque corpora ecclesiasticae sepulturae, si presbyteri, illustres, nobiles aut in aliqua licita facultate graduati seu viri patricii fuerint, cum et quo ad alios sine funerali pompa tempore interdicti, quavis auctoritate appositi, si ipsi causam interdicto non dederint, tradi possint, eisdemque presbyteris ac illustribus nobilibus et graduatis ac patriciis personis, quod similiter quoad vixerint, ut liceat eis in loco decenti habere altare portabile, in quo per se ipsos si presbyteri fuerint, et alias per alium presbyterum secularem vel regularem quovis anni tempore praeterquam in Paschate missam etiam ante diem circa tamen diurnam lucem etiam tempore interdicti ordinaria[a] auctoritate appositi, dummodo causam non dederint impedimento[b], ut prefertur, clausis tamen ianuis ac excommunicatis et interdictis exclusis, celebrare seu celebrari facere valeant indulgere. Et insuper ut tam illis quam aliis utriusque sexus hominibus supradictis etiam religiosis iuramenta in quibusvis contractibus instrumentis et obligationibus preterquam in forma camerae appositis ad effectum agendi dumtaxat relaxare, possis universos christifideles praefatos et quibusvis excommunicationis et aliis sententiis censuris et poenis ecclesiasticis quibus iam[c] sex mensibus effluxis dumtaxat ob iniectionem manuum violentarum in quasvis personas ecclesiasticas etiam praelatos preterquam[d] episcopos et superiores irretiti fuerint, etiam quorum absolutio sedi apostolicae reservata foret, etiam in utroque foro de preterito dumtaxat absolvere et tales per ordinarios locorum de facto absolutos in huiusmodi censuris insordescentes ad debitam absolutionem obtinendi cogere et compellere. Necnon utriusque sexus ordinum quorumcumque religiosas et alias quascumque personas, quae aliquos vel aliquas personas in eorum monasteriis

---

[a] *ord. auct. app. am Rande nachgetragen.*

[b] *Von Sad. eingefügt.*

[c] *iam bis dumtaxat wohl vom Kardinal L. übergeschrieben.*

[d] *preterquam bis superiores am Rande nachgetragen.*

pactis predecentibus receperunt vel ut reciperentur intervenerunt seu mediatores fuerunt, a symoniae labe propterea quomodolibet incursae similiter absolvere, ac cum in vigesimo tercio anno et supra constitutis ad sacerdotium promoveri desiderantibus et defectu aetatis huiusmodi non obstante ad presbyteratus ordinem promoveri:[a] [et cum quibuscumque illegitimis ex quovis illicito coitu procreatis, ut ad omnes etiam sacros et presbyteratus ordines promoveri, et duo beneficia ecclesiastica etiamsi alteri cura immineat animarum, ac canonicatus et praebendas in collegiatis ecclesiis etiam, in quibus eorum genitores pro tempore beneficiati fuerint, alias canonice sibi conferenda. Citra tamen canonicatus et praebendas ac dignitates in cathedralibus et metropolitanis ecclesiis recipere et retinere illaque simul vel successive simpliciter vel ex causa permutationis quoties eis placuerit dimittere, et loco dimissi vel dimissorum aliud vel alia simile vel dissimile aut similia vel dissimilia beneficia ecclesiastica duo dumtaxat compatibilia etiamsi alterum eorum curatum foret similiter recipere et retinere]. Ac cum quibuscumque personis[b] ut[c] matrimonium[d] etiam temporibus prohibitis contrahere et in facie ecclesiae solennisare possint[e]. Ac quibusvis secularibus ecclesiasticis personis, ut eis horas canonicas diurnas et nocturnas ac alia divina officia secundum usum et morem Romanae ecclesiae extra tamen chorum dicere et recitare etiam cum uno socio vel familiari liceat indulgere temporibus, quibus commissio tibi concessa extensa et prorogata respective duraverit, possis ad effectum, quod fabrica predicta tanto citius perfici valeat, potestatem tenore praesentium concedimus et etiam facultatem. Volumus autem et decernimus, quod per praesentes nullum censeatur generari preiuditium litteris apostolicis etiam in forma brevis contemplatione charissimi filii nostri Caroli Regis Catholici pro aggeribus tempestati maris oppositis in locis temporalis sui dominii conservandis a nobis emanatis quodque earundem praesentium et praedictarum ac quarumcumque aliarum litterarum apostolicarum etiam in dicta forma brevis a nobis super facultatibus tibi concessis emanatarum et emanandarum transsumptis manu unius vel duorum notariorum publicorum subscriptis ac tuo vel alterius praelati seu personae in ecclesiastica dignitate constitute sigillo munitis ea prorsus fides indubia habeatur, que praesentibus et aliis originalibus litteris adhiberetur, si essent exhibitae vel ostensae. Non obstantibus quibusvis litteris apostolicis in hospitalis sancti Spiritus

---

[a] *Das Folgende in Klammern steht in der Vorlage, aber durchstrichen.*

[b] *Folgt durchstrichen:* etiam tercio vel quarto consanguinitatis, vel affinitatis simplici vel multiplici gradu coniunctis.

[c] ut *von Kard. L. eingefügt.*

[d] *Folgt durchstrichen:* contrahere volentibus ut illud.

[e] *Folgt durchstrichen:* dispensare.

in Saxia de Urbe et quorumcumque aliorum locorum vel personarum usum vel commodum, etiam contemplatione regum, reginarum et aliorum principum saecularium vel archiepiscorum, episcoporum et aliorum praelatorum etiam motu proprio et ex certa scientia emanatis, revocationibusque, limitationibus et suspensionibus, et aliis clausulis in illis forsan contentis caeterisque contrariis quibuscumque. Datum Rome[a] die III septembris M.D.XVI anno quarto.

Duplicatum

L. cardinalis sanctorum quatuor.

Ja. Sad.

100. Leo X bestätigt Arcimboldi die Facultas, vor das geistliche Forum gehörige Sachen zu entscheiden, und ebenso seinen Auftrag als Generalkollektor für viele Diözesen. Roma 1516 Sept. 6.

Arch. Segr. Vat. Arm. 40 Vol. 3. Leonis X. Brevia MDV—MDXVIII nr. 178. Konzept.

Unterschrift eigenhändig, die von Sadolet abgerissen. Unter der Unterschrift des Kardinals, vielleicht von seiner Hand (wohl von der zweiten Hand), die schwer zu lesende Adresse Nuntio . . . . In verso Inhaltsangabe von der uns bekannten zweiten Hand: S. V. . . . deputavit. Ebendort Vermerk 37. Alte Signatur 40. Vorl. beschädigt, siehe die eckigen Klammern.

Leo

Dilecto filio Johanni Angelo de Arcimboldis referendario ac ad nonnullas provintias, civitates et dioceses partium ultramontanarum nuntio et commissario nostro fructuumque et iurium camerae apostolicae debitorum collectori.

Dilecte fili salutem etc. Considerantes nuper, quod camerae apostolicae pro continuatione fabricae immensi operis basilicae principis[b] apostolorum de Urbe non suppeterent facultates, universis utriusque sexus christifidelibus tam secularibus quam regularibus in Coloniensi, Treverensi, Saltzeburgensi, Bremensi, Bisuntinensi et Upsalensi provintiis illarumque ac certis aliis tum expressis civitatibus et diocesibus commorantibus ac ad illas confluentibus, qui elemosinas in subsidium dictae fabricae intra certum tunc expressum nondum elapsum tempus pie erogárent, ut plenissimam omnium peccatorum suorum remissionem consequi possent, per certas sub plumbo sub videlicet quarto nonas decembris pontificatus nostri anno secundo expeditas, quarum te nuntium et commissarium nostrum deputavimus inter alia indulsimus. Et deinde per alias in forma brevis sub data XXVIIII. ianuarii pontificatus nostri anno

[a] Rome *bis* Dupl. *von Sadolet hinzugefügt.*

[b] pr. ap. *vom Kardinal am Rande, in der Zeile durchstrichen* Sancti Petri.

predicto, tibi quascumque causas ad forum ecclesiasticum quomodolibet pertinentes per te vel alium seu alios au[dien]di, cognoscendi et tractandi ac alii vel aliis [a]udiendas, cognoscendas et terminandas deleg[a]ndi et alia tunc expressa faciendi, facultatem con[ce]ssimus; ac successive per reliquas in simili forma brevis sub data XVI. februarii eodem [anno] pontificatus nostri litteras nostras te tam [in] dictis provintiis, civitatibus et diocesibus quam etiam [in] Maguntina et Magdeburgensi provintiis, [illa]rum civitatibus et diocesibus exemptis et non exe[m]ptis iurium sedis apostolicae et camerae predictae fr[uc]tuum, reddituum, proventuum, censuum et obventio[n]um etiam ratione denarii sancti Petri debit[oru]m et debendorum usque ad nostrum et eiusdem [sed]is beneplacitum generalem collectorem et r[ecep]torem fecimus et constituimus, ac demum qua[s]dam constitutione[s] in cancellaria apostolica publicatas, per quas aliam eiusdem cancellarie constitutionem antea a nobis emanatam quo ad facultatem praelatis, nunciis, collectoribus et aliis personis concessis inter alia innovavimus edidimus. Cum autem mentis nostrae semper fuerit et sit, quod utraeque litterae predictae in forma brevis plęnarium sortiantur effectum, nos earundem et aliarum sub plumbo litterarum ac constitutionum sive regularum cancellariae predictarum tenores, ac si de verbo ad verbum insererentur, pro expressis habentes motu proprio et ex certa scientia nostra ipsas litteras in forma brevis et in eis contenta quecumque tenore presentium innovamus et denuo concedimus, decernentes et declarantes, quod tu graciis, facultatibus, concessionibus et indultis in dictis litteris in forma brevis contentis uti, quodque usque ad simile beneplacitum omnes et singulas causas ad forum ecclesiasticum quomodolibet pertinentes in omnibus et singulis provintiis civitatibus et diocesibus in singulis litteris predictis nominatis per te vel alium seu alios delegatos tuos audire cognoscere et terminare alias iuxta litterarum desuper emanatarum tenorem potueris et possis ac processus per te et delegatos eosdem in causis huiusmodi habitos et habendos cum inde secutis validos fuisse esse et fore, quodque omnibus et singulis iuribus et constitutionibus ac privilegiis et indultis, quibus cancellaria predicta derogare consuevit, derogare, et partes etiam per edictum constito (sic) summarie de non tuto accessu per te et delegatos tuos citare seu citari fafacere valeas. Non obstantibus premissis ac quibusvis aliis dictae cancellariae regulis nunc et pro tempore editis et felicis recordationis Bonifacii pape octavi predecessoris nostri de una ac concilii generalis de duabus dietis ita tamen, quod nullus ultra tres dietas a fine suae diocesis in iudicium vocetur, et aliis constitutionibus et ordinationibus apostolicis caeterisque contrariis quibuscumque. Datum 6[a] septembris 1516. anno 4to.

L. carlis Srum IIIIor.

[a] *6 bis 4to wohl von Sadolet.*

101. Leo X. an den Reichsregenten von Schweden, Steno Sture, betr. die Aufgabe Arcimboldis: Friedensvermittlung und Ablafs.
Rom 1516 Sept. 6.

Arch. Segr. Vatic. Arm. 40 Vol. 3. Leonis X. Brevia MDV—MDXVIII nr. 179. Konzept.

Unterschriften eigenhändig. In verso Inhaltsangabe von der zweiten Hand: S. V. . . . scribit . . . . Registraturvermerk: 6. Alte Signatur: 41.

Leo etc.

Dilecto filio nobili viro Stenoni Stur regni Svecię gubernatori.

Dilecte fili salutem etc. Venit[a] ad nobilitatem tuam et inclytum Svecię regnum dilectus filius Johannes Angelus Arcimboldus referendarius ac cum potestate legati de latere in eodem regno nuntius et commissarius noster, cui inter alia iniunximus, ut pacem inter te et quosdam prępatos ac forte alias dicti regni personas ecclesiasticas et seculares seu etiam communitates super differentiis et reipublicę Christianę perniciosis dissensionibus, quas cum animi dolore nuper exortas intelleximus, nostro nomine componere studeat indulgentiasque plęnarias in comodum fabricę immensi operis basilicę principis[b] apostolorum de Urbe Christifidelibus eiusdem regni concessas et prorogatas publicet. Quapropter nobilitatem tuam paterne monemus ac hortamur et rogamus, ut pro tua et majorum tuorum in nos et sanctam sedem apostolicam solita et inveterata devocione dictum Johannem Angelum benigne audire et te pro pace amplectenda vel treugis ineundis nostro nomine bene monentem exaudire favoresque oportunos pro publicatione dictarum indulgentiarum et aliis rebus tibi per eum eodem nomine exponendis, super quibus plęnam sibi fidem adhibebis, pręstare velis. Facies in hoc rem debitam nobis admodum gratam. Datum 6[c] septembris 1516 anno quarto.

L. cardinalis sanctorum quatuor.

Ja. Sad.

102. Papst Leo an Arcimboldi. Verlängerung des Ablasses auf verschiedene Dauer. Kollektorie in Dänemark und Norwegen, Friedensvermittlung in Schweden. *[Wohl Sept. bis Okt. 1516 zu setzen.]*

Arch. Seg. Vat. Arm. 40 vol. 3. Leonis X. Brevia MDV—MDXVIII nr. 244. Konzept.

Am Schlufs unvollständig und beschädigt. In verso ausführliche Inhaltsangabe von der zweiten Hand (schwer zu lesen), eingeleitet durch: 1m breve (darüber durchstrichen 9m breve): Datum fehlt auch hier. Alte Signatur fehlt.

---

[a] Venit ad *verbessert vom Kardinal anstatt* Accedit *des Textes.*

[b] pr. ap. *am Rande vom Kardinal, im Text durchstrichen* Sancti Petri.

[c] 6 *bis* quarto *von Sadolet.*

Leo etc.

Dilecto filio Johanni Angelo Arcimboldi referendario ac ad nonnullas provincias ultramontanas nuntio et commissario nostro.

Dilecte fili salutem etc. Comperto per nos nuper, quod camere apostolice pro continuatione immensi operis basilice Sancti Petri de Urbe non suppeterent facultates, confisi de tua probitate te ad nonnullas provincias civitates et dioceses ultramontanas, de quorum numero provincia Upsalensis erat, nuntium et commissarium nostrum in comodum dicte fabrice duximus destinandum universos utriusque sexus christifideles tam regulares quam seculares per plenariam peccatorum remissionem et alias concessiones et gratias exhortentes [sic] ad contribuendum de bonis eis a deo collatis et elemosinas suas pie ad dictam fabricam erogandum, prout in quibusdam litteris apostolicis desuper sub plumbo confectis, quas ad biennium ad illarum data computandum durare voluimus, quasque postea cum omnibus et singulis in eis contentis clausulis ad civitatem et diocesim Misnensem extendimus, plenius continetur. Cum autem, sicut accepimus, dictum biennium certa die mensis decembris proxime futuri expirabit, nec sit verisimile, quod tu commissionem fidei tue creditam ante finem dicti biennii plene exequi valeas, presertim quoad provinciam Upsalensem, quam nondum adiisti, ac civitatem et diocesim Misnensem supradictas, nos singularum huiusmodi et aliarum quarumcumque litterarum nostrarum tibi etiam in dicta forma brevis per nos concessarum tenores, ac si presentibus de verbo ad verbum insererentur, pro expressis et individue enarratis habentes, motu proprio et ex certa scientia illas cum suspensionis ac omnibus et singulis aliis in eis contentis clausulis ad Datie et Norvegie regna etiam quoad officium collectorie fructuum, reddituum, censuum et iurium dicte camere pro tempore debitorum [et] cum honoribus, oneribus, et emolumentis nuper tibi ultra mare germanicum assignatis, tenore presentium extendimus, dictumque biennium quoad regna et provinciam Upsalensem, ac civitatem et diocesim Misnensem [ad] [a]liud biennium; quo vero ad alias provincias civitates et dioceses in litteris sub plumbo predictis expressas, civitatibus, diocesibus et locis temporali dominio charissimi filii nostri Caroli regis catholici dumtaxat exceptis, ad annum a fine primo dicti biennii computandum prorogamus. Cumque, sicut non sine animi dolore intelleximus in dicta provincia Upsalensi inter nonnullos prelatos ac proceres et communitates procurante zizanie seminatore diabolo orte sint dissensiones admodum graves, ex quibus gravissima bella verisimiliter nascentur, in infidelium et cristiane fidei hostium, Ruthenorumque scismaticorum ipsi provincie Upsalensi vicinorum consolationem ac reipublice cristiane infirmationem, nos periculi [sic] huiusmodi, prout ex officio desuper iniuncto nobis incumbit, obviare et in [sic] illa eveniant providere cupientes, tibi in virtute sancte obedientie iniungimus, ut infra unius mensis spatium post presentationem presentium tibi faciendam immediate sequentis tu, quem ad tollendas dissentiones [sic] predictas et alia infrascripta peragendum nostrum et apostolice sedis nuntium et angelum pacis cum potestate legati de latere mittimus, dictam provinciam Upsalensem versus iter arripias, et illud sine notabili mora personaliter continues omnesque et singulos illius prelatos proceres et nobiles ac comunitates et singulares personas cuiuscunque dignitatis, status, gradus, ordinis vel conditionis fuerint, etiam si pontificali, archiepiscopali et primatus, seu ducati, marchionali vel quavis alia ecclesiastica vel mondana preeminencia prefulgeant, nostre et dicte sedis nomine ad pacem unionem et concordiam inter se amplectendum et ineundum exhorteris, convocatis utrisque partibus vel eorum legitimis procuratoribus, pacem inter eos summo conatu juxta prudentiam tibi a Deo datam componere studeas illaque, annuente Deo, per te dicto nomine composita decretum etiam pecuniaria tuo arbitrio stantuenda [sic] et applicanda ac quacumque alia de qua tibi videbitur pena vallatum auctoritate nostra interponas. Et si forsan, quod Deus ipse avertat, jam bellum repereris inchoatum, treugas ad opportunum tempus indicas, infra quod et partes seu eorum procuratores predictos audire et belli causam seu causas plene intelligere, et partes ipsas componere; vel nobis, que coram [a] te allegata dicta et proposita fuerint, significare partesque ad audientiam nostram, assignato eis competenti termino, si tibi videbitur, infra quem vel per se vel legitimos procuratores coram nobis justiciam recepture compareant, remittere possis omnesque et singulos prefatos, qui forte treugas per te indicendas huiusmodi acceptare recusaverint, per sententias et censuras ecclesiasticas ac etiam simili pecuniaria pena simili tuo arbitrio statuenda et applicanda et alia opportuna iuris remedia compellas et constringas; contradictoresque et rebelles penas, sententias et censuras huiusmodi incurrisse declares, aggraves, reaggravaries [sic] et interdictum ecclesiasticum, invocato etiam si opus fuerit, auxilio brachii secularis, apponas, ceteraque facias et fieri mandes, que legatus a latere nostro missus facere posses. Et ut tam regnorum quam singularum provinciarum civitatum et diocesum huiusmodi prelatis, incolis et personis et [omnib]us confluentibus te reddere possis graciosum, et *[Loch. Lücke für etwa 10 Buchstaben]* te fabrice negotia facilius exequi valea[s] *[Loch. Lücke für etwa 14 Buchstaben]* similibus tibi ultra [litte]ras priores tibi quorrum[?] et in forma brevis di [. .] alias a nobis emanatas litteras necnon et in eo contenta . . . . . tenore etiam extensionem predictam

[a] *Vorl.* curam.

103. Andreas Tucher von Nürnberg an den Fuggerschen Faktor Engelhart Schauer in Rom. Nürnberg 1516 Nov. 14.

K. Kreisarchiv Nürnberg. Briefbuch Nr. 76 fol. 76.

Dem Erbern vnnd Achtparnn Engelharten Schawer zu Rome meinem lieben herren vnnd freunndt.

Mein freuntlich willig diennst zuuvor lieber Meister Enngelhart! Zu meiner haimkunfft hab Ich mich bey einem Erbern Rath, meinen herrn vnd Freunden, von wegen des ablas, derhalben Ir nachst zu Rom muntlich mit mir gehanndelt, beschaid vnd vnnderricht erholt vnd disen beuelh, euch zuersuchen vnd zupitten erlanngt, Das Ir den angetzaigten ablas, laut der vberanntwurten verzaichnus bey Babstlicher heyligkeit zuerheben vleys fürwennden wollet, vnd zuerlangung desselben sollt Ir von einem, zwaien bis zu 300 fl außzugeben gewallt haben. Sollt Ir aber vber allen ewren vleys den vmb angezaigte Summa nit mogen zuwegen bringen, des sich doch meine freund vnd Ich ewern stannd, ansehen vnd wesen nach, darynn Ir seyt, ganntz nit versehen, So soll euch dannocht zusampt diser Summa zugelassen sein Babstlicher heyligkait von dem, so In krafft solches ablas alhie Jarlich gefallen wirdet, einer partem das wer ein viertayl, drittail oder, wo es ye pesser nicht erlanngt werden mocht, ein halbtayl zuzusagen vnd zubewilligen, darynnen wollet gutten vleys prauchen vnd euch selbs zum füglichsten In die sachen schicken, wie meine Herrn vnd Ich ganntz nit zweyfel tragen. Das werden dieselben meine Herren vmb euch mit ganntzem willen verdienen, Bin euch euer erzaigten Freundtschafft vnd wolthaten In vleys abermalen danckpar vrputtig, das vmb euch In sonnderhait auch nit vnuerdient zulassen. Datum Freytag nach Martini 1516.

Endreß Tucher zu Nurmberg.

104. Quittung über Gelder der Fabbrica di San Pietro, die der Erzbischof von Upsala durch die Fugger eingezahlt hat. Rom 1516 Dezember 4.

Arch. Vatic. Divers. 66. fol. 40.

Leo papa X[s].

Motu proprio etc. fatemur recepisse in prompta et numerata pecunia a venerabili fratri nostro Jacobo archiepiscopo Upsalensi per manus Jacobi Fucher et nepotum mercatorum Alamanorum Romanam curiam sequentium ducatos trecentos auri de camera in auro, qui exacti fuerunt per dictum archiepiscopum pro fabrica principis apostolorum de Urbe, pro qua pecuniarum summa nobis effectualiter soluta prefatum archiepiscopum et Jacobum et nepotes ac eorum haeredes et successores quietamus absolvimus et liberamus volumusque et motu simili decernimus et declaramus presens mandatum pro sufficienti valida et ampla quietantia eis sufficere pro eorum securitate et cautela ac eidem presenti mandato in omni loco et coram quibuscumque judicibus fidem plenissimam tanquam publico instrumento adhibendam esse. In contrarium facient. non obstantibus quibuscumque. Datum Rome in palatio apostolico die quarta decembris 1516, pontificatus nostri anno quarto.

Ita fatemur quietamus et declaramus

Coll. Fu. de Narnia

105. Quittung über Trierer Ablaſsgelder, die durch die Fugger eingezahlt wurden. *Rom 1516 Dezember 4.*

Arch. Vatic. Divers. Camer. 66. fol. 39ʳ.

Leo papa Xˢ

Motu proprio etc. fatemur habuisse et recepisse in prompta et numerata pecunia a dilectis filiis decano et capitulo ecclesie Treverensis sive a domino Nicolao Roland nomine dicti capituli ducatos sexcentos et duos auri de camera solidos tres pro valore octingentorum quinquaginta quinque florenorum Renensium albis quinque et denariis undecim per manus dilectorum filiorum Jacobi Fucher et nepotum mercatorum Alamanorum Romanam curiam sequentium et sunt pro parte nobis obveniente ex jubileo concesso dictis decano et capitulo, pro qua pecuniarum summa nobis ut prefertur soluta prenominatos decanum et capitulum ac Nicolaum et Jacobum respective eorumque haeredes et successores quietamus absolvimus et liberamus: volumusque et motu simili decernimus et declaramus presens mandatum pro sufficienti valida et ampla quietantia eis sufficere pro eorum securitate et cautela ac eidem presenti mandato in omni loco et coram quibuscumque judicibus fidem plenissimam adhibendam esse. In contrarium facientibus non obstantibus quibuscumque. Datum Rome in palatio apostolico die quarto decembris MDXVI. pontificatus nostri anno quarto.

Ita fatemur quietamus et declaramus.

Coll. Fu. de Narnia

106. Leo X. providiert den Bischof Johann von Reval auf das nächsterledigte der Bistümer Riga, Dorpat, (Miliensis), Kurland und Abö u. a. *1517 Mai 4.*

Arch. Vatic. Reg. Vatic. 1204. fol. 218ʳ.

Leo etc. — Ad futuram rei memoriam. Romanus pontifex circa ecclesiarum omnium sue cure divinitus commissarum statum salubriter dirigendum, prout sibi ex pastoralis officii debito incumbit, semper intentus nonnunquam aliquam ex ecclesiis ipsis, etiam antequam vacationum incomodis subjaceant, dispositioni et ordinationi sue reservat, ut eis cum vacaverint de personis utilibus per suam et apostolice sedis providentiam salubriter valeat provideri. Ac igitur consideratione inducti et ex certis rationabilibus causis ad id animum nostrum monentibus cupientes uni ex Rigensi metropolitana ac Tarbatonensi, Miliensi, Curoniensi, Aböensi ac aliis regni Svetie cathedralibus ecclesiis, cum illam per cessum vel decessum illius qui illi preest vacare contigerit, per dicte sedis providentiam utilem et idoneam presidere personam et illi de persona venerabilis fratris nostri Johannis episcopi Revaliensis providere motu proprio non ad alicuius super hoc nobis oblate petitionis instantiam sed de nostra mera deliberatione et ex certa scientia et potestatis plenitudine ac de venerabilium fratrum nostrorum sancte Romane ecclesie cardinalium consilio pariter et assensu provisionem unius ex dictis ecclesiis, quam primo vacare contigerit, et de qua eidem Johanni episcopo providendum duxerimus, ordinationi et dispositioni nostre ac dicte sedis hac vice dumtaxat apostolica auctoritate tenore presentium specialiter reservamus, districtius inhibentes dilectis filiis capitulo dicte ecclesie, quam primo vacare contigerit, ne post decessum aut aliam vacationem ecclesie huiusmodi ea vice etiam pretextu privilegiorum a dicta sede eis concessorum tunc ad electionem futuri archiepiscopi seu episcopi procedere ac illis et aliis quibuslibet, ne contra reservationem nostram huiusmodi aliquid facere disponere seu attemptare audeant seu quoquomodo presumant, ac decernentes ex nunc irritum et inane, si secus super hiis a quoquam quavis auctoritate scienter vel ignoranter contigerit attemptari. Non obstantibus constitutionibus et ordinationibus apostolicis ac dictarum ecclesiarum juramento confirmatione apostolica vel quavis firmitate alia roboratis statutis et consuetudinibus necnon privilegiis indultis et litteris apostolicis eis forsan concessis, quibus illis alias in suo robore permansuris motu scientia et potestate[a] similibus specialiter et expresse derogamus, ceterisque contrariis quibuscumque. Nulli ergo etc. nostre reservationis inhibitionis decreti et derogationis infringere etc. Si quis autem etc. — Datum Rome apud Sanctum Petrum anno incarnationis dominice millesimo quingentesimo decimo septimo, quarto nonas Maii pontificatus nostri anno quinto.

Thomas de Binis.

L. cardinalis Sanctorum Quattuor.

Am Rande: Bembus.

[a] *Fol. 219.*

107. Motu proprio Leo X. Anerkennung einer Schuld von 9002 Dukaten bei den Fuggern, entstanden aus Lieferung von Metall, Vorschüssen usw. *Rom 1517 Mai 4.*

Arch. Vatic. Divers. Camer. 64. fol. 199[r].

Leo papa X.

Motu proprio etc fatemur recepisse a dilectis filiis Jacobo Fucher et nepotibus mercatoribus Romanam curiam sequentibus infrascriptas aeris quantitates, quas ut infra consignaverunt videlicet in civitate Ancone libras sexaginta milia Laurentio de Cechis de Florentia nomine Aloisii de Gaddis provincie nostre Marchie thesaurarii, in Civitate Vetula libras quinquaginta quatuor milia et trecentas octuaginta quatuor Paulo de Victoriis de Florentia triremium nostrarum capitaneo et in Urbe Romana libras triginta octo milia octingentas quinque Joanni de Spruch tormentorum magistro per eorum ministros nobis vel nostro nomine consignatas, constituentes in totum libras centum quinquaginta tria milia centum octuaginta novem, ad rationem quinquaginta ducatorum de carlenis pro quolibet miliarii constituunt in totum ducatos quinquemilia et octingentos nonaginta duos auri de camera, nec non octomilia et ducentos septuaginta septem libras stanni in Civitate Vetula supra dicto Paulo de Victoriis et hic in Urbe libras duomilia et octingentas quadraginta novem dicti stamni pro nobis supradicto Joanni consignatas, ad rationem centum et quindecim ducatorum auri pro quolibet miliare constituunt ducatos mille et ducentos septuaginta octo et tres ex quatuor partibus alterius ducati auri de camera, constituentes in totum ducatos septemmilia centum et septuaginta cum tribus quartis alterius ducati auri similes, nec non ducatos quadringentos quadraginta quinque pro expensis sexagintamilia libras aeris rami nuncupati conducti ex civitate Messanensi ad civitatem Anconitanam et ducatos centum quinquaginta septem cum dimidio pro expensis factis in conducendo libras quinquaginta quatuor milia conductas ex dicta civitate Messanensi ad Civitatem Vetulam et ducatos viginti sex pro pensione orrei, ubi fuerunt conservata dicta metalla in Civitate Vetula, et ducatos ducentos et tres pro expensis factis morando penes Elvetios per quatuor menses ad numerandas pecunias quandoque cum quinque quandoque cum octo equis et eundo ad dictos Elvetios, et ducatos mille nobis in pecunia numerata pro nostris et apostolice sedis necessitatibus numeratos, in totum ducatos novemmilia et duos auri de camera. Qua propter volentes eorum indempnitati et securitati providere constituimus ex nunc et tenore presentium declaramus veros et legitimos nostros et camere apostolice creditores de suprascriptis pecuniarum summis proque earum faciliore conservatione motu simili concedimus et assignamus ex nunc eis usque ad integram ejusdem summe satisfactionem omnes annatas et communia omnium ecclesiarum et monasteriorum ac quecumque alia jura nobis et eidem camere debita tam ex occasione cujuscumque jubilei vel indulgentiarum concessarum vel concedendarum presertim ex provinciis Alemanie, Dacie nec non omnes pecuniarum summas, quas ad eorum manus pro expeditionibus per eos pro tempore faciendis nobis et ipsi camere ex quavis causa etiam ratione cujuscumque compositionis solvendis in futurum provenire contigerit, etiam ex provinciis Livonie, Ungarie, Polonie, quas absque aliqua contradictione exigere et penes se retinere possint usque ad integram satisfactionem predictam, inhibentes propterea districtius quibuscumque nuntiis, legatis, commissariis et aliis quibuscumque personis quacumque auctoritate fungentibus, ne prefatos mercatores occasione premissa sub quovis colore aut pretextu molestare presumant. Mandamus venerabili fratri nostro R[do] episcopo Ostiensi camerario, thesaurario et clericis camere apostolice presidentibus, ut eisdem Jacobo et nepotibus de suprascripta summa quamprimum satisfieri ac scripturas, mandata et instrumenta super hiis necessaria et opportuna confici et expediri curent et mandant pro ipsorum mercatorum securitate. In contrarium facientibus non obstantibus quibuscumque. Datum Rome apud sanctum Petrum die quarta Maii millesimo quingentesimo XVII. pontificatus nostri anno quinto

Ita fatemur et motu proprio mandamus J.

Collationatum cum originali et concordat Donatus.

107[a]. Leo X. bestätigt die St. Annenbruderschaft in Annaberg, verleiht der Stadt und ihren Bewohnern eine Reihe von Gnaden und gibt zugunsten des Baues der Pfarrkirche einen Jubelablaſs auf 25 Jahre. 1517 Mai 24.

Arch. Vatic. Reg. Vatic. 1204. fol. 239.

Gedruckt nach dem Original in (A. D. Richters), Chronica der Bergstadt St. Annaberg (1746) S. 70 ff. Voll von Fehlern.

Leo etc. Ad perpetuam rei memoriam. Salvatoris nostri domini Jhesu Christi Dei patris unigeniti, qui pro redemptione humani generis carnem nostram sumere et crucem subire non abnuit, vices licet immeriti gerentes in terris de salute gregis sui cure nostre divina dispositione commissi solicitis studiis sedulaque meditatione, prout nostro pastorali incumbit officio, cogitamus et oves gregis eiusdem ad sinceritatis devotionem necnon pietatis et caritatis opera, quibus eterne felicitatis premia promereri possint, exercenda et ad ecclesiarum presertim sub invocatione dive Anne, cui salvator ipse tantam gratiam concedere dignatus est, ut Mariam sacratissimam eius genitricem in utero suo benedicto meruerit portare, et que cum filia pro salute Christifidelium ante tronum divine clementie intercedere non cessat, dedicatarum reparationem et manutentionem temporalia auxilia exhibenda, quantum cum Deo possumus, inducere studemus, ac hiis, que propterea ex pia Christifidelium eorumdem devotione instituta dicuntur, ut firma permaneant, apostolici muniminis presidium propensius impartimur, et ut fideles ipsi ad premissa exequenda promptiores se exhibeant, eos quibusdam spiritualibus et ad id allectivis muneribus prosequimur, eorumque pia suffragia donis celestibus confovemus, ut exinde divine gratie aptiores reddantur ac caritatis devotio in eis peramplius augeatur. Sane pro parte dilectorum filiorum nobilis viri Georgii ducis Saxonie lantgravii Thuringie ac marchionis Misne necnon rectoris consulum proconsulum et universitatis ac incolarum et habitatorum oppidi Montis Sancte Anne Misnensis diocesis temporali dominio dicti ducis subiecti [a], quod alias ipsi ad laudem et honorem omnipotentis Dei et beate Marie virginis eius gloriose genitricis ac sanctorum Anne Joachim et Joseph necnon pro divini cultus augmento et Christi fidelium animarum salute in parrochiali ecclesia eiusdem sancte Anne dicti oppidi, quod a paucis annis citra in locis montuosis et nemorosis [b], in quibus olive non crescunt, constructum et edificatum extitit et in confinibus regni Bohemie et hereticorum consistit, unam notabilem confraternitatem utriusque sexus fidelium laudabiliter instituerunt ac nonnullas licitas et honestas ordinationes desuper fecerunt. Quare pro parte Georgii ducis ac rectoris consulum proconsulum universitatis incolarum et habitatorum predictorum nobis fuit humiliter supplicatum, ut institutioni et ordinationibus huiusmodi pro illarum subsistentia firmiori robur apostolice confirmationis adiicere ac alias in premissis oportune providere de benignitate apostolica dignaremur. Nos igitur, qui circa ea, per que Christifideles piis caritatis et subventionis operibus vacantes animarum suarum salutem Deo propitio consequi possint, potestatis nobis credite auctoritatem libenter impartimur, Georgium ducem ac rectorem consules proconsules universitatem incolas et habitatores prefatos et ipsorum singulos a quibusvis excommunicationis suspensionis et interdicti aliisque ecclesiasticis sententiis censuris et penis a jure vel ab homine quavis occasione vel causa latis, si quibus quomodolibet innodati existunt, ad effectum presentium dumtaxat consequendum harum serie absolventes et absolutos fore censentes, huiusmodi supplicationibus inclinati institutionem confraternitatis et ordinationes huiusmodi auctoritate apostolica tenore presentium approbamus et confirmamus, supplentes omnes et singulos defectus tam juris quam facti, si qui forsan intervenerint in eisdem. Et insuper auctoritate et tenore predictis perpetuo statuimus et ordinamus, quod confratres dicte confraternitatis presentes et futuri sive in dicto opido sive

---

[a] *Fehlt wohl etwas.*

[b] *Fol. 239 r.*

alibi commorantes pro ipsius confraternitatis directione et manutentione quecumque statuta et ordinationes rationabilia et sacris canonibus non contraria condere et facere, ac quod etiam ex nunc perpetuis futuris temporibus rector dicte ecclesie pro tempore existens per se vel alium presbiterum secularem vel cuiusvis ordinis regularem, per eum ad id quotiens[a] sibi videbitur eligendum, venerabile eucharistie sacramentum singulis quintis feriis cuiuslibet ebdomade ac singulis eiusdem beate Marie virginis necnon inventionis sancte crucis et sancti Laurentii ac ipsius sancte Anne et aliorum sanctorum, sub quorum invocationibus dicta ecclesia dicata existit, et dedicationis eiusdem ecclesie festivitatibus processionaliter absque velamine per ipsam ecclesiam et illius cimiterium ac vicum foro et aliis locis illi propinquis adiacentem cum debitis reverentia et honore deferri, ac processione facta sacramentum huiusmodi super manis vel aliud in honorem ipsius sacramenti in dicta ecclesia constructum vel construendum altare, donec missa in eius honore celebranda celebrata fuerit, publice teneri et collocari facere possint; ac quod devote interessentes celebrationi processionis vel misse huiusmodi indulgentiam triginta annorum et totidem quadragenorum consequantur. Quodque singuli ex confratribus confraternitatis huiusmodi presentibus et futuris usque ad numerum mille, viro et uxore pro una persona computatis, primo in illius confratres nunc et pro tempore recepti aliquem presbiterum secularem vel cuiusvis ordinis regularem in eorum confessorem, qui vita eis comite ipsos et eorum singulos a quibusvis etiam maioris excommunicationis aliisque ecclesiasticis sententiis censuris et penis a iure vel ab homine quavis auctoritate vel occasione latis et symonie labe etiam in sacris ordinibus vel beneficiis commisse ac ommissionis horarum canonicarum et divini officii ac defectu vel negligentia in illorum recitatione commissis et quibusvis criminibus excessibus et delictis quantumcunque gravibus et enormibus etiam talibus, de quibus esset sedes apostolica merito consulenda, videlicet in casibus eidem sedi reservatis, exceptis contentis in bulla in die cene domini legi consueta, semel dumtaxat in vita ab aliis[b] vero, quotiens fuerit oportunum, eorum confessionibus diligenter auditis absolvere ac eis debitam absolutionem impendere et penitentiam salutarem iniungere. Necnon super irregularitate premissorum occasione vel alias preterquam ratione homicidii voluntarii et bigamie in foro conscientie dumtaxat, ita quod sic indebite promoti in omnibus per eos susceptis ordinibus ministrare ac beneficia, sic (!) symoniace assecuta forent, aliqua compositione pro fabrica dicte ecclesie iuxta ordinationem suorum confessorum retinere libere et licite possint dispensare. Necnon vota quecumque, ultramarino liminum beatorum Petri et Pauli apostolorum

[a] *Fol. 240.*
[b] *Fol. 240* [r].

de Urbe et sancti Jacobi in Compostella ac castitatis et religionis votis dumtaxat exceptis, in alia pietatis opera commutare, sic quod commutatio huiusmodi ad utilitatem fabrice ipsius ecclesie cedat, ac omnium peccatorum, de quibus corde contriti et ore confessi fuerint, etiam semel in vita et in mortis articulo plenariam remissionem concedere valeant, eligere; et si ipsos confratres aut eorum aliquem ad loca ecclesiastico interdicto ordinaria auctoritate supposita declinare contigerit, in illis clausis januis non pulsatis campanis et submissa voce, excommunicatis et interdictis exclusis, dummodo causam non dederint interdicto nec id in eos specialiter emanaverit, missas et alia divina officia audire et ad illa audienda admitti eorumque tempore interdicti huiusmodi decedentium corpora in loco interdicto huiusmodi supposito ommissa tamen solita pompa funebri ecclesiastice sepulture tradi possint; liceatque eisdem confessoribus et eorum singulis super male ablatis incertis vel per usurariam pravitatem quesitis etiam certis, que fenerator ab alio feneratore extorsisset et ipse requisitus ab eo, cui usure restitui deberent, illas illi restituere paratus non fuerit, et etiam bonis, que ad aliquorum manus pervenerint, et illa habentes, quibus restitui debeant, ignoraverint vel dubitaverint, quamquam male ablata per eos extiterint seu alias illa ad eos pervenerint, et similiter super hiis, que pauperibus et piis locis in genere relicta fuerunt vel relinquentur, ita ut soluta[a] aliqua quantitate pro fabrica seu aliis neccessariis usibus prefate ecclesie a reliquorum sic male ablatorum et per usurariam pravitatem extortorum seu, que ad eos alias pervenerint et quibus ea restitui debeant ignoraverint, ut prefertur, restitutione absoluti sint et aliquid ultra restituere minime teneantur, componere et eosdem confratres etiam ab huiusmodi casibus absolvere. Ac eos, qui in tertio vel quarto consanguinitatis vel affinitatis gradu coniuncti matrimonium scienter vel ignoranter invicem contraxerint et contractum ipsum carnali copula consumaverint, si impedimentum huiusmodi in iuditium deductum non fuerit vel scandalum generari non possit, ab excessu huiusmodi et excommunicationis sententia iniuncta eis pro modo culpe penitentia salutari, que etiam ad usum predictum dirigatur, absolvere, et cum sic contrahentibus, ut secreto de novo invicem matrimonium contrahere et in illo sic contracto remanere libere et licite valeant, prolem susceptam ex huiusmodi matrimonio, si qua sit, et suscipiendam legittimam decernendo in foro conscientie predicto dumtaxat dispensare valeant. Et cum, sicut accepimus, licet dictam ecclesiam sumptuoso opere construi cepta nondum tamen perfecta extiterit, ut ecclesia ipsa ad debitam perfectionem deducatur et illa congruis frequentetur honoribus ac in suis structuris et edificiis debite reparetur conservetur et manuteneatur necnon libris calicibus et aliis ad divinum cultum

---

[a] *Fol. 241.*

necessariis ornamentis fulciatur et decoretur ac Christifideles eo libentius devotionis causa ad dictam ecclesiam confluant et ad premissa manus promptius adiutrices porrigant, quo ex hoc ibidem dono celestis gratie uberius se conspexerint refectos, quod dicti confratres et alii utriusque sexus Christifideles, qui quadragessimalibus et aliis anni temporibus et diebus, quibus Urbis et extra illius muros consistentes basilice et ecclesie pro stationibus deputatis et indulgentiis consequendis visitantur, ecclesiam predictam devote visitaverint[a] et ad premissa manus adiutrices porrexerint, eamdem quam Urbis et extra illius muros consistentes predictas ac etiam alias beate Marie de Populo dicte Urbis basilicas et ecclesias visitantes consequuntur. Ac qui pro premissis qualibet die aliquam elemosinam erogaverint, omnium suffragiorum et spiritualium bonorum, que per dictos confratres in ipsa ecclesia pro tempore fient, participes sint et quinquaginta annorum, ac processioni et misse predictis pro tempore interessentes centum annorum et totidem quadragenarum pro qualibet vice, qua id fecerint, et qui singulis tertiis feriis, quibus in eadem ecclesia missa ad honorem eiusmodi sancte Anne solemniter decantari consuevit, celebratione huiusmodi interfuerint etiam si non usque in finem permanserint et pro premissis manus adiutrices porrexerint, pro qualibet vice, qua id fecerint, triginta annorum ac illi, qui in sancti Joseph et sancti Joachim necnon sancti Rochi festivitatibus a primis vesperis usque ad occasum solis cuiuslibet festivitatum earumdem inclusive ecclesiam ipsam visitaverint necnon celebrationi quinque anniversariorum, primi videlicet prima quadragessime qua Jnvocavit et alterius qua Exaudivit pro introitu misse in ecclesia Dei cantatur ac alterius post sancte Anne et alterius pro [sic!] sancti Francisci necnon alterius post circumcisionis domini festa dominicis et in festo sancti Laurentii pro omnibus Christifidelibus in eadem ecclesia celebrari solitorum, devote in toto vel in parte interfuerint et ad premissa manus adiutrices porrexerint, pro qualibet ex festivitatibus et diebus predictis, quibus id fecerint, quadraginta annorum et totidem quadragenarum indulgentiam. Necnon qui infra vigintiquinque annos proxime futuros, inter quos annus jubilei proxime futurus non computetur, sed eo elapso presentes littere in pristinum statum quoad hoc restitute sint et esse censeantur, in aliqua ex tribus precedentibus et totidem sequentibus diem dominicam, qua in ecclesia Dei cantatur letare Jerusalem, diebus vel ipsa die dominica, ac qui tribus precedentibus et totidem sequentibus festum sancte Anne diebus et ipso festo usque ad occasum solis cuiuslibet[b] dierum huiusmodi eandem ecclesiam visitaverint et in capsa ad hoc per infrascriptum commissarium deputanda suas ele-

---

a *Fol. 241 r.*
b *Fol. 242.*

mosinas in subsidium dicte fabrice iuxta ordinationem per eumdem commissarium seu eius substitutos super hoc faciendam imposuerint, plenissimam omnium peccatorum suorum, de quibus corde contriti et ore confessi fuerint, ad instar veri jubilei remissionem consequantur. Et ut Christifideles prefatam ecclesiam ex causa antedicta visitantes et aptiores ad huiusmodi indulgentias consequendas reddantur, quo suorum peccatorum nexibus fuerint liberati, quod decanus ecclesie Misnensis pro tempore existens per se seu unum vel plures alios commissarios loco sui substituendos, qui confessores seculares vel cuiusvis ordinis regulares tot quot necessarii fuerint cum traditione virgarum more Romane curie locare et ordinare, ipsique confessores prefatos Christifideles ab omnibus et singulis excommunicationis et aliis ecclesiasticis sententiis censuris et penis ac aliis suis peccatis criminibus delictis et excessibus etiam sedi predicte reservatis, exceptis contentis in dicta bulla in die cene domini legi consueta, absolvere et pro commissis debitam penitentiam iniungere ac vota quecumque in alia pietatis opera commutare et juramenta relaxare necnon eisdem Christifidelibus et eorum cuilibet aliquam elemosinam pro consecutione huiusmodi indulgentie plenarie in capsa ad hoc deputanda ponendam ordinare et limitare possint ac etiam ad hoc, ut defunctis, qui per caritatem Christo uniti ab hac luce decesserint, pro quibus ab ipsorum consanguineis vel amicis temporibus predictis aliqua elemosina in usum dicte fabrice erogabitur, eadem indulgentia de iniunctis eis penitentiis et penis, quibus in purgatorio secundum divinam iusticiam sunt expositi, suffragetur. Quodque infirmi decrepiti valitudinarii ac alias impediti transmittendo ad capsam predictam pro fabrica ecclesie huiusmodi, quantum per unam ebdomadam in victualibus exponerent, dictam indulgentiam promereri et consequi et quod taliter impediti in locis, ubi fuerint, confessores[a] eligere possint, qui similiter eos modo predicto absolvere valeant. Ac quod etiam quicumque, qui per dictos confessores pro tempore absolutis(?) et cum quibus dispensatum fuerit super criminibus peccatis et excessibus sic remissis ac dispensationibus eis concessis vel alias quomodolibet molestaverint aut ipsos confessores in premissis omnibus modo aliquo de jure vel de facto impediverint, excommunicationis sententiam incurrant eo ipso, a qua ab alio quam a nobis et sede predicta preterquam in mortis articulo constituti absolutionis beneficium nequeant obtinere. Ac quod tam confratres predicti quam alii incole et habitatores dicti opidi ac etiam forenses ad illud pro tempore advenientes una cum tota eorum familia et aliis ad mensam eorumdem discumbentibus eisdem quadragessimalibus et aliis temporibus et diebus, quibus esus carnum ovorum butiri casei et aliorum lacticiniorum de jure vel consuetudine et

---

[a] *Fol. 242r.*

alias prohibitus existit, ovis butiro caseo et aliis lacticiniis necnon de consilio utriusque medici etiam carnibus uti et vesci possint. Decernentes presentes litteras et in eis contenta quecumque sub quibusvis revocationibus suspensionibus et modificationibus quarumvis indulgentiarum et remissionum etiam in favorem fabrice basilice principis apostolorum de dicta Urbe aut alias ex quacumque causa per nos et sedem predictam nunc et pro tempore factis vel deinceps etiam occasione jubilei proxime futuri faciendis non includi, sed ab illis omnibus semper exceptas esse et, quotiens includerentur seu includi viderentur, totiens adversus illas in pristinum et eum statum, in quo antea quomodolibet erant, restitutas repositas et plenarie reintegratas et, nisi de verbo ad verbum specialiter et expresse etiam cum presentium insertione derogetur, pro revocatis non haberi. Quocirca dilectis filiis abbati Veteriscelle et per prepositum gubernari soliti sancti Thome in Lipsi Misnensis et Marseburgensis diocesis monasteriorum ac ecclesie Misnensis prepositis per apostolica scripta mandamus, quatenus ipsi vel duo aut unus eorum per se vel alium seu alios presentes litteras et in eis contenta, quecumque ubi et quando opus fuerit, ac quotiens pro parte ducis et confratrum predictorum presentium et futurorum seu alicuius eorum fuerint requisiti, solemniter publicantes eisque in premissis efficacis defensionis presidio[a] assistentes faciant presentes et in eis contenta huiusmodi per censuras et penas ecclesiasticas inviolabiliter observari ac singulos, quos eedem presentes concernunt, illis pacifice gaudere, non permittentes eos desuper per ordinarios locorum aut quoscumque alios quavis auctoritate fungentes desuper quomodolibet indebite molestari perturbari aut inquietari. Nos enim eisdem abbati et prepositis prefatis locorum ordinariis et quibuscumque aliis, ne publicationem indulgentiarum huiusmodi impediant nec aliquos questores preterquam sancti Antonii admittant, sub excommunicationis ac etiam pecuniariis eorum arbitrio moderandis penis inhibendi ac penas huiusmodi incurrisse declarandi et alia in premissis necessaria faciendi et exequendi, contradictores quoslibet et rebelles per easdem censuras et penas et alia juris remedia compescendo, invocato etiam ad hoc si opus fuerit auxilio brachii secularis, facultatem concedimus per presentes. Non obstantibus quibusvis apostolicis ac in provintialibus et sinodalibus conciliis editis generalibus vel specialibus constitutionibus et ordinationibus necnon quibusvis privilegiis indultis et litteris apostolicis in contrarium quomodolibet forsan concessis et confirmatis, quibus omnibus tenores illorum, ac si de verbo ad verbum inserti forent, presentibus pro sufficienter expressis habentes quo ad premissa specialiter et expresse derogamus contrariis quibuscumque; aut si eisdem locorum ordinariis vel quibusvis aliis

---

[a] *Fol. 243.*

communiter vel divisim a dicta sit sede indultum, quod interdici suspendi vel excommunicari non possint per litteras apostolicas non facientes plenam et expressam ac de verbo ad verbum de indulto huiusmodi mentionem. Volumus autem, ne, quod absit, ipsi confratres pro tempore et infra dictum numerum existentes pro tempore huiusmodi gratiam vel commissionem eligendi confessorem reddantur procliviores ad illicita imposterum committenda, quod, si a sinceritate fidei unitate Romane ecclesie ac obedientia et devotione nostra aut successorum nostrorum canonice intrantium destiterint aut ex confidentia eiusdem concessionis vel remissionis aliqua forsan commiserint, concessio et remissio predicte et quoad illas presentes littere eis nullatenus suffragentur. Nulli ergo etc.[a] nostre absolutionis approbationis confirmationis suppletionis statuti ordinationis decreti mandati concessionis et voluntatis infringere etc. Si quis autem etc. Datum Rome apud Sanctum Petrum anno incarnationis dominice millesimo quingentesimo decimo septimo, nono kalendas junii, pontificatus nostri anno quinto.

Jho. de Binis
L. cardinalis Sanctorum Quattuor.

Am Rande: Bembus.

108. Mandat des Erzbischofs Albrecht von Mainz, betreffend die Behandlung der Ablafsgelder. Aschaffenburg 1517 Mai 28.

Kreisarchiv Würzburg. Mainzer Ingrossaturbuch Nr. 52 fol. 78—78 verso.

Mandat der Fucker halber außgangen das ablás gelt zu Mentz und anderswo betreffent.

1517.

Wir Albrecht etc. thun allen und iglichen unsern subcommissarien und iren mitdeputirten durch uns und unsern lieben andechtigen den Quardian unsers barfussers closters in unser stat Mentz unsern mitcollegen in der durch unsern allerheiligsten vatter den bapst jungst gegeben und gelegten gnade und ablas in unser ertzbistumb zu Mentz und Magdeburg und derselben provincien gesatzt, geordent und gemacht, zu wissen, das gedachter unser heiligster vatter der bapst uns kurtzverschiener tege ein breve zugeschickt und darin uns und unsern subcommissarien by pene des banns ernstlich bevohlen hat, einiche trohen oder kisten, so zu erhaltung des ablas gelts in gemelten unsern ertzbistumben und derselben provincien gesatzt sein, one bysein der Fucker oder irer procurator und bevelhaber nit zu offnen, sonder inen zu iglicher kisten ein schlussel geben und den halben teil des gefallen ablas gelts,

[a] *Fol. 243 r.*

doch zuvor allen uncosten abgezogen, von wegen bepstlicher heyligkeit volgen ze lassen etc., wie dan solichs bebstlicher bevelhe wyther inhelt und begryfft: dweil wir aber bebstlicher heiligkeit herin gehorsam zu sein und zu leisten schuldig und das fur uns selbst zu thun geneigt sein, so bevelhen wir euch allen sampt und besondern, so mit diesem unserm offen brieff oder desselben glaubwirdigen copy ersucht werdet, hiemit ernstlich gepietend und wollen, das ir auf ansuchen und begern des ersamen unsers lieben besondern Jacob Fuckers oder sein volmechtigte anwelde, ime oder inen zu einer iglichen trohen oder kisten, darin das ablas gelt ligen ist, geben und zustellen wollet, auch dieselben kisten nit anders, dan in irem bysein offen oder etwas daruß nemen oder entpfahen, sonder dieselben kisten uff ire begern und in bysein eins glaubhaftigen notarien und gezeugen uffschlysset und nach abzug des ufgangen costens den halben theil solicher gefelle des ablas gelts von gemelts ūnsers heilgen vatter des bapsts und den andern halben theil in bezalung der summa gelts, so wir ime dem Fucker zu thun sein, gebeut und one eintrag volgen lasset, und wes ir also handelt, daruber wollent dry gleichformig offen instrument durch einen glaubhafftigen notarien machen und darin, wes nach dem abzug des costens, so in vollen furung und ußrichtung solichs ablas darauf gangen ist, uberig sein wirdet, sonderlich anzeichen und ufschreiben und dieselben instrumenta eins dem Fucker oder seinem volmechtigen anwalt und die andern zwey uns eigentlich und gewißlich uberliebert, und dem also one alle einrede und verhinderung mit allem vleyß und one einiche hindersich sehen nachkommen und vollentziehung thun. Daran geschicht unser ernstlich bevelhe und meynung, bebstlicher heiligkeit getraute pene in obgerurtem breve bestimpt und unsere schwere straff und ungnade zu vermeyden. Und des zu urkhundt haben wir unser siegel zuruck diß briefs thun trucken, der geben ist zu Aschaffenburg uff dornstag nach dem sontag Exaudi anno domini millesimo quingentesimo decimo septimo.

109. Ablaſsbulle zugunsten des Baues von St. Peter, gültig für die Observantenprovinz Österreich auf zwei Jahre. *1517 Juni 18.*

Arch. Vatic. Reg. Vatic. 1196. fol. 102—107^r^.

Leo etc.

Universis et singulis Christifidelibus presentes litteras inspecturis salutem etc. — Licet postquam divina favente clementia ad summi apostolatus apicem meritis licet imparibus assumpti fuimus, multa se nobis pro orthodoxe fidei ampliatione statuque et dignitate huius sancte sedis debito decore retinendis ecclesiasticorumque omnium et Romane curie ritibus et moribus in melius reformandis, que etiam in minoribus constituti toto mentis affectu cupiveramus se nobis meditanda ac quantum ex alto conceditur exequenda reddiderint, illud tamen nullatenus intermittendum ducimus, quod Christianorum omnium votis expeti non ambigimus et necessitate ipsa cernitur exoptari. Cum igitur felicis recordationis Julius papa II. predecessor noster reparationem et ampliationem basilice principis apostolorum de Urbe opere magnificentissmo, ut matri omnium ecclesiarum convenit, inceperit iusseritque, ut nova erigi posset, non parvam veteris basilice partem demoliri, animadverteritque ad tanti operis absolutionem huius sancte sedis facultates modo suppetere, nisi christifidelium iuvarentur suffragiis et elemosinis, et ad invitandum eosdem ad pietatis opera et ad porrigendum manus adiutrices tam sancto et pernecessario operi in viginti quinque provinciis secundum morem ordinis fratrum minorum de observantia numerandis complures concesserit indulgentias et facultates, quarum cum intelleximus Christifideles in tota provincia Austrie secundum morem ordinis fratrum minorum sancti Francisci terminanda degentes cupere participes fieri, nos paterne animarum earundem saluti et dicte fabrice oportune subveniri consulere cupientes, exemplo salvatoris nostri, qui ad diversas mundi partes ad predicandum sanctum evangelium, ut animas patri lucrifaceret, suos apostolos misit, quantum nobis ex alto conceditur, sectantes et de ipsius omnipotentis dei misericordia et beatorum apostolorum Petri et Pauli ac omnium sanctorum eius meritis confisi motuproprio[a] et ex certa scientia ac de apostolice potestatis plenitudine prefati predecessoris vestigiis inherendo universis et singulis Christifidelibus utriusque sexus cuiuscunque dignitatis gradus ordinis condicionis et preeminentie existant tam secularibus quam regularibus etiam ordinum quorumcunque totius provincie predicte et ad illam undecunque confluentibus vere penitentibus et confessis, qui infra biennium a publicatione presentium a kalendis septembris proxime futuris computandum ecclesias in dicta provincia, quas dilectus filius ordinis fratrum minorum regularis observantie professor et dicte provincie minister provincialis, de cuius fide diligentia et integritate ob eius laudabilem vitam probatos mores plurimum in domino confidimus et quem ad hec et infrascripta peragendum nostrum et apostolice sedis nuncium et commissarium ad dictum biennium facimus constituimus et deputamus, per se vel alios nominaverit et deputaverit juxta eiusdem nuncii et commissarii seu deputandi vel deputandorum aut subdelegandi vel subdelegandorum ab eo providam ordinationem super hoc faciendam devote visitaverint et in capsis ad hoc in subsidium dicte fabrice per nuncium seu commissarium seu deputandum vel subdelegandos predictos deputandis juxta nuncii et commissarii ac deputandorum vel subdelegandorum predictorum ordinationem et arbitrium

---

a *Fol. 102* r.

pias elemosinas effectualiter posuerint, plenissimam omnium peccatorum suorum remissionem ac tot et similes indulgentias et peccatorum remissonem etiam consequantur, quas consequerentur, si singulis diebus quadragesimalibus et totius anni singulas dicte Urbis et extra eam ecclesias, que a Christifidelibus propter stationes visitari solent, personaliter visitarent. Et qui cum prefatis commissario seu delegandis aut subdelegandis predictis convenerint, ut idoneum possint eligere confessorem secularem vel cuiusvis ordinis etiam mendicantium regularem [a], qui eorum coffessione diligenter audita, pro commissis per eligentem delictis et excessibus ac peccatis quibuslibet quantumcunque gravibus et enormibus etiam sedi apostolice reservatis casibus ac censuris ecclesiasticis etiam ab homine ad alicuius instantiam latis de consensu partium etiam ratione interdicti incursis et quorum absolutio dicte sedi esset reservata, preterquam machinationis in personam summi pontificis, occisionis episcoporum aut aliorum superiorum prelatorum et iniectionis manuum violentarum in illos et alios prelatos, falsificationis bullarum et litterarum apostolicarum, delationis armorum et aliorum prohibitorum ad partes infidelium ac sententiarum et censurarum occasione aluminum Tulphe nostre ad de partibus fidelium ad infideles contra prohibitionem nostram delatorum incursarum semel in vita et in non reservatis casibus totiens, quotiens id petierint, et in mortis articulo plenariam omnium peccatorum indulgentiam et remissionem impendere ac penitentiam salutarem iniungere et eucharistie sacramentum preterquam in die paschalis et in mortis articulo aliis anni temporibus ministrare necnon emissa per eos vota quecunque, ultramarium ingressus religionis et castitatis votis duntaxat exceptis, nisi de eorum validitate merito contigerit dubitari, aut quod propter etatem vel infirmitatem seu consimilem causam persona religioni inabilis reddatur aut post votum matrimonium contraxerit, in quibus casibus etiam commutationem fieri posse volumus cum dispensatione, quod matrimonii debitum per eum, qui contra votum contraxerit, reddi possit et illo soluto religionem ingredi minime teneatur, sed propterea ad secunda vota transire non possit et totum, quod pro huiusmodi votorum commutationibus persolvetur, in opus dicte fabrice converti debeat ac cum simonie in ordinibus vel beneficiis commissa labe pollutis ad ipsum opus contribuentibus super irregularitate, si quam censuris huiusmodi ligati missas et alia divina officia non tamen in contemptum clavium celebrando aut alias divinis se immiscendo seu alias quomodolibet etiam beneficia ecclesiastica premissorum occasione vel alias indebite occupando preterquam ratione homicidii voluntarii et bigamie contraxerint, dispensare

[a] *Fol. 103.*
[b] *Fol. 103* v.

eosque abolere omnemque inhabilitatis et infamie maculam [b] sive notam ex hiis provenientem abolere et, ut in susceptis ordinibus ministrare ac sic quesita beneficia ecclesiastica, que ex tunc eis de novo collata censeantur, et perceptos ex eis fructus etiam ratione omissionis horarum canonicarum et divinorum officiorum facta aliqua compositione cum eis concedere necnon super male ablatis incertis vel per usurariam pravitatem quesitis etiam certis, que fenerator ab alio feneratore extorsisset et que ipse requisitus usuras restituere paratus non esset vel alicui private ecclesie deberentur, in quibus tantum Romana ecclesia de jure communi succedere posset, ac etiam bonis, que ad alicuius manus pervenissent, et illa habentes quibus restitui deberent ignoraverint vel dubitaverint, quanquam male ablata per eos non existant, seu illa ad eos pervenerint et similiter de hiis, que pauperibus et aliis piis locis ac pro maritandis puellis et celebrandis missis ac aliis divinis officiis in genere et absque ulla speciali determinatione et propriis nominibus personarum non expressis relicta forent, tam pro preterito quam pro futuro temporibns componere, ita ut soluta aliqua quantitate pro dicta fabrica eidem nuncio et commissario seu deputandis vel subdelegandis ab eo duntaxat in capsis ipsis ponenda a reliquorum sic relictorum et male ablatorum ac per usurariam pravitatem extortorum seu que ad eos alias pervenerint et cui ea restituere debeant dubitant vel ignorant, ut prefertur, restitutione huiusmodi absoluti existant et ultra restituere minime teneantur, eis concedere ac quoscunque, qui ante etatem legitimam ad sacros etiam presbiteratus ordines absque aliqua dispensatione se promoveri fecerunt et in susceptis ordinibus etiam ministrarunt, ac eos, qui ex quavis licita aut illicita cognatione proveniente affinitate consanguinitate carnali vel spirituali inter levatum et levantem excepto simplici aut multiplici gradu ac quoscunque publice honestatis iusticie impedimento seu alias quomodolibet impediti matrimonium scienter vel ignoranter in quarto vel tertio consanguinitatis et affinitatis ac per copulam fornicatoriam non tamen [a] publicam etiam in primo affinitatis gradu contraxissent ac carnali copula consummassent, si impedimentum huiusmodi in judicium deductum non fuerit vel scandalum generare non posset, ac etiam illos, qui in quarto consanguinitatits vel affinitatis gradu similiter contraxissent et carnali copula non consummassent, ab excessu huiusmodi ac excommunicationis sententia, quam propterea incurrissent, iniuncta inde eis pro modo culpe penitentia salutari, que ad fabricam huiusmodi dirigatur, et quod de cetero talia non committant nec committentibus prestent auxilium consilium vel favorem et aliis que de jure fuerint iniungenda absolvere et, ut de novo invicem matrimonium contrahere et in illo sic contracto similiter remanere libere et

---

[a] *Fol. 104.*

licite valeant, prolem susceptam ex huiusmodi matrimonio, si qua sit et suscipiendam legitimam decernendo in foro conscientie dumtaxat et dispensari posse volumus. Et, ut cum eisdem promotis super irregularitate, quam etiam in dictis ordinibus ministrando contraxerint, quodque in dictis ordinibus ministrare possint, dispensare ac cum quibuscunque qui bona ecclesiarum monasteriorum et ecclesiasticorum beneficiorum quorumlibet haberent et judicialiter deficientibus probationibus ad illorum restitutionem compelli non possint, etiam si per eos probari posset, et bona omnia ac quecunque legata et alias quomodolibet etiam hereditatis titulo pro male ablatorum restitutione relicta hactenus et que relinqui ac largiri contigerit infuturum durante deputatione nuncii et commissarii per presentes facta in quibuscunque testamentis donationibus causa mortis codicillis aut aliis ultimis voluntatibus per quoscunque et ubicunque factis et que durante huiusmodi deputatione fient quibuscunque incertis ecclesiis et piis locis aut personis similiter incertis et absentibus taliter, quod propter ipsorum absentiam merito ab hiis noticia haberi non posset, ac etiam que restitutioni subiacerent sed in eis vel ad ea personis quibus illa fieri deberent receptio non competeret necnon quecunque in testamentis donationibus causa mortis codicillis aut aliis ultimis voluntatibus pro redemptione captivorum etiam si beate Marie de Mercede et Sancte Trinitatis redemptionis captivorum ordinibus et sancte Eulalie Barchinonensis[a] relicta fuerint ac hereditates et bona decedentium ab intestato clericorum et laicorum legitimum non habentium heredem etiam si indulto apostolico aut alias ad redemptionem predictam captivorum dedicata pertinere deberent, necnon omnes et singulas pecunias et res alias, que in prandiis et conviviis ac publicis spectaculis in aliquibus celebritatibus ex voto statuto seu consuetudine in quibusvis locis exponi consueverint, facultate nuncii et commissarii huiusmodi durante exponi deberent, ad fabricam huiusmodi applicamus contradictoresque omnes excommunicationis late sententie et quingentorum ducatorum auri penis ipso facto subiacere decernimus et super restitutione bonorum ecclesiarum monasteriorum et beneficiorum huiusmodi competenti recepta portione vel quantitate pro eis in fabricam huiusmodi convertenda ipsos sic ea tenentes ab ulteriori eorum restitutione libere absolvere et quod illa retinere libere possint imposterum etiam eis concedere ipseque nuncius et commissarius et quibus vices suas in genere vel in specie duxerit committendas possint dubietates quascunque tam super qualitate personarum, quibus facultas eligendi confessorum concedi possit, etiam si comprehendantur communia civitatum universitates oppidorum castrorum villarum et collegiorum dicte provincie, dummodo non extendatur confessio-

---

[a] *Fol. 104* r.

nale ad alias personas, quam tunc expressas tempore concessi confessionalis in collegiis huiusmodi absolutione a commissis vel aliquo commissorum ac a dispensatione super eis vel aliquo eorum indigerent, quam cetera alia dubia decidere declarare et interpretari et contradictores sententiam excommunicationis et quingentorum ducatorum ipsi fabrice applicandorum incurrisse declarare et summam pecuniariam pro consequenda indulgentia huiusmodi et aliis premissis ac facultatem eligendi confessorem huiusmodi limitare et taxare necnon nobilibus et presbiteris ac graduatis altare portatile, quod cum debitis reverentia et honore retineant et super quo in locis ad hoc congruentibus et honestis etiam non sacris et ecclesiastico interdicto generali et speciali tam apostolica quam ordinaria auctoritate suppositis, dummodo causam non dederint huiusmodi interdicto, etiam antequam elucescat dies circa tamen[a] diurnam lucem in sua ac familiarium suorum domesticorum presentia iuxta forma capituli alma (?) de sententia excommunicationis missas et alia divina officia per se ipsos qui presbiteri sunt aut pro tempore erunt celebrare seu per alios sacerdotes celebrari facere ac tempore interdicti huiusmodi divinis interesse ac eucharistiam et alia ecclesiastica sacramenta sine alicuius preiudicio preterquam in die dominice resurrectionis, et eorundem corpora ecclesiastice tradi possint sepulture sine tamen funerali pompa ac ut quadragesimalibus et aliis temporibus prohibitis de utriusque medici consilio ovis butiro caseo et aliis lacticiniis ac carnibus uti frui et vesci libere et absque conscientie scrupulo possint et valeant, concedere necnon tempore generalis interdicti etiam auctoritate apostolica appositi, ut unam seu plures ecclesias pro publicatione dictarum indulgentiarum aperire et eam seu eas a dicto interdicto eximi et in eis ianuis apertis divina celebrare et corpora defunctorum sepeliri facere dictis indulgentiis actualiter durantibus ac quecunque iuramenta in quibusvis contractibus instrumentis et obligationibus preterquam in forma cancellarie apostolice appositis ad effectum agendi duntaxat relaxare et ab eis et a quocunque periurio sine tamen tertii preiudicio absolvere ac quascunque indulgentias etiam illas a media quadragesima usque ad pascha inclusive ab ordinibus mendicantium publicari solitas tam a nobis quam predecessoribus nostris et a sede predicta vel eius auctoritate quibuscunque ecclesiis monasteriis hospitalibus etiam nostro sancti spiritus in Saxia de Urbe ordinis sancti Augustini et aliis piis locis universitatibus confraternitatibus cuiuscunque qualitatis et ad quemcunque usum etiam laicorum et clericorum institutis et singularibus personis etiam plenarias in vita ac quascunque facultates quibusvis personis cuiuscunque dignitatis etiam cardinalatus honore aut legationis officio fungentibus super premissis vel aliquo premissorum

[a] *Fol. 105.*

hactenus concessas preterquam ratione sustentationis pauperum et miserabilium personarum in Parisiensi et sancti Jacobi de Galitia ac Portugalie regnis hospitalibus degentium, quas quoad illorum usum in provinciis in quibus dicta hospitalia respective sita sunt secundum cancellarie nostre morem terminandis et non in aliquibus aliis[a] locis durare volumus, ac expeditionis contra Turchos et hereticos et ecclesie Vienniensi[b] concessis etiam quascunque clausulas reservativas adversus revocationes et suspensiones earundem in se continentibus quando et quotiens et ad quod tempus nuncio et commissario prefato vel deputandis et subdelegandis ab eo videbitur oportunum suspendere, quas omnes et singulas nos presentibus ad dictum beneplactium nostrum suspendimus et suspensas fore decernimus et declaramus. Prohibentes omnino questas quascunque illorum occasione fieri solitas ac mandantes universis et singulis locorum ordinariis abbatibus et aliis tam ecclestasticis quam secularibus personis cuiuscunque dignitatis status gradus ordinis et conditionis vel preeminentie existant sub excommunicationis late sententie ac quingentorum ducatorum auri fabrice predicte applicandorum penis ipso facto incurrendis, ne publicationem et predicationem dictarum nostrarum indulgentiarum et suspensiones aliarum huiusmodi in eorum civitatibus et diocesibus ubi et quotiens opus fuerit faciendam impedire et aliquid pretextu publicationis petere et etiam a sponte offerentibus recipere et exigere aut in premissis et circa ea fraudem aut dolum committere neque procurantes huiusmodi indulgentiarum participes fieri et sua pia suffragia erogare ab huiusmodi eorum proposito in toto vel in parte directe vel indirecte tacite vel expresse retardare aut per se vel eorum vicarios aut officiales licentiam faciendi questas aliquibus questoribus alicuius ordinis vel religionis aut fraternitatis vel hospitalium etiam nostri sancti spiritus in Saxia ac sancti Antonii et aliorum quorumcunque aut aliis quomodolibet deputatis verbo vel scriptis concedere quinimo questores omnes et singulos, quos in eorum jurisdictione sine litteris licentie questandi dicti commissarii vel subdelegandorum ab ipso repererint, cum eorum rebus et bonis que dicte fabrice applicata esse decernimus et ad manus dilecti filii nostri Bernardi sancte Marie in Porticu diaconi cardinalis dicte fabrice prefecti fideliter deferri mandamus retinere valeant [necnon aliquo audeant aut presumant per se vel alium dispensatos vel absolutos aut illos cum quibus presentium vigore ab ipso commissario vel delegandis aut subdelegandis predictis contigerit dispensari vel absolvi molestare[c] vel impedire aut penes aliquas pro casu in quo ut prefertur dispensatum vel absolutum tam pro preterito quam pro futuro temporibus

---

[a] *Fol. 105 r.*

[b] *Lesung sehr zweifelhaft.*

[c] *Fol. 106.*

fuerit ex lege canonica imperiali statuto vel consuetudine exigere][a] questoribus vero supranominatis sub similibus penis inhibemus, ne questas modo aliquo facere presumant nec bona ipsorum per prefatum commissarium aut delegatos et subdelegandos predictos etiam vigore aliarum litterarum prefati Julii predecessoris eorum exigentibus demeritis arrestate applicate et pro dicta fabrica vendita sibi modo aliquo vendicare vel ab emptoribus vel detentoribus aut commissario delegatis vel subdelegandis predictis repetere, ac sub similibus sententia et pena mandamus quibuscunque predicatoribus verbi Dei quorumcunque ordinum etiam mendicantium, ut requisiti a prefato commissario vel delegatis seu subdelegandis ab eo prefatos Christifideles ad contribuendum dicte fabrice exhortentur et a premissis commissario vel delegandis prefatis admoniti a predicationibus diebus quibus dicte indulgentie et suspensiones ab episcopis vel de eorum commissione publicantur penitus abstineant, liceatque nichilominus commissario et delegandis aut subdelegandis predictis premissa omnia et singula etiam omnibus et singulis predictis sub eisdem penis totiens quotiens eis vel eorum alicui visum fuerit oportunum mandare et iniungere nec non juramenta quecunque a quibusvis laicis utriusque sexus de stando in aliqua societate fraternitate vel numero personarum et de solvendo ratam aliquam imperpetuum vel ad tempus occasione fraternitatis societatis vel numeri ratione dictarum indulgentiarum privilegiorum et questarum quomodolibet prestita relaxare et eosdem ab illis absolvere; contradictores quoslibet et rebelles etiam per censuram ecclesiasticam et alia oportuna juris remedia invocato etiam ad hoc si opus fuerit auxilio brachii secularis compescere et compellere ac processiones publice ad effectum premissum fieri et populum ac religiosos omnes cuiuscunque ordinis etiam exemptos pro huiusmodi operibus peragendis ad sonum campane convocari facere et a censuris et penis predictis satisfactione previa absolvere et illas remittere ac suspensiones huiusmodi indulgentiarum relaxare; quodque etiam transumptis et confessionalibus in dicta[b] provincia quibusvis personis per prefatum nuncium et commissarium vel deputandos aut subdelegandos ab eo subscriptis et suo sigillo duntaxat munitis fides adhibeatur auctoritate apostolica tenore presentium licentiam et facultatem concedimus atque volumus et mandamus. Et ut animarum salus eo potius procuretur, quo magis aliorum egent suffragiis et quominus sibi ipsis proficere valent, auctoritate prefata de thesauro sancte matris ecclesie animabus in purgatoris existentibus, que per charitatem Christo unite ab luce decesserunt, et que dum viverent sibi ut huiusmodi indulgentia suffragaretur meruerunt, paterno compatientes affectu, quantum cum Deo possumus, succurrere

---

a *Das in Klammern Eingeschlossene im Text wieder getilgt.*
b *Fol. 106*[r].

cupientes de divina misericordia et apostolice potestatis plenitudine volumus et concedimus, ut, si qui parentes amici aut ceteri Christifideles pietate commoti pro ipsis animabus in purgatorio pro expiatione penarum eisdem secundum divinam justitiam debitarum detentis durante commissaria nuncii et commissarii ad opus fabrice huiusmodi aliquam elemosinam juxta nuncii et commissarii aut deputandorum et subdelegandorum ab eo quibus vices suas commiscerit ordinationem erogaverint, ipsa plenissima indulgentia per modum suffragii ipsis animabus in purgatorio existentibus, pro quibus dictam elemosinam pie erogaverint ut prefertur, pro penarum relaxatione suffragetur; et omnes et singuli Christifideles utriusque sexus tam ecclesiastici quam regulares et seculares de simili potestatis plenitudine et liberalitate, qui manus adiutrices ad opus fabrice huiusmodi porrexerint, ac omnes et singuli eorumdem parentes defuncti benefactores, qui cum charitate decesserunt, in omnibus precibus suffragiis elemosinis jeiuniis orationibus missis horis canonicis disciplinis peregrinationibus et ceteris omnibus bonis que fiunt et fieri poterunt in tota universali sacrosancta ecclesia militante et in omnibus membris eiusdem participes imperpetuum fiant. Non obstantibus premissis ac constistutionibus et ordinationibus apostolicis necnon privilegiis et indultis etiam mare magnum nuncupatis eisdem ordinibus eorumque personis in genere vel in [a] specie sub quibusvis verborum formis et clausulis etiam cum similibus motu proprio et certa scientia ac de apostolice potestatis plenitudine forsan concessis, quibus etiam si pro illorum sufficienti derogatione de illis eorumque totis tenoribus specialis specifica expressa individua ac de verbo ad verbum non autem per clausulas generales id importantes mentio seu quevis alia expressio habenda aut aliqua alia exquisita forma servanda esset, illorum tenores presentibus pro sufficienter expressis et insertis habentes, illis alias in suo robore permansuris hac vice duntaxat specialiter et expresse de simili nostra scientia et postestatis plenitudine derogamus ac cuiquam volumus nullatenus suffragari ceterisque contrariis quibuscunque. Aut si aliquibus vel eorum ordinibus ab eadem sede indultum existat, quod interdici suspendi vel excommunicari non possint per litteras apostolicas non facientes plenam et expressam ac de verbo ad verbum de indulto huiusmodi mentionem. Verum quia difficile foret presentes litteras ad singula queque loca ad que expediens fuerit deferre, volumus etiam et dicta auctoritate decernimus, quod illarum transumptis unius vel duorum publicorum notariorum manu subscriptis et ipsius nuncii et commissarii vel delegandorum et subdelegandorum ab eo aut alicuius prelati vel persone in dignitate ecclesiastica constitute sigillo munitis ea prorsus fides indubia adhibeatur, que presentibus nostris litteris adhiberetur, si essent exhibite vel

---

[a] *Fol. 107.*

ostense. Quodque in pecuniis occasione indulgentiarum huiusmodi provenientibus fraudem ullam facientes excommunicationis et illi ipsi commissario vel delegandis aut subdelegandis ab eo aut eorum ordini modo aliquo in premissis vel eorum occasione detrahentes aut asserentes eosdem dictas[a] indulgentias et facultates emisse vel super eis nobiscum vel cum aliquo convenisse et composuisse cum ut filii obedientie gratuitam operam et labores iussi a nobis in favorem dicte fabrice impendant, ipso facto subiaceant, a qua ab alio quam a nobis vel commissario predicto et particulariter ad hoc ab ipso deputandis et previa satisfactione preterquam in mortis articulo constituti absolvi non possint. presentibus post dictum biennium minime valituris. Nulli ergo omnino hominum liceat hanc paginam nostri facti constitutionis deputationis applicationis suspensionis declarationis prohibitionis inhibitionis concessionis mandati derogationis voluntatis et decreti infringere. Si quis autem etc. Datum Rome apud Sanctum Petrum anno incarnationis dominice millesimo quingentesimo decimo septimo quartodecimo kalendas julii pontificatus nostri anno quinto.

Visa: L. Gra.

Ja. Questenberg.

110. Breve Leos X. an Kurfürst Joachim von Brandenburg. Empfehlung Bischof Johanns von Reval für einen Bischofsitz in brandenburgischen Landen. Rom 1517 September 14.

Arch. Vatic. Arm. XL. vol. 3. nr. 280. Breven Bd. III. Konzept.

Leo papa X.

Dilecto filio nobili viro Joachim marchioni Brandeburgensi principi electori. —

Dilecte fili salutem etc. Retulit nobis venerabilis frater Johannes episcopus Revaliensis nobilitatem tuam bonam ac amplam ei spem prebere omnis favoris et auxilii tui, ut aliquam cathedralem ecclesiam ex eis, que sub tuo temporali dominio constitute sunt, earumdem occurrente vacatione assequatur, quod nobis pro nostra in eum gratia et benivolentia admodum gratum est. Quare cum in presentia ad nobilitatem tuam iter suscipiat, eandem hortamur, velit pro nostra etiam ac sedis apostolice reverentia eum commendatiorem habere ac operam dare, ut res ad optatum effectum perducatur, intelligamusque nostra eum apud te commendatione plurimum fuisse adiutum. Ex eodem etiam intelliges, quanta benivolentia et paterno affectu tuam nobilitatem ac illustrem domum tuam Brandeburgensem prosequamur, et quantum nobis cordi sit, ut bellum, quod inter charissimum in Christo filium nostrum Christiernum Dace regem illustrem et gubernatorem ac populos regni Svecie ortum esse

[a] *Fo 107 v.*

intelligimus, tua etiam prudentia, interventu et auctoritate sopiatur, Christianique sanguinis effusio evitetur, cui in hiis, que retulerit nostro nomine super ea re et concordia, fidem indubiam adhibere velis. Datum Rome 14 septembris 1517. anno 5.

Bembus.

111. Breve Leos X. an Erzbischof Albrecht von Mainz-Magdeburg über Unterstützung des nach Handschriften suchenden Johannes Heitmers. Rom 1517 November 26.

Gedruckt nach dem jetzt in Berlin befindlichen Originale bei Bayle, Dict. hist. et critique. Article Leo X. 3, 655 und danach bei Roscoe, Vita e pontificato di Leone X., edizione Conte Bossi 10, 245.

Leo PP. X.

Venerabilis frater, salutem et apostolicam benedictionem. Mittimus dilectum filium Joannem Heytmers de Zouvelben, clericum Leodiensis dioeceseos, nostrum et apostolicae sedis commissarium ad inclitas nationes Germaniae, Daniae, Sveciae, Norvegiae et Gothiae pro inquirendis dignis et antiquis libris, qui temporum injuria periere, in qua re nec sumptui nec impensae alicui parcimus, solum ut sicut usque a nostri pontificatus initio proposuimus, quod altissimo tantum sit honor et gloria, viros quovis virtutum genere insignitos praesertim literatos, quantum cum Deo possumus, foveamus, extollamus ac juvemus. Accepimus autem penes fraternitatem tuam seu in locis sub illius ditione positis esse ex dictis antiquis libris: praesertim Romanarum historiarum non paucos, qui nobis cordi non parum forent. Quare cum in animo nobis sit tales libros, quotquot ad manus venire potuerint, in lucem redire curare pro communi omnium literatorum utilitate, fraternitatem tuam ea demum qua possumus affectione hortamur, monemus et enixius in Domino obtestamur, ut si rem gratam unquam facere animo proponit vel eorundem librorum omnium exempla fideliter et accurate scripta vel, quod magis exoptamus, ipsosmet libros antiquos ad nos transmittere, quanto citus curet, illos statim receptura, cum exscripti hic fuerint, juxta obligationem per Cameram nostram apostolicam factam, seu quam dictus Joannes Commissarius noster praesentium lator, ad id mandatum sufficiens habens, nomine dictae Camerae denuo duxerit faciendam. Et quia dictus Joannes promisit nobis se brevi daturum trigesium tertium librum Titi Livii de bello Macedonico, illi commisimus, ut eum ad manus tuae fraternitatis daret, ut ipsa quam primum posset per fidum nuntium ad nos vel dilecto filio Philippo Beroaldo bibliothecario Palatii nostri apostolici mittat. Quoniam vero eidem Joanni certam summam pecuniarum hic in Urbe enumerari fecimus pro expensis factis et fiendis et certam quantitatem debemus, volumus et ita fraternitati tuae committimus et mandamus, ut postquam acceperit praedictum librum Titi Livii, ipsi Joanni solvat seu solvi faciat centum quadraginta septem ducatos auri de camera ex pecuniis indulgentiarum concessarum per illius provincias in favorem fabricae Basilicae principis Apostolorum de Urbe; quam quidem pecuniarum summam in computis tuae fraternitatis cum camera apostolica admittemus, prout in praesentia per presentes admittimus et admitti mandamus. Juvet praeterae eundem Joannem salvis conductibus, litteris et auxiliis et illi per provincias suas assistat pro libris extrahendis et pro illo etiam fide jubeat, si opus est, pro dictis libris intra certum tempus a nobis restituendis et ad sua loca remittendis. Quodsi fraternitas tua fecerit, ut omnino nobis persuademus, et ingens nomen apud viros literatos consequetur, et nobis rem gratissimam faciet. Datum Romae apud S. Petrum, sub annulo Piscatoris, die XXVI. Novembris, MDXVII. pontificatus nostri anno quinto.

Ja. Sadoletus.

112. Leo X. Quittung über eine Zahlung aus dem Ablasse Arcimboldis, abgeliefert durch die Fugger. *Rom 1518 März 18.*

Arch. Vatic. Divers. Camer. 67. fol. 74 v.

Leo papa X.

Motu proprio etc. fatemur habuisse et recepisse in prompta et numerata pecunia a dilectis filiis Jacobo Fucher et nepotibus mercatoribus Alemanis Romanam curiam sequentibus ducatos auri in auro de camera duo milia, quos nobis solverunt vigore unius cedule confessionis, per quam confessus fuit dilectus filius Bothardus Wiggerinch civis Lubicensis se recepisse florenos duo milia quingentos quinquaginta octo et solidos octo Renenses in Lubeca nomine R[di] patris Johannis Angeli Arcimboldi commissarii nostri pro fabrica sancti Petri de Urbe. De quibus ducatis duobus milibus dictum Jacobum et nepotos ac dictum Bochardum quietamus absolvimus et liberamus volumusque et motu simili decernimus et declaramus presens mandatum pro sufficienti valida et ampla quietantia eis sufficere pro eorum securitate et cautela ac eidem presenti mandato in omni loco et coram quibuscumque judicibus fidem plenissimam adhibendam esse. In contrarium facient. non obstantibus quibuscumque. Datum Rome in palatio apostolico die decima octava mensis Martii anno domini millesimo quingentesimo decimo octavo a nativitate, pontificatus vero nostri anno quinto

Ita fatemur et motu proprio mandamus J.

Donatus.

113. Abrechnung des Kardinals Albrecht von Brandenburg mit den Fuggern. 1518 Sept. 15.

Staatsarchiv Magdeburg. Erzbist. Magdeburg XIV. 5. 178. Aktenheft fol. 40—42. Pap. Konzept.

Wir Albrecht etc Cardinal etc Bekennen mit dem brieff fur uns und unser nachkhomen, thun khunt allermenigklich, als uns unser besonder lieber Jacob Fugker Key[r] Mai[t] Rath und sein gebruders sone zu verschiener zeit zü Confirmation und bestettigung unsers Ertzbisthumbs zu Mentz etc zu Rome und andern orten ein summa gelts, wie hernach begrieffen ist, vff unser gnedigs ansuchen und begern dargeliehen hat, haben wir ytzo mit demselben Jacoben Fugker fur sich und an stat bemelter seiner gebruders sone umb solhs Ires darleyhens außgebens und einnemens abgerechnet. In solher rechnung sich erfunden, das sy erstlich zu Rome unsern oratoribus inhalt unser gegeben verschreibung von unsern wegen ein und zwentzig tausent ducaten, die sich in Reinisch golt gerayt bringen Newn und zwentzig tausent und neunhundert gulden, dargeben und darzu denselben unsern oratores uff ire obligation zu Rome zwen posten als zehentausent zweihundert und dreytausent und dreyhundert gulden Reinisch, auch weither zu Irer zerung achthundert gulden bezalt und daruber die nachvolgenden posten ußgeben haben, nemlich zu Rome hern Busso von Alveßleuben hundert ducaten, die sich treffen hundert drey und viertzig gulden Reinisch und eilff creutzer. Mehr auff hern Johan Planckenfeld und hern Busso von Alveßleuben bevelch zu Rome hern Dominico de Jacobatis sechtzig ducaten, die sich bringen siebenundachtzig gulden Reinisch, welchen posten uns auch zu betzalen gebůren, das sich alles mitsampt andern vßgaben als pottenlon, zerung irer diener, die uns solher irer schuldt halben nachgereist haben, und andere laut der raytung in summa bringen vier und viertzig tausent siebenhundert und zehen gulden und zwen und funffzige creuzer.

Und nachdem wir sie solher irer dargegeben und betzalten summa gelts (aws mergklichen unsern obligenden notturfften) uff die zeit und friesten, daruff wir bezalung zu thun schuldig gewest sein, nicht betzalt und sie mit uns gedult getragen, haben wir uns mit inen vereinigt. und der summa so über die fristen unbetzalt ußgestanden, yhe vom hündert funff gulden gerechent, und inen also mitsampt zweyhundert und sieben und viertzig gulden von wegen ettlicher Lubegkschen und Luneburgischen auch geringen gulden, so Inen an der betzalung worden, auch das wir inen die betzalung nit zu Nurenberg, sonder zu Leiptzig, alda es inen nachteilig gewest, gethan. In raytung gelegt: zweytausent drey und zwentzig gulden und funff und viertzig creutzer, und dan tausent dreyhundert und dreyunddreyssig gulden, die sie zu anderer irer außgabe in raytung gesetzt und wir hiemit passiert, dartzue achtundachtzig gulden und achtundviertzig creutzer pottenlon, so sie in sieben posten ußgeben, auch achtzig gulden sive funffundfunfftzig ducaten und drey schilling, die sie zu Rome im November des funffzehenhundersten und siebentzehenden iars meister Johan Bewern betzalt haben, Also das sich der gemelten Fücker ußgabe in summa trifft: achtundviertzig tausent zwehundert und sechsunddreissig gulden unnd funffundzwentzig creutzer. An solher summa haben wir inen bezalen lassen: nemlich zu Leiptzg im monat Novembri des funffzehenhundersten und vierzehenden iars siebentzehen tausent und neunhundert gulden, im monat Marcii des funffzehunderten und funfftzehesten iars zu Nurenberg funfftausent gulden, mehr in demselbigen monat Marcii zu Leiptzig funfftausent und funffhundert gulden, in der fasten meß des funffzehundersten und sechtzehenden jars zu Franckfurt funfftausent gulden. Im newen iars margk dieses gegenwertigen funffzehenhundertsten und achtzehenden jars aber zu Leiptzigk funff tausent gulden, und darnach zu Franckfurt in der fasten mess zweitausent gulden, summa viertzig tausent vierhundert gulden Reinisch. Weither ist gnaden gelt zu unserm zugepurenden halben teil gefallen und inen uberantwort worden, erstlich im funffzehundersten und siebentzehenden iar im monat Augusti zu Meincz dreyhundert neun und funffzig gulden ein und viertzig creutzer, awss dem stifft zu Speyer zweihundert sechtzehen gulden newnundviertzig creuzer, zu Augspurg zweyhundert sechundviertzig gulden, sieben und viertzig creutzer, zu Eystett dreyundsetzig gulden dreyssig creutzer, zu Lawingen sechsundviertzig gulden achtundfunffzig creutzer, summa neunhundert acht und dreissig gulden funff und viertzig creutzer. Item in diessem gegenwertigen funfftzehundert und achtzehenden iare zu Nordlingen und Donawerde achtzehen gulden und dreissig creutzer. Mher zu Schwabach, Onoltzpach, Feuchtwangen, Nordlingen, Donawerde, Eistet, Beyerewt, Culmbach und zum Hoff in allenn zweyhundert sieben und zwentzig gulden dreissig creuzer und zu Augspurg vierhundert neun und funffzig gulden. Summa siebenhundertfunff gulden Reinisch. Summa summarum aller irer einname, wie hievor steet, thut zwey und viertzig tausent und drey und viertzig gulden funff und viertzig creutzer. Und so innemen und ußgeben gegenenander gelegen und ufgehept werden, so sein wir den bemelten Fuckern noch schuldig plieben, benamlich sechstausend einhundert und zwey und neuntzig gulden viertzig creutzer. Darumb wir inen uff dat. ein sondern schultbrieff gegeben und sie dero damit versichert und daruff diese raytung von post zu posten wie obsteet, zu gnedigem danck und benugen angenommen passirt auch die bemelten Fucker alle ire erben und wer derhalb ferrer quitierung notturfftig ist, solher raitung quiet frey ledig und loß gezelt haben, und thun daʒ ytz wissentlich in crafft diess briefs besigelt mit unsserm etc zu ruck auffgedruckten Secret; auff Mitwoch nach Exaltationis Crucis anno domini millesimo quingentesimo decimo octavo.

114. Leo X. quittiert über seinen Anteil am Strafsburger Ablafs.
Rom 1519 Januar 7.

Arch. Vatic. Divers. Camer. 67. fol. 171[r].

Leo etc.

Fatemur habuisse et recepisse a dilectis filiis Jacobo Fucker et nepotibus mercatoribus Romanam curiam sequentibus summam ducentorum octuaginta duorum ducatorum auri in auro de camera et unam quartam partem unius ducati similis ratione quote nostre de pecuniis collectis ex indulgentiis nuper per nos in subsidium infantium expositorum et aliorum pauperum hospitalium civitatis Argentine concessis, de quibus quidem 282 ducatis et una quarta parte unius ducati predictis tam prefatos Jacobum et nepotes mercatores quam etiam dilectos filios Wolfgangum Borklin prepositum ecclesie sancti Petri junioris Argentinensis notarium et in negotio dictarum indulgentiarum commissarium nostrum ac magistros civium et consulatum dicte cititatis et alios, quos concernit, perpetuo quietamus et absolvimus, mandantes dilectis filiis thesaurario nostro et camere apostolice clericis ac ejusdem camere fructuum et proventuum collectoribus et aliis, ad quos spectat et pertinet, ut quietantias et liberationes nostras huiusmodi admittant et admitti faciant ac Jacobum et nepotes mercatores nec non Wolfgangum magistros civium et consulatum predictos occasione dicte pecunie nobis ut prefertur solute nullo unquam tempore quovis modo molestare presumant ac decernentes irritum, si secus per eos fieri contigerit vel attemptari; et in fidem premissorum presentes scripturas recognitionis quietantie et absolutionis litteras manu nostra propria subscripsimus. Rome die septima mensis Januarii 1519 pontificatus nostri anno sexto.

Ita fatemur quietamus et mandamus J.

Am Rande: Pro Jacobo Fucker et nepotibus.

115. Motu Proprio Leos X. Quittung über den Anteil am Ablafs in Brüx.
Rom 1519 Mai 5.

Arch. Vatic. Div. Cam. 68. fol. 46.

Leo etc.

Motu proprio etc. Cum dilecti filii Jacobus Fucher et nepotes mercatores Augustenses receperint in diversis partitis pro indulgentia per nos concessa in oppido Brux Pragensis diocesis, videlicet in una partita de anno 1517 sex milia et triginta duos florenos grossos 21. denarios quinque Renenses ad rationem quinquaginta duorum grossorum pro quolibet floreno et in alia partita de anno 1518 triamilia et settingentos triginta quinque florenos etiam Renenses grossos 28, ac in quadam alia partita de eodem anno 1518 florenos similes mille et sexcentos undecim grossos 29, et in ultima partita florenos similes mille et centum sex, grossos 14. Que supradicte quatuor partite constituunt summam duodecim millium quadringentorum ottoaginta quinque florenorum similium, grossorum 40. denar. 5. de quibus obveniunt nobis ratione tertie partis quatuor milia et centum sexaginta et unus floreni similes, sol. 18, denar. 7. De qua summa detrahi debent floreni similes ducenti et otto, sol. 1, denar. 10 pro salario servitorum et provisione dictorum mercatorum. Remanentes igitur tria milia et noningenti quinquaginta tres floreni, sol. 16, denar. 9, qui constituunt summam duorum milium settingentorum ottuaginta quatuor[a] ducatorum auri de camera, sol. 7. denar. 3. ad rationem centum quatraginta duorum florenorum pro quolibet centinario ducatorum auri de camera, dictamque summam pecuniarum duorum milium septingentorum ottuaginta quatuor ducatorum, sol. septem, denar. trium nobis in pronta et numerata pecunia effectualiter persolverint: et quam nos tenore presentium recepisse fatemur. Idcirco prefatos Jacobum et nepotes eorumque ministros ac eorumdem heredes et successores tenore presentium quietamus et liberamus eosque et eorum quemlibet a quacunque obligatione per eos sub quacunque verborum expressione etiam in ampliori forma camere apostolice tam hic in Urbe et in eadem camera quam alibi quomodolibet prestita absolvimus et absolutos fore decernimus et declaramus, mandantes motu simili venerabili fratri nostro R[aphaëli] episcopo Ostiensi camerario et dilectis filiis thesaurario presidentibus et clericis camere antedicte et aliis ad quos spectat, ut de premissis quietantias et alias scripturas necessarias et oportunas eisdem Jacobo et nepotibus in autentica forma conficiant et tradant pro eorum securitate et cautela; in contrarium etc. Volumus, quod presentes in camera apostolica registrentur et per dictam cameram serventur. Datum Rome in palatio apostolico die 5 maii 1519. pontificatus nostri anno septimo.

Placet et ita fatemur et motu propio mandamus J.

Am Rande: pro Jacobo Fucher.

116. Motu proprio Leos X. Quittung über Zahlungen des päpstlichen Anteils aus den Oblationen des Magdeburg-Mainzischen Ablasses.

Rom 1519 Mai 5.

Arch. Vatic. Divers. Cam. 68. fol. 45.

Leo etc.

Motu proprio etc. Cum dilecti filii Jacobus Fucher et nepotes mercatores Augustenses receperint in diversis partitis pro indulgentia per nos

[a] *Die gesperrten Worte unterstrichen.*

concessa in provinciis Maguntina et Magdeburgensi; videlicet in una partita de anno 1517 die 31. Martii in Augusta florenos ducentos quadraginta sex cruciferos 48. et die secunda Junii in oppido Langingen florenos quadraginta sex cruciferos 58. et die 7. Julii in Eystet florenos sexaginta tres cruciferos 30. et die 13. Augusti in Spira, Weyssenburg, Landaw, Weil florenos ducentos viginti unum cruciferos 49. et die 13 Augusti in Maguntia. Aschaffenburg, Bischoffesheim, Chyrem, Gelensausen florenos trecentos quinquaginta novem cruciferos 41. et de anno 1518. die 21. Junii in Nordlingen, Schunavierd floren. decem et otto cum dimidiò et die 9. Julii in Augusta, Langingen, Kauffpeuren, Fuessen, Newburg. in Monte Sancto floren. quadringentos quinquaginta novem, et die 24. Julii in Schwabach. Onolspah, Feychtwang, Nordlingen, Thonamierd, Eystet. Bêrent, Culenbach, zum Hoff floren. ducentos viginti septem Renenses cruciferos 30, que octo partite supra descripte constituunt in totum florenos similes mille sexcentos quadraginta tres eruciferos quadraginta tres quinque, que pecunie nobis obveniunt ratione dicte indulgentie concesse, videlicet pro medietate. De quibus detrahi debent floreni octuaginta duo, cruciferi 11 pro expensis, pro salario scilicet servitorum et provisione dictorum mercatorum. Remanent igitur floreni mille quingenti sexaginta et unus, cruciferi 34, qui ad rationem centum quadraginta duorum florenorum similium pro quolibet centinario ducatorum auri de camera constituunt et faciunt duc. auri de camera mille et nonaginta novem sol. 13, quos nobis in prompta et numerata pecunia persolverunt nosque tenore presentium recepisse fatemur ratione dicte medietatis, que nobis obvenit ex dicta indulgentia. Iccirco prefatos Jacobum et nepotes eorumque ministros ac eorundem heredes et successores tenore presentium quietamus et liberamus eosque et eorum quemlibet a quacunque obligatione per eos sub quacunque verborum expressione etiam in ampliori forma camere apostolice tam hic in Urbe et in eadem camera quam alibi quomodolibet prestita absolvimus et absolutos fore decernimus et declaramus. Mandantes motu simili venerabili fratri nostro Raphaëli episcopo Ostiensi camerario et dilectis filiis thesaurario et presidentibus et clericis camere antedicte et aliis, ad quos spectat, ut de premissis quietantias et alias scripturas necessarias et oportunas eisdem Jacobo et nepotibus in autentica forma conficiant et tradant pro eorum securitate et cautela. In contrarium facientibus etc. volumusque, quod presentes in camera apostolica registrentur et per dictam cameram serventur. Datum Rome in palatio apostolico die 5 maii 1519, pontificatus nostri anno septimo.

Placet et ita fatemur et motu proprio mandamus J.

Am Rande: Pro domino Jacobo Fucher et nepotibus.

117. Motu proprio Leos X. Quittung über den Anteil am Ablafs in Annaberg, abgeliefert durch die Fugger.

Rom 1519 Mai 5.

Arch. Vatic. Divers. Camer. 68. fol. 47ʳ.

Leo etc.

Motu proprio etc. Cum dilecti filii Jacobus Fucher et nepotes mercatores Augustenses exegerint in diversis partitis pro indulgentia per nos concessa in oppido Montis S. Anne in ducatu Saxonia Misnensis diocesis videlicet in una partita de anno 1517. incipiendo per tres dies ante festum S. Anne et tres dies sequentes post dictum festum florenos Renenses centum septuaginta duos grossos quindecim ad rationem 21 gross. pro quolibet floreno et in alia partita de anno 1518. in medio quadragesime florenos similes quingentos quinquaginta novem grossos quinque, denarios 4. et in alia partita de eodem anno 1518. in die S. Anne florenos similes ducentos ottuaginta tres, grossos 19, qui constituunt in totum florenos similes mille et quindecim, grossos 18, denarios 4., de quibus obveniunt nobis ratione tertie partis floreni tricenti triginta otto, gross. 13, den. 1., de quibus detrahi debent floreni triginta et unus, sol. 13, denar. 1. pro lagio monetarum et aliis expensis pro eorum servitoribus et provisione dictorum mercatorum. Remanent itaque floreni trecenti et septem, qui constituunt ducatos auri de camera ducentos sedecim et sol. quatuor ad rationem centum quadraginta duorum florenorum pro quolibet centinario ducatorum auri. Quam summam nobis in prompta et numerata pecunia persolverunt et quam nos tenore presentium recepisse fatemur. Idcirco prefatos Jacobum et nepotes eorumque ministros ac eorumdem heredes et successores tenore presentium quietamus et liberamus eosque et eorum quemlibet a quacunque obligatione per eos sub quacunque verborum expressione etiam in ampliori forma camere apostolice tam hic in Urbe et in eadem camera quam alibi quomodolibet prestita absolvimus et absolutos fore decernimus et declaramus, mandantes motu simili venerabili fratri nostro R[aphaëli] episcopo Ostiensi camerario et dilectis filiis thesaurario presidentibus et clericis camere antedicte et aliis ad quos spectat, ut de premissis quietantias et alias scripturas necessarias et oportunas eisdem Jacobo et nepotibus in autentica forma conficiant et tradant pro eorum securitate et cautela, in contrarium etc. Volumusque quod presentes in camera apostolica registrentur et per dictam cameram serventur. Datum Rome in palatio apostolico die 5. maii 1519. pontificatus nostri anno septimo.

Placet et ita fatemur et motu proprio mandamus. J.

Am Rande: Pro domino Jacobo Fucher et nepotibus.

118. Motu proprio Leos X. Quittung über den Anteil am Ablafs in Wien, abgeliefert durch die Fugger.

Rom 1519 Mai 5.

Arch. Vatic. Divers. Camer. 68. fol. 47.

Leo.

Motu proprio etc. Cum dilecti filii Jacobus Fucher et nepotes mercatores Augustenses receperint in diversis partitis pro indulgentia per nos concessa in Alemania, Austria scilicet et Wienna, videlicet de anno 1516. die 25. novembris florenos centum triginta novem et de anno 1517. in quadragesima florenos quingentos sexaginta sol. 2, denar. 29. et die 25. novembris florenos quadraginta et unum, sol. — denar. 10. et de anno 1518. in quadragesima florenos ducentos quinquaginta otto omnes Renenses, sol. 6., que quatuor partite constituunt florenos similes noningentos nonaginta novem, sol. 1, denar. 9., que pecunie nobis obveniunt ratione dicte indulgentie concesse videlicet pro medietate, de quibus detrahuntur floreni ottuaginta tres, sol. —, denar. 2. tam pro lagio monetarum quam pro salario servitorum et provisione dictorum mercatorum. Remanent igitur floreni noningenti sedecim sol. 1, denar. 7., qui ad rationem centum quadraginta duorum florenorum Renensium pro quolibet centinario ducatorum auri de camera faciunt et constituunt ducatos auri similes sexcentos quadraginta quinque sol. 1 denar. 4., quos nobis in prompta et numerata pecunia persolverint nosque per presentes recepisse fatemur. Iccirco prefatos Jacobum et nepotes eorumque ministros et eorundem heredes et successores tenore presentium quietamus et liberamus eosque et eorum quemlibet a quacunque obligatione per eos sub quacunque verborum expressione etiam in ampliori forma camere apostolice tam hic in Urbe et in eadem camera quam alibi quomodolibet prestita absolvimus et absolutos fore decernimus et declaramus; mandantes motu simili venerabili fratri nostro R[aphaëli] episcopo Ostiensi camerario et dilectis filiis thesaurario et presidentibus et clericis camere antedicte et aliis ad quos spectat, ut de premissis quietantias et alias scripturas necessarias et oportunas eisdem Jacobo et nepotibus in autentica forma conficiant et tradant pro eorum securitate et cautela, in contrarium etc. volumusque, quod presentes in camera apostolica registrentur et per dictam cameram serventur. Datum Rome in palatio apostolico die quinta maii 1519. pontificatus nostri anno septimo.

Placet et ita fatemur et motu proprio mandamus.

Am Rande: Pro domino Jacobo Fucher et nepotibus.

119. Motu proprio Leos X. Quittung über Auszahlung des Anteils an dem in den Kirchenprovinzen Mainz und Magdeburg verkündeten Ablasse durch die Fugger.

Rom 1519 Juni 16.

Arch. Vatic. Divers. Camer. 68. fol. 58[r].

Leo papa X.

Motu proprio etc. Cum dilectus filius Jacobus Fucher et nepotes mercatores Augustenses receperint pro indulgentia per nos concessa in provinciis Maguntina et Magdeburgensi et ex provincia Magdeburgensi prefata in diversis annis in summa florenorum Renensium quinque milia et centum quadraginta novem, grossos decem, denar. septem, de quibus nobis obveniunt pro medietate floreni similes duo milia et quingenti septuaginta quatuor, cruciferi quadraginta quattuor, de qua summa detrahi debent floreni centum viginti octo, cruciferi quadraginta quinque pro salario servitorum et provisione dictorum mercatorum. Remanent igitur floreni similes duomilia quadringenti quadraginta sex, qui constituunt summam mille septingentorum viginti duorum cum dimidio ducatorum auri de camera ad rationem centum quadraginta duorum florenorum Renensium pro quolibet centinario ducatorum auri de camera, quos nobis in prompta et numerata pecunia persolverunt nosque tenore presentium recepisse fatemur ratione dicte medietatis, que nobis obvenit ex dicta indulgentia. Iccirco prefatos Jacobum et nepotes eorumque ministros ac eorundem heredes et successores tenore presentium quietamus et liberamus eosque et eorum quemlibet a quacunque obligatione per eos sub quacunque verborum expressione etiam in ampliori forma camere apostolice tam hic in Urbe et in eadem camera quam alibi quomodolibet prestita absolvimus et absolutos fore decernimus et declaramus. Mandantes motu simili venerabili fratri nostro Raphaëli episcopo Ostiensi camerario et dilectis filiis thesaurario presidentibus et clericis camere antedicte et aliis, ad quos spectat, ut de premissis quietantias et alias scripturas necessarias et oportunas eisdem Jacobo et nepotibus in autentica forma conficiant et traddant pro eorum securitate et cautela. In contrarium facientibus non obstantibus quibuscunque, volumusque, quod presentes in camera apostolica registrentur et per dictam cameram serventur. Datum Rome in palatio apostolico die decima sexta mensis junii 1519. pontificatus nostri anno septimo.

Ita fatemur et mandamus.

120. Quittung für die Frescobaldi über Zahlungen aus niederländischem Ablafs und Zehnten im Betrage von 21264 Dukaten.

Rom 1519 Juli 19.

Arch. Vatic. Divers. Camer. 68. fol. 70.

Leo papa X.

Motu proprio etc. Cum alias de mense octobris anni anni 1515. certe conventiones super indulgentiis et decimis tunc archiducis Flandrie inter dilectum filium nostrum Silvium tituli Sancti Laurentii in Lucina cardinalem Cortonensem nuncupatum et Leonardum de Frescobaldis et socios nomine nostro facte fuerunt. Quia dilectus filius Dominicus Caingianus in computis a nobis habitis assignavit ad computum predicte conventionis summam ducatorum viginti unius millium ducentorum sexaginta quatuor auri de camera in tribus partitis, videlicet unam ducatorum novem millium centum viginti sub die 15. maii 1516., aliam ducatorum trium millium centum viginti sub die sexta maii 1517. et aliam sub die 15. junii 1518. ducatorum novem milium viginti quatuor. Volentes indempnitati eorum Leonardi et sociorum providere per presentes eosdem de predicta summa sic in computis posita absolvimus et quietamus et perpetuo in forma liberamus. Mandantes omnibus ad quos spectat seu spectare poterit quomodolibet in futurum, quatenus predicta observent et observari faciant, contrariis non obstantibus quibuscunque. Datum Rome apud Sanctum Petrum die 19. julii 1519. pontificatus nostri anno septimo.

Placet et ita fatemur quietamus et mandamus. J.

Coll. J. de Attavan.

J. Armellinus cardinalis
Medices cardinalis.
ac d. man°. d. phi.

121. Motu proprio Leos X. Quittung über den durch die Fugger ausbezahlten päpstlichen Anteil aus dem Ablafs in Brüx.

Rom 1520 Januar 5.

Arch. Vatic. Divers. Camer. 68. fol. 157r.

Leo papa X.

Motu proprio etc. Cum dilecti filii Jacobus Fucher et nepotes mercatores Augustenses exegerint in duabus partitis pro indulgentia per nos concessa in oppido Brux Pragensis diocesis videlicet in una partita de anno 1519[a] mille quingentos et sex florenos, grossos decem et septem, denar. sex Renenses ad rationem viginti duorum grossorum pro quolibet

[a] *sic!*

floreno et in altera partita de anno predicto ducentos et quindecim florenos etiam Renenses et grossos similis rationis tredecim, que due partite supradicte constituunt summam mille septingentorum viginti duorum florenorum similium, grossorum octo, denariorum sex, de quibus obveniunt nobis ratione tertie partis quingenti septuaginta quatuor floreni similes, grossi duo, denar. decem: de qua summa detrahi debentur floreni similes nonaginta quinque, solidi quatuor pro expensis factis in expeditione dictarum indulgentiarum et salario servitorum et provisione dictorum mercatorum. Remanent igitur floreni similes quadringenti septuaginta otto, solidi decem et otto, denarii decem, qui constituunt ad rationem centum quadraginta duorum florenorum pro quolibet centinario ducatorum auri de camera ducatos auri de camera tricentos triginta settem, solidos quinque, denarios decem. Supradictam nobis in prompta et numerata pecunia per manus dilecti filii Bernardi de Binis persolverunt nosque tenore presentium recepisse fatemur. Idcirco prefatos Jacobum et nepotes eorumque ministros ac eorumdem heredes et successores tenore presentium quietamus et liberamus eosque et eorum quemlibet a quacunque obligatione per eos sub quacunque verborum expressione etiam in ampliori forma camere apostolice tam in Urbe et in eadem camera quam alibi quomodolibet prestita absolvimus et absolutos decernimus et declaramus, mandantes motu simili venerabili fratri nostro episcopo Ostiensi camerario et dilectis filiis thesaurario presidentibus et clericis camere antedicte et aliis ad quos spectat, ut de premissis quietantias et alias scripturas necessarias et oportunas eisdem Jacobo et nepotibus in autentica forma conficiant et tradant pro eorum securitate et cautela. In contrarium facientibus non obstantibus quibuscunque. Volumusque, quod presentes in camera apostolica registrentur et per dictam cameram serventur. Datum Rome in palatio apostolico die 5. januarii 1519.[a] pontificatus nostri anno septimo.

Ita fatemur et quietamus.

Coll. L. Amerin.

Am Rande: pro Jacobo Fucher.

122. Motu proprio Leos X. Quittung über den päpstlichen Anteil am Ablasse von Annaberg, ausbezahlt durch die Fugger.

Rom 1520 Januar 5.

Arch. Vatic. Divers. Camer. 68. fol. 158.

Leo papa X[s].

Motu proprio etc. Cum dilecti filii Jacobus Fucher et nepotes mercatores Augustenses exegerint in diversis partitis pro indulgentia per nos

[a] *sic! Vorher schon Sachen von 1520.*

concessa in oppido Montis Sancte Anne in ducatu Saxonie Misnensis dioecesis videlicet in una partita de anno 1519[a] in medio quadragessime florenos Renenses trecentos et decem et grossos tredecim ad rationem vigintiunum (sic!) grossum pro quolibet floreno, et in alia partita de eodem anno per tres dies ante festum sancte Anne et tres dies sequentes dictum festum florenos similes centum et tredecim et grossos otto, qui constituunt in totum florenos similes quadringentos et viginti quatuor, de quibus obveniunt nobis ratione tertie partis floreni similes centum quadraginta et unus, solidi sex, denar. quatuor, de quibus detrahi debent floreni similes septem pro servitoribus et provisionibus dictorum mercatorum. Remanent itaque floreni Renenses centum triginta quatuor, solidi sex et denar. quatuor, qui constituunt ad rationem 142 florenorum similium pro quolibet centinario ducatorum auri de camera ducatos auri de camera nonaginta duos, sol. septem, denar. tres. Quam summam ducatorum auri de camera predictam nobis in prompta et numerata pecunia per manus dilecti filii Bernardi de Binis persolverunt et nos tenore presentium recepisse fatemur. Iccirco prefatos Jacobum et nepotes eorumque ministros ac eorumdem heredes et successores tenore presentium quietamus et liberamus eosque et eorum quemlibet a quacunque obligatione per eos sub quacunque verborum expressione etiam in ampliori forma camere apostolice tam hic in Urbe et in eadem camera quam alibi quomodolibet prestita absolvimus et absolutos fore decernimus et declaramus, mandantes motu simili venerabili fratri nostro Raphaëli episcopo Ostiensi camerario et dilectis filiis thesaurario presidentibus et clericis camere antedicte et aliis ad quos spectat, ut de premissis quietantias et alias scripturas necessarias et oportunas eisdem Jacobo et nepotibus in autentica forma conficiant et tradant pro eorum securitate et cautela, in contrarium facientibus non obstantibus quibuscunque. Volumusque, quod presentes in camera apostolica registrentur et per dictam cameram serventur. Datum Rome in palatio apostolico die 5. januarii 1510.[a] pontificatus nostri anno septimo.

Ita fatemur et quietamus.

Coll. L. Amerin.

Am Rande: pro Jacobo Fucher.

123. Motu proprio Leos X. Quittung über den päpstlichen Anteil am Wiener Ablafs. Rom 1520 Dezember 20.

Arch. Vatic. Divers. Camer. 68. fol. 213'.

Leo etc.

Motu proprio etc. Cum dilecti filii Jacobus Fucher et nepotes mercatores Augustenses receperint in diversis partitis pro indulgentia per

[a] *sic!*

nos concessa in Alemania, Austria scilicet et Vienna, videlicet de anno 1518. die 23. decembris florenos quadraginta sex solidos 3. et de anno 1519. die 14. maii florenos ducentos tredecim solidos 6. denar. quindecim et de anno 1520. die 7. januarii florenos quadraginta quatuor solidos 4 omnes Renenses, que tres partite constituunt florenos similes trecentos et quatuor solid. 5. den. quindecim, que pecunie nobis obveniunt ratione dicte indulgentie pro medietate, que facit florenos similes centum quinquaginta duos solid. 2. denar. 22, de quibus detrahuntur floreni similes novem et solidi 2. tam pro lagio monetarum quam pro salario servitorum et provisione dictorum mercatorum. Remanent igitur floreni similes centum et quadraginta tres, solid. —, denar. 22., qui ad rationem 142 florenorum Renensium pro quolibet centinario ducatorum auri de camera faciunt et constituunt ducatos auri similes 100. et solid. 14., quos nobis in prompta et numerata pecunia persolverunt nosque per presentes recepisse fatemur. Iccirco prefatos Jacobum et nepotes eorumque ministros ac eorumdem heredes et successores tenore presentium quietamus et liberamus eosque et eorum quemlibet a quacunque obligatione sub quacunque verborum expressione etiam in ampliori forma camere apostolice tam hic in Urbe et in eadem camera quam alibi quomodolibet prestita absolvimus et absolutos fore decernimus et declaramus; mandantes motu simili venerabili fratri nostro R[aphaëli] episcopo Ostiensi camerario et dilectis filiis thesaurario et presidentibus et clericis camere antedicte et aliis ad quos spectat, ut de premissis quietantias et alias scripturas necessarias et oportunas eisdem Jacobo et nepotibus in autentica forma conficiant et tradant pro eorum securitate et cautela. In contrarium facientibus non obstantibus quibuscunque. Volumusque, quod presentes in camera apostolica registrentur et per dictam cameram serventur. Datum Rome in palatio apostolico die 20. decembris 1520. pontificatus nostri anno ottavo.

Ita fatemur et quietamus.

Am Rande: pro domino Jacobo Fucher et nepotibus.

124. Motu proprio Leos X. Quittung über den päpstlichen Anteil am Ablafs von Annaberg, ausbezahlt durch die Fugger.

Rom 1520 Dezember 20.

Arch. Vatic. Divers. Camer. 68. fol. 213.

Leo etc.

Motu proprio etc. Cum dilecti filii Jacobus Fucher et nepotes mercatores Augustenses exegerint in una partita pro indulgentia per nos concessa in oppido Montis Sancte Anne in ducatu Saxonie Misnensis diocesis videlicet de anno 1520. in medio quadragesime florenos Renenses centum quinquaginta quinque et grossos decem ad rationem 21 gross. pro quolibet floreno, de quibus obvenirent nobis ratione tertie partis floreni similes quinquaginta unus et grossi decem et otto, qui constituunt ad rationem centum quadraginta duorum florenorum similium pro quolibet centinario ducatorum auri de camera triginta sex et sol. otto, quam summam nobis in prompta et numerata pecunia persolverunt et quam nos tenore presentium recepisse fatemur. Idcirco prefatos Jacobum et nepotes eorumque ministros ac eorumdem heredes et successores tenore presentium quietamus et liberamus eosque et eorum quemlibet a quacunque obligatione per eos sub quacunque verborum expressione etiam in ampliori forma camere apostolice tam hic in Urbe et in eadem camera quam alibi quomodolibet prestita absolvimus et absolutos fore decernimus et declaramus, mandantes motu simili venerabili fratri nostro Raphaëli episcopo Ostiensi camerario et dilectis filiis thesaurario presidentibus et clericis camere antedicte et aliis ad quos spectat, ut de premissis quietantias et alias scripturas necessarias et oportunas eisdem Jacobo et nepotibus in autentica forma conficiant et tradant pro eorum securitate et cautela, in contrarium etc. Volumusque, quod presentes in camera apostolica registrentur et per dictam cameram serventur. Datum Rome in palatio apostolico die 20. decembris 1520. pontificatus nostri 8.

Ita fatemur et quietamus J.

Am Rande: pro domino Jacobo Fucher et nepotibus.

125. Motu proprio Leos X., betr. bei den Fuggern niedergelegte Gelder eines griechischen Mönches. Um 1520.

Arch. Vatic. Leider habe ich mir den Ort, wo ich das Stück im Original gefunden habe, nicht gemerkt. Das fast verloschene Bruchstück einer Abschrift findet sich Arm. XXXIX. vol. 36 fol. 149 nr. 167.

Motu proprio etc. Cum sicut accepimus dilecti filii Jacobus Fucher et nepotes mercatores Romanam curiam sequentes habeant penes se trecentos ducatos auri vel circa spectantes quondam certo monacho Greco ordinis sancti Basilii, et per quendam Federicum Prester civem Argentinensem eisdem mercatoribus transmissos, et per obitum ipsius monachi, qui ut etiam accepimus extra Romanam curiam defunctus existit, ad nos et fiscum nostrum de iure delati sint, dilecto filio magistro Guidoni de Medicis, notario et camerario nostro secreto, dictos trecentos ducatos de nostra mera liberalitate et ex certa scientia donamus et conferimus; dantes eidem plenam facultatem et potestatem anthoritate nostra dictam pecuniam exigendi, levandi, percipiendi, emonendi, recipiendi et de receptis quitandi, suisque usibus applicandi. Et ut hec donatio celeriorem consequatur effectum, dictis mercatoribus ac creditoribus dicti quondam monachi, sub excommunicationis late sententiae pena precipimus et mandamus, quatenus dictam pecuniarum summam, quondam dicto monacho persolvendam, quacunque dilatione, exceptione posposita, eidem magistro Guidoni consignent ac pernumerent, ac consignari. tradi et pernumerari faciant et permittant, in contrarium facientibus non obstantibus quibuscunque. —

fiat motu proprio J.

Et quod hujusmodi nostre donationi sola sufficiat signatura, absque aliarum desuper confectione litterarum, et fides ubique adhibeatur, et contra omnes. et super omnibus predictis, et sub dicta pena ipso facto incurrenda.

fiat motu proprior J.

126. Motu proprio Leos X. Generalquittung über den bisher eingekommenen päpstlichen Anteil aus dem Ablafs für den Stefansturm in Wien. Rom 1521 Mai.

Arch. Vatic. Divers. Camer. 69. fol. 44 r.

Leo papa X.

Motu proprio etc. Cum dilecti filii Jacobus Fucher et nepotes mercatores Augustenses receperint in diversis partitis pro indulgentia per nos concessa pro fabrica turris ecclesie sancti Stephani in civitate Viennensi Austrie in Alemania, videlicet de anno 1515. florenos sexcentos viginti et unum et de anno 1516. in die Sancte Catherine 25. novembris florenos centum triginta novem et de anno 1517. in quadragesima florenos quingentos sexaginta, solidos 2, denarios 29. et eodem anno in die sancte Catherine 25. novembris florenos quadraginta et unum, solidos . . ., denarios 10. et de anno 1518. in quadragesima florenos ducentos quinquaginta octo, solidos 6. et eodem anno die 23. decembris florenos quadraginta sex, solidos 3. et de anno 1519. die 14. maii florenos ducentos tredecim, solidos 6., denar. 15. et de anno 1520 die septima januarii florenos quadraginta quattuor. solid. 4. omnes Renenses, que pecunie nobis obveniunt ratione dicte indulgentie pro medietate quasque, quemadmodum id etiam per alias quictantias per nos factas apparet, promptas et numeratas recepimus a Jacobo Fucher et nepotibus supradictis. Idcirco tam venerabilem fratrem nostrum episcopum et dilectos filios consules communitatemque civitatis necnon provisores ecclesie predictarum quam Jacobum Fucher et nepotes predictos eorumque ministros ac eorumdem heredes et successores omnesque alios et singulos quorum interest tenore presentium quietamus et liberamus omnesque supradictos et eorum quemlibet a quacunque obligatione per eos eorumve aliquem sub quacunque verborum expressione etiam in ampliori forma camere apostolice tam hic in Urbe et in eadem camera quam alibi quomodilibet prestita absolvimus et absolutos seu absolutum fore decernimus et declaramus. Mandantes motu simili venerabili fratri nostro epriscopo Ostiensi camerario et dilectis filiis thesaurario et presidentibus et clericis camere ante dicte et aliis ad quos spectat, ut de premissis quietantias et alias scripturas necessarias et oportunas episcopo consulibus communitati ac provisoribus item Jacobo Fucher et nepotibus aliisque omnibus et singulis quorum interfuerit supradictis in autentica forma conficiant et tradant pro eorum securitate et cautela. In contrarium facientibus non obstantibus quibuscunque. Volumusque, quod presentes in camera apostolica registrentur et per dictam cameram serventur. Datum Rome in palatio apostolico die .... maii 1521. pontificatus nostri anno nono.

Ita fatemur et quietamus.

F. Cardinalis Ursinus.

127. Leo X. an die Stadt Wien, betr. bisherige und zukünftige Zahlungen aus dem Wiener Ablasse. *[Rom 1521 Mai.]*

Arch. Vatic. Divers. Camer. 69. fol. 43ʳ.

Dilectis filiis consulibus et communitati Viennensi.

Dilecti filii salutem etc. Cum nuper in ecclesia sancti Stephani vestre civitatis Viennensis nonnullas indulgentias ad hoc, ut medietas omnium emolumentorum ex indulgentiis huiusmodi pro tempore provenientium fabrice basilice sancti Petri de Urbe applicaretur, concesserimus nosque successive medietatem omnium et singulorum emolumentorum, que ex dictis indulgentiis ab illarum concessione citra usque ad annum a nativitate domini 1520. exclusive pervenerant, per manus dilectorum filiorum Jacobi Fucher civis Augustensis et nepotum suorum nomine dicte fabrice receperimus et sicut accepimus alias videlicet die vigesima mensis aprilis dicti anni vos consules et dilecti filii dicte ecclesie provisoris capsam in eadem ecclesia pro recollectione emolumentorum huiusmodi extraxeritis illasque penes vos conservetis indivisas, nos vos, filii, consules communitatem et provisores de medetate emolumentorum singulis annis dicta die vigesima aprilis precedentibus ex eisdem indulgentiis collectorum et divisorum dicte fabrice tunc competenti eiusdem fabrice et illius depositarii nomine harum serie quietamus et liberamus et absolvimus ac quietos liberos et absolutos esse volumus et declaramus. Nobisque de medietate emolumentorum precedentium annorum huiusmodi per eosdem Jacobum Fucher et nepotes realiter et integre satisfactum fuisse et esse attestamur, prout in nostro motu proprio desuper sub dat. Rome in palatio apostolico die 20 decembris millesimo quingentesimo vigesimo pontificatus nostri anno octavo signato plenius continetur. Volumus etiam nichilominus ac mandamus, ut medietatem emolumentorum adhuc penes vos indivisorum ut prefertur consistentium huiusmodi et, que etiam deinceps futuro tempore ex dictis indulgentiis provenire et colligi contigerit, per manus dictorum Jacobi Fucher et nepotum ac pro tempore in dicta civitate eorum residentum factorum una cum instrumento publico per notarium fidelem ac in presentia testium desuper confecto summam medietatis emolumentorum huiusmodi continentem nobis ac nomine dicte fabrice transmittatis et transmitti curetis, ipsisque Jacobo Fucher et nepotibus ac factoribus seu alicui ex eis illa recipiendi et levandi ac de iis per eos seu aliquem eorum pro tempore perceptis habitis et levatis quietandi et liberandi ac quietantias dandi auctoritate et tenore predictis licentiam concedimus pariter et facultatem. Datum etc.

Ita fatemur et quietamus.

F. Cardinalis Ursinus.

128. Papst Hadrian hebt das Florentinern zustehende Münzprivileg auf und gibt ein neues dem Fuggerschen Faktor Engelhard Schauer auf 15 Jahre unter Hinweis auf ältere Fuggersche Münzprivilegien.

[Vor 1. Okt. 1522.]

Arch. Vatic. Divers. Camer. 73. fol. 81 r—82 r.

Adrianus papa VI.

Motu proprio etc. providere volentes, ne in terris Romane ecclesie mediate vel inmediate subiectis adulterine monete cudant, id facilius nos assequi posse confidimus, si multitudinem cecarum predictis in terris existentium ad circumlimitatum numerum restrinxerimus, quapropter omnes et singulas cechas in eisdem terris existentes solis tribus infranominandis exceptis[a] ex nostra certa scientia revocamus, decernentes nullibi preterquam Rome, Bononie et Macerate monetam auream argenteam eneam vel mixtam a quoquam cudi licere sub excommunicationis late sententie, a qua preterquam in mortis articulo a nemine quam a nobis et apostolica sede possint absolvi, interdum maledictionis eterne et duorum milium ducatorum auri ac privationis quorumcumque officiorum camere nostre apostolice applicandorum pena ipso facto per omnes et singulos contrafacientes incurrenda, omnia et singula privilegia indulta ac facultates super monetis alibi quam in locis superius expressis cunendis quibuscunque personis quavis dignitate ecclesiastica vel seculari etiam ducali fungentibus communitatibus ac universitatibus quibuscunque sub quacunque forma et sub quibusvis clausulis fortioribus etiam derogatoriarum derogatoriis etiam si de illis specialis et individua mentio foret habenda, quas pro expressis per inde volumus haberi ac si de verbo ad verbum earum tenor hic

[a] *Fol. 82.*

esset insertus, a nobis et apostolica sede quomodocumque qualitercumque et ad quodcumque tempus concessa et concessas harum serie motu et scientia similibus revocantes et annullantes ac pro revocatis annullatis ac prorsus infectis haberi decernentes motuque preterea et scientia similibus facultates et concessionem super monetis cudi faciendis per felicis recordationis Leonem papam X. predecessorem nostrum dilectis filiis consulibus mercatorum Florentie nationis Romane curie sequentibus indultum specialiter expresse revocamus. Eisdemque illam penitus interdicimus ac pacta et conventiones cum ipsis inita contractusque si qui sunt eorum formam et tenorem ac omnia in eis contenta necessario fortassis hic exprimenda pro sufficienter expressis haberi rescindimus cassamus et annullamus ac pro rescissis cassatis annullatis ac penitus infectis haberi volumus atque decernimus, eos quidem quoque consules ab eorum observatione in omnibus et per omnia liberantes ac absolutos fore censentes. Mandantes insuper similibus motu atque scientia dilectis[a] Francisco Armellino tituli Sancti Calisti presbitero cardinali camerario nostro et modernis eiusdem camere presidentibus et clericis, quatenus facultatem cudendarum vel cudi faciendi monetarum tam in alma Urbe quam Bononia et Macerata et aliis locis, in quibus pro temporum atque civium[b] necessitate monetam cudi nos mandare quandocumque contingit, amotis inde modernis cecariis, quos nos presentium tenore specialiter et expresse revocamus prefatam facultatem eisdem interdicentes, dilecto filio Agnelo Saver Alemanno mercatori Romanam curiam sequenti ad et per quindecim annos proxime futuros dent concedant et assignent, prout nos motu atque scientia prefata damus concedimus et assignamus presentium per tenorem, qui Agnelus in cechis predictorum locorum ministros ad cudendam monetam eligere possit per cameram predictam confirmandos, qui monetam tam auream argenteam quam enaeam et mixtam eiusdem lige et ponderis cudere debeant et teneantur, prout in Urbis cecha cudetur, cum provisione ducatorum ducentorum auri de camera singulis cum pactis conventionibus atque capitulis alias inter cameram nostram apostolicam et mercatores de Fucharis sub dato Roma 3. martii 1518 initis et factis et per eundem predecessorem sub certis conditionibus tunc expressis sub dat. Rome die 3. junii 1519 pontificatus sui anno septimo confirmatis, que pariter presentium tenore confirmamus et approbamus ac aliis conditionibus adiectis, prout prefatis presidentibus clericis videbitur expedire; in contrarium facientibus non obstantibus quibuscumque.

Placet et ita motu proprio mandamus A.

Am Rande: Non cudi pecunias nisi Rome Bononie et Macerate.

---

[a] *Fol. 82* r.

[b] rerum.

129. Die päpstliche Kammer gibt auf 15 Jahre dem Faktor der Fugger Engelhard Schauer die Erlaubnis, in Rom und an anderen Münzen des Kirchenstaates zu prägen. Rom 1522 Oktober 1.

Arch. Vatic. Divers. Camer. 73. fol. 8.

Dilecto nobis in Christo Angelo Saur Alamano mercatori Romanam curiam sequenti salutem. Cum Smus Dnus N. Adrianus papa sextus facultatem atque auctoritatem per felicis recordationis dominum Leonem papam decimum consulibus mercatoribus Florentie Romanam curiam sequentibus super cudendis monetis concessam et attributam revocaverit ac contratum desuper celebratum rescisserit dictamque facultatem pro annis quindecim tam in alma Urbe quam aliis cechis in terris Sancte Romane ecclesie existentibus tibi concesserit ac per nos dari et concedi mandaverit, prout in quodam mandato manu Sue Stis subscripto, registrato libro presenti folio 7., nos volentes ut tenemur mandatis Sue Stis obtemperare de mandato Stis prefate vive vocis oraculo et in scriptis super hoc nobis facto, ac auctoritate nostri camerariatus officii ex maturaque deliberatione in camera apostolica prehabita facultatem atque auctoritatem cudendi monetam et aurum tam in ipsa Urbe quam aliis cechis ut dictum est pro dicto tempore dictorum quindecim annorum ac cum pactis et conditionibus, prout aliis dari et concedi consuevit, et alii per eandem cameram de novo faciendis tibi per presentes concedimus, revocantes quascumque concessiones cuicumque alteri forsan per nos factas de dicto officio, prout idem Smus Dnus N. revocavit et annullavit. In quorum fidem etc. Datum in camera apostolica die primo octobris 1522. anno primo.

Visa. Phi. de Sonis camere apostolice clericus.

Visa. Jo. de Viberbio camere apostolice clericus.

Visa. C. Barotius camere apostolice clericus.

Am Rande: Facultas cudendi monetas.

130. Aufzeichnungen über die Sitzungen vom 13. und 29. April 1523 über den skandinavischen Ablafsstreit. Aus den Atti Consistoriali.

Rom, Archivio Consistoriale.

Fol. 212. 1523 April 13.

Litterę regis Datię. Fuerunt lecte littere Regis Datie ad collegium, per quas laudabat fratrem Franciscum de Potentia nuntium alias per fe. re. Leonem papam X. ad eum destinatum.

Fol. 215r. 1523 April 29.

De relatione fratris Francisci de Potentia. Fr. Franciscus de Potentia ordinis minorum de observantia alias a fe. re. Leone papa X. ad

Regem Datie destinatus introductus fuit in Consistorium et retulit copiose, quę per eum in Datia et Suetia fuerint agitata, et informavit S[um] Dominum nostrum et Sacrum Collegium de his, que acta fuerunt per Regem et ministros suos contra tres episcopos et multos nobiles, qui fuerunt ab eis trucidati et combusti, et rettulit excusationes, quas Rex adebat (!), que nihil valebant, sed accusabat dominum Arcimboldum, et petebat, quod sedes apostolica satisfaceret ei de damnis passis ejus causa. Idcircho S[mus] Dominus noster intellecta relatione hujusmodi petiit vota Dominorum et quomodo esset procedendum tam in causa Regis quam Arcimboldi, quę fuerunt diversa.

*131. *Aus dem Gedächtnisbuch des Johannes Faber, der hl. Schrift Doktor, Prior des Predigerklosters zu Augsburg.*

1507—1523, niedergeschrieben 1523.

Abschrift saec. XVIII in einer hauptsächlich das Kloster Lorch betreffenden Sammelhandschrift. Königl. Bibliothek in Stuttgart MS. Hist. nr. 237. S. 223—236.

Über Bau der Kirche, angefangen 1513, vollendet 1515. Diejenigen, welche für den Bau Geld geben wollen, erwählen zu Einnehmern und Ausgebern Herrn Hieronymus Im Hoff, Bürgermeister, und Melchior Stutz, Ratherrn zu Augsburg; das Rechenbuch führte Im Hoff; Prior und Konvent haben mit dem Gelde nichts zu tun.

»Was ich mue und arbait erlitten hab, wist yr meine liebe Bruder selbs wol, nämlich 2 mal gen Rom geritten (der Indulgentz halb) in grossen grimmigen Kellten des wintters, auch in die 2 bistumb Mentz und Cölln für und für on alle rue und rast gearbaittet die 2 farten on ander anfechtung, als namlich so Kayserliche mayestat (ybel underricht) das mandat wider die gnad und ablas liessen außgan, wie in kurtzer zeit (aber mit unseglicher arbait) ich kayserliche Mayestat bericht der warhait und mandatum revocatorium des ersten mandats genediklich auspracht sonder allen kosten.«

Unter den Wohltätern Leo X. »Sanctissimus dominus noster Leo decimus ex innata benignitate ac pietate sua, cum ab universo mundo essem derelictus, nec quisquam contribuere vellet, minaretur quoque edificium ruinam plane maximam, cum accessissem Sanctitatem suam cum literis invictissimi Cesaris Maximiliani, anno domini 1514, commisertus mei indulgentias plenarias cum amplissimis facultatibus concessit per illam quadragesimam in provinciis Maguntinensi et Coloniensi atque dyocesibus et civitatibus earum, licet tarde littere fuerint expedite. Ob idque minus fructus attulerint, habuimus tamen ea quadragesima ultra expensas pro edificiis ecclesie nostre summa[a] . . . . Altero anno videlicet 1515 concessit easdem indulgentias per quadagesimam in dictis provinciis, tardissime venerunt bulle ex Urbe, videlicet secunda dominica quadragesime, ob id iterum minor fructus habitus; habuimus nos pro edificio ultra impensas summa[a]. Erat quoque sanctitas Sua inclinata huic edificio, proposuerat quoque benefacere, sed morte preventus, nichil actum est etc.

Maximilianus. Rő. Kayser.

. . . . Endtlich furgenommen ir majestätt wolt ain hochschul herein gestifft haben, darin man Lateinisch, Kriechisch, Hebreisch alle tag gelesen het, Das closter gar new gepawen haben laut der fisier darzu gemacht, sechtzig bruder unterhalten zu ewigen zeiten, Aber layder der todt alle sach gewendt hatt. Gott sey seiner Maiestat genedig ewiklich Amen.«

Aus dem folgenden Verzeichnis der Spenden hebe ich nur die baren Geldsummen heraus und gebe dazu einige weitere Erläuterungen; eine volle Herausgabe wäre in den Augsburger Chroniken erforderlich gewesen.

Philipp Adler 1000 fl., Jörg Kinsperger 500 fl., Jacob Villinger Schatzmeister, Lucas Meitting 200 fl. rh., die von Stőtten 200 fl. rh., Jörg Rögel zu Liechtenberg 200 fl. rh, »herr Jacob Fugger. Die fierdt Capell zu geaygnet. Geben V^c^ fl zu erst, darnach 550 fl. für die VI gwölb beim eingang der Kyrchen. Gemacht die marmelstaine altartafel, fenster, gestiel, altarticcher 2. Ornat ain damasten brawn messzgwandt. Das Crucifix mit sampt den 2 schachern. Die X fenster mit 6 gwolben, die er auf sein kosten hat machen lassen. Teglich guthait und hilff vil gethon.« Hans Bonngartner 300 fl. rh., Jheronimus Im Hof 300 fl. rh., Melchior Stuntz 500 fl. rh. + 200 fl., Hans Lauginger 100 fl. rh., Höchstetter 200 fl., Manlich 200 fl., Anthoni Lauginger 150 fl., Narcis Lauginger, Kontzelmanner, Grander, Hans Nöll 100 fl., Seboldt Bongartner 100 fl., Marx Wirsung 50 fl., Thoman Freyhaimer 100 fl., Gossenbrettin 60 fl., Laux Gassner 50 fl.

Die Ausgaben für die verschiedenen Bauten folgen. Dann:

»Zway mal bin ich gen Rom gezogen des baws halb, das erst mal da gelegen 8 wuchen verzört, verschenkt 120 fl. Das ander mal da gelegen 26 wochen, verzört mit 2 pferden, knecht und diener, krank da gelegen 8 wochen, verschenckt und vergeben 200 fl.

Daran aber mir der paw noch convent kain hilf gethon nix geben hat, noch bezahlt.

Gegen Ende erwähnt der Prior noch einige besondere gute Gönner, »herr Jörg Torschi geschönckt 170 gulden ungarisch«.

[a] *Raum leergelassen.*

**132. Auszüge aus den Conti de Fuccari 1521—24.*

Röm. Staatsarchiv. Pap. Or. Dieser Quinternetto enthält auf 18 beschriebenen Blättern, wobei die sich gegenüberstehenden Seiten als ein Blatt gerechnet sind, nach doppelter Buchführung die Posten des Kredits und Debets der Fugger. Auf einen vollständigen Abdruck habe ich verzichtet, schon weil er sehr viel Raum fortnehmen würde. Ich habe auch völlig alle Aufzeichnungen, über welche die Abrechnung Nr. 134 Auskunft gibt, beiseite gelassen. Des weiteren habe ich nur die Kredit- und Debetposten der Fugger selbst gegeben, sie bilden den Abschnitt I. Als Nr. II folgt eine Überarbeitung der Forderungen, die die Fugger wegen der Münze hatten. Als Nr. III schliefst sich eine Abrechnung der Staffetten an. Überall habe ich ganz Nebensächliches fortgelassen, in I. allerdings durch . . bezeichnet. Abgesehen davon, enthält der Quinternetto auf fol. 15 eine im Texte benutzte Anerkennung der Bini vom 7. November 1522, auf fol. 17 eine andere undatierte. Geschrieben ist das Heft, wie die Angabe über den meisten Seiten beweist, 1524. Auf den letzten Seiten (Blatt 41—46) sind acht Urkunden aus dem Pontifikate Clemens VII. für die Fugger abgeschrieben. Sie betreffen die Verwendung von päpstlichen Geldern, die zum Teil Kardinal Thomas bei den Fuggern hinterlegt hat, für ungarische Zwecke (Bezahlung der Gesandten, Kriegsrüstungen usw.). Sie reichen vom 1. Okt. 1524 bis zum Februar 1525. Die Abschrift verdanke ich der Güte des Herrn Privatdozenten Dr. Jansen in München.

I.

Debet und Kredit der Fugger 1524.

Dare

Fol. 2. Jacopo Fuccari e nipoti . . deono dare ducat . . . .[a] per tre pezzi di gioie uno diamante, un rubino e un smeraldo dati loro per loro sicurta che furno stimate da Caradosso et Gaio duc . . .[a] posto gioie havere in questo a 3 . . . .[a] — —

Et deono dare duc .135.17.6 d' oro in oro di camera et questi per duc. 132½ d' oro larghi et sono per resto di duc. 425 d' oro l., che piu fa feciono debitore la S[ta] di nostro S[re] per l' aggio di duc. 17[m] d' oro in oro di camera, hebbono per sua S[ta] dalo oratore Cesareo per farli larghi, che di poi ne conti non feciono buono che duc. 17[m] di camera, de quali duc. 425 d'oro l. si trae duc. 292½ d' oro l. per duc. 300 di camera, hebbono piu fa per noi da Bernardo Bini e comp. che ce li feciono buoni dua

---

[a] *Raum leergelassen.*

volte cioe una volta nel saldo di 3 cambi di duc. 50^{m} fatti con loro per La Magna e un altra volta in un conto a parte che montava duc. $565^{1}/_{2}$ d' oro l. cioe duc. $140^{1}/_{2}$ l. per piu staffette mandate da Roma a Trento et duc. 425 l. sopradetti per l' aggio di duc. 17^{m} come per la copia in questo a . .[a] che ne traevono duc. $292^{1}/_{2}$ l. per ducati 300 di camera havuti da Bini come di sopra si dice et duc. 273 l. fatti buoni loro per resto di detto conto in duc. 280 di camera nel conto di 3 cambi de duc. 50^{m}, Dimodo che computato e duc. $292^{1}/_{2}$ per duc. 300 di camera errati ad loro danno et duc. $132^{1}/_{2}$ l. che si fanno debitori al presente fanno la summa di dicti duc. 425 l. ci havevano messi piu in conto posto sp^{e} havere in questo . . . . 135. 17. 6.

	duc. camera	sol.	d.
	135.	17.	6.

Fol. 5. Jacopo Fuccari . . deono dare ducati 3393.5.8. d' oro di camera che tanti feciono loro buoni l' herede di Filippo Strozzi e f. sino a di 22. di Giugno 1521 posto detti Strozzi havere in questo a car. 7. [per conto d' un cambio de Suizoli] . . 3393. 5. 8.

Havere

Fol. 2. Jacopo Fuccari e nipoti . . . deono havere duc. 534 d' oro larghi in oro per resto d un cambio di ducati XX^{m} fatto per Ungaria sino a di 17 di Dicembre 1521 de quali n' hanno fede da Piero et Giovanni Bini e f. posto detti Fuccari dare in questo 3 . . . . . 547. 16. —

Et deono havere duc. 12850 d' oro di camera per resto d' un cambio di duc. XX^{m} d' oro larghi, feciono per li Suizoli sino di Febraro 1521 fattoneli debitori per quel conto in questo 5. 3. . . . . 12850. — —

Et deono havere duc. 1572.18.6 d' oro di camera fattoneli debitori in questo a 4 et sono per tanti restono havere per conto de la zecca . . . . 1572. 18. 6.

Fol. 5. Jacopo Fuccari e nipoti . . deono havere duc. 15384.12.3. d' oro di camera per valuta di duc. 15000 d' oro larghi in oro et questi per valuta di fl. 20000 di Reno che promessono pagare in Berna o a Filiburg al $rever^{do}$ m. Ant^{o} Pucci o altro nostro Com^{rio} cioe fl. 10^{m} addi 15. di Maggio 1521 et fl. 10^{m} addi 15 di Giugno sequente, posto detto m. Ant. Pucci dare in questo 7. . 15384. 12. 3.

[a] *Raum leergelassen.*

	duc. camera	d.	sol.
Et deono havere duc. 858.13.5. d' oro di camera si fanno loro buoni pur li cambi della detta somma per dua fiere cioe per la d' Agosto e di tutti Santi dell' anno 1521, come costa per motu proprio, posto cambi a spese di cambi dare in questo a 8. . . .	858.	13.	5.

II.

Forderungen der Fugger wegen der Münze.

Fol. 15—17. Copia d' un conto dato e Fuccari per il saldo della Zecca. Läuft vom 11. Juni 1519 bis 19. Juni 1521.

Die Rechnung umschliefst zunächst *Mietsausgaben:*

an M. Francesco de Calvi für 2 Jahre	4 × 43.	1.	6.
an das Hospital von St Giovanni für 2 Jahre	4 × 21.	11.	—
an Kardinal Armellini . .	63.17 + 100.	—	
an Kapitel von St Peter	31.	18.	6.

An *Gehältern:*

			duc.	sol.
Sovrastanti di zecca:	Lorenzo Genovese	8 Monate .	12.	—
	Giovanpietro Crivella	1 Jahr .	18.	—
	Piermaria	3 Jahr 6 M. .	63.	—
	Cornelio Conto	1 Jahr . .	18.	—
saggiatore	Antonio	3 Jahre .	67.	12.
	Angelo orefice	1 Jahr .	3.	8.
	4 consoli banchieri	2 Jahr .	48.	—
	consoli orefici (nicht recht klar).			

An *sachlichen Ausgaben:*

Camera apca per conto della zecca de dare a di XI. di Giugnio [1519] duc. 20 d' oro di camra pagati a m. Ottaviano Castro contanti supra mandato de la Camera apca per suo salario et per instrumenti fatti fare per la moneta nuova	20.	—
E a di 19 di Giugnio [1521] la differentia deli baiochi 25 ali 30 secondo dice un caplo procede alli quattrini 30 per un Julio a quel da 39 per un Julio in quelli 5 anni che durando questi capli havemo lavorato circa 3100 lioni e disavanzo in danno nostro	200.	—
E ad di detto d. 83. 3 sono per costo delli ferri nella cassa in la zecca che furno stimati come appare per una lista nella detta cassa delli soprastanti . . .	81.	3.

duc. sol.

E a detto d. 536 di camera per duc. 714 baiocchi 41 di carni sono spesi in miglioramenti havemo fatti nella zecca nella casa come appare per stima di Mo Bartholomeo Marinaro fatto per ordine et commessione di nro Sre 526. —

Ausserdem

Pranzo der officiali di zecca	4.	16.
„ 2 Soprastanti .	1.	12.
Trinkgelder Consoli usw.	6.	8.
Botenlohn	1.	10.
Goldschmieden (nicht genannt) .	4.	8.

III.

Abrechnung über Staffetten.

Copia d' un conto di piu staffette e altro mandate e Fuccari da Roma a Trento:

Giovan Matheo de Gibertis . . de dare addi 16. Agosto . . per costo d' una staffetta mandamo a Venetia in 44 hore duc. 26 d' oro larg. et da Venezia mandato a posta a Trento per duc. 8¼ d' oro . . . . 34. 5.

addi 25. detto . . a un corriero in 3 giorni a Venezia con lettere dirette a misser Jacobo Banisio . . . . 18. —

addi 9. Settembre . . per 1 staffetta . . in 41 hore a Venetia . . . . 27. —

addi detto pagorne li nostri a Venetia per mandare dette lettere in 26 hore . . Banisio a Trento . . . . 9. 15.

Addi 19 detto . . per lettere . . in 46 hore a Venetia . . a Banisio a Trento . . . . 24. —

Addi detto a hore 4 di notte in 2½ di a Venezia, e da Venezia a Trento . . . . 27. 10.

Et piu d. 175 doro largh. per l' aggio di ducat. 7000 di camera havemo sino 21 d' Agosto prossimo passato et duc. 250 larghi per l' aggio di duc. 10000 havemo fino a 13. di Sett. dal Imbasciatore Cesareo . . . 425. —

565. 10.

. . . 14. Nov. duc. 292. 10 . . . ci promese Bernardo Bini per detto conto . . . 292. 10.

273. —

Unterzeichnet von Giberti.

133. Motu proprio Clemens VII. Quittung für die Fugger über Dukaten 9025 sol. 13, die aus Spanien stammen. 1524 Juni 16.

Arch. Vatic. Divers. Camer. 75. fol. 83.

Clemens

Motu proprio etc tenore presentium fatemur recepisse a dilectis filiis Jacobo Fucher et nepotibus mercatoribus Alemanis Romanam curiam sequentibus ducatos novem mille viginti quinque auri de camera et solidos tresdecim pro tantis remissis dictis de Fucharis per Christophorum de Haro mercatorem Hispanum in oppido Vallis oleti commorantem per diversas litteras cambii ex sua ordinatione scriptas sub diversis diebus mensium Maii et Junii anni proxime preteriti ad effectum, quod nomine suo solvi deberent felicis recordationis Hadriano pape VI. nostro immediato predecessori, de quibus tanquam ad nos et cameram nostram apostolicam spectantibus et per predictos de Fucharis nobis solutos eosdem de Fucharis et ipsum Christophorum plenarie quietamus et dictos de Fucharis ob dictam solutionem indemnes perpetuo conservare promittimus et ad hoc nostra et camere predicte bona et jura quecumque obligamus, mandantes dilectis filiis presidentibus et clericis dicte camere, ut presentem confessionem et quietantiam in libris dicte camere registrari et annotari faciant et desuper litteras patentes more camerali expeditas dictis de Fucharis, si illas habere voluerint, concedant. Datum Rome in palatio nostro apostolico die 16. Junii 1524 pontificatus nostri anno primo.

Ita fatemur quietamus obligamus et mandamus J.

Collat. Donatus.

Am Rande: Pro Fucharis.

134. Abrechnung der Fugger über Dukaten 58643 in Einnahme und Ausgabe. Rom 1524 Aug. 31.

I.

Arch. Vatic. Divers. 75. fol. 83.

La sanctitá de N. S. papa Clemente septimo de dare per conto de litre cambii de ducati cinquanta milia doro larghi facte cum la felice recordatione de papa Leone X^{mo} come appresso seguita.

Et prima facemo per ordine de sua Santitá et de don Emanuele oratore de la cesarea Maiestá in questo di 13 de augusto 1521. una lettera dirrecta a nostri de Inispruch de ducati dodicimilia doro larghi a pagare in Trento per valuta depsi a messer Melchior Langho fiorini sedicimilia de Reno la mitá oro et laltra mitá in moneta. Et poi a di 15.

del dicto mese facemo per ordine de sua Santitá un altra lettera directa a dicti nostri in Ispruch de ducati dodicimilia[a] doro larghi a pagare al dicto messer Melchior Langho a di 6. vista in tanti fiorini de Reno a rasone de quattro fiorini de Reno per ducati doro tre larghi; et puoi a di 9 de septembre seguente facemo alli uno cambio cum sua Santitá per ducati vintidoamilia doro larghi da pagare in Luidovvi ad instantia de soa Santitá al R[mo] cardinale Sedunense et al vescovo Verulano in tanti fiorini de Reno a rasone de quattro fiorini de Reno per tre ducati doro larghi. Somma in tre partite cambiate cum sua Santitá ducati cinquantamilia doro larghi che fano a rasone de ducati 39 doro larghi per ducati 40 de camera ducati cinquantauno millia ducento ottanta duy soldo uno de camera . . . . d: 51282. s. 1.

E piu deve dare sua Santitá ducati quattrocento cinquantasette de camera soldi 19 denari 8 sono per tanti se perdeno in ducati cinque milia cento settanta sey de camera havemo tracti et remissi in piu partite a Lione et Fiorenza sino del mese de genaro del 1521. como appare per el conto tenuto de dicti tracti et remisse . . . ducati 457. s. 19. d. 8.

Et piu deve dari ducati sey milia cento cinquantatre soldi 16 denari 6 doro de camera per ducati seymilia doro larghi sono per valuta de fiorini octomilia de Reno de tanti facemo lettere de cambio sino ad di 8. de genaro 1522. ab incarnatione per ordine et ad instantia de la felice recordatione de papa Hadriano sexto de pagare li dicti fiorini octo milia de Reno a la citá de Curichio li quali sono stati pagati et ne havemo la quitanza de dicta citá d. 6153. s. 16. d. 6.

E piu deve dare a di 31 de augusto ducati settecentocinquanta doro de camera cioe ducati cinquecento simili sono per le spese facte in littigare li quattro officii havessimo da la felice recordatione de papa Leone in persona del nostro Antonio Fucher et piu ducati ducento cinquanta simili siamo dacordo cum sua Santitá che ce siano facti boni per nostri danni patiamo per havere ad supportare de rescotere li ducati 3755 soldi 3 denari 2 da li Strozzi da li quali habiamo hauto la promessa de pagarceli per tutto el mese de Luglio proximo da venire come di contro se vede et monta in tutto come desopra cioe . . . . . . d. 750.

Summa in tutto el dare de questo conto monta ducati cinquanta octo milia seycentoquarantatre soldi 17 denari 2 doro de camera . . . d. 58643. soldi 17. d. 2.

Nota che per nostra sigurtá del sopradicto conto havemo da la felice memoria de papa Leone decimo in persona del nostro Antonio Fucher quattro officii cioè: uno secretariato de participante che fu de messer Baldassare de Piscia, un altro simile secretariato che fu de messer Jo-

[a] *Die andere Abrechnung (oben Nr. 132) hat korrekt 16000.*

hanni Lazaro Serapicha, uno officio de brevi che fu de messer Johanni Cinthio, uno officio de cubicularіato che fu de messer Emilio de Bianchi, quali siamo dacordo cum la prefata Santitá de N. S. che li habiamo ad resignare in mano de soa Santitá havendo nuy da li dicti renuntia de la lite, remissione de spese quitanze et chiarezze oportune de quello che ognuno havesse preso sino ad questo presente giorno, intendendo peró che siamo liberi et absoluti da sua Santitá de la promessa facemo de pagare la compositione de dicti officii a la felice memoria de papa Hadriano sexto, quando ne pigliamo la possessione et cassato ogni cedula havessimo sopració facta et piu perche per li sopradicti denari et parte depsi havemo date diverse lettere de cambio directe a nostri de Ispruch et altri lochi siamo dacordo cum sua Santitá, che ci deba conservare senza danno quando dicte lettere cum ciaschuno depsi si trovassino acesi et per vigore de quelli fussino in alchuno modo molestati, ex nunc sua Santitá vole che non siano de alchuno valore: et per fede de la veritá ad probatione et observantia de sopradicti conti et conventione, sottoscripte de mano de Christoforo Muclich nostro institore questo di 31. de augusto 1524. se dignará soa Santitá subscriversi de sua propria mano cum ordine siano registrati ne li libri dela camera apostolica, adció ne possiamo havere patente autenticha quando ne faria bisogno et la vogliamo.

Ita motu proprio approbamus observari et registrari mandamus. I.

II.

Arch. Vatic. Divers. 75. fol. 84.

La santitá de N. S. papa Clemente septimo de contro de havere per conto de li contrascripti cambii de ducati cinquantamilia doro larghi como appresso seguita.

Et primo a di 13. de augusto 1521. havemo hauto contanti da don Johanni Emanuel oratore de la cesarea Maestá ducati dodici milia doro larghi che fanno dodicimilia trecento sette soldi 13 denari 6 de camera, et a di 21. del dicto mese de Augusto havemo contanti dal dicto signore oratore ducati settemilia doro de camera, et a di 13. de septembre dal dicto signore oratore contanti ducati decemilia doro de camera.

Et a di 25. de septembre havemo la promessa del herede de Tadheo Gaddi etc de ducati novemilia doro larghi che fano ducati novemiliaducento trenta soldi 15 denari 6 doro de camera. Et a di 14. de Novembre del dicto anno hauemo la promessa de Bernardo Bini de ducati trecento doro de camera somma in tutto hauto tra contanti et promesse pro parte de questo conto ducati trentaotto milia octocento trenta octo soldi 9 den . . . camera . . . . d. 38838. s. 9. d.-

E piu deve hauere sua Santitá a di 31. de augusto 1524. ducati seymilia vinti quattro soldi 12 doro de camera et sono per causa de li contrascripti cambii de ducati cinquantamilia larghi che non furono del tutto da noy pagati cioé se ne pagato al R^mo^ cardinale Sedunense a Velkirch a di 22. de septembre 1521. ducati vinti octo milia doro larghi in tanti fiorini de Reno a rasone de quattro fiorini per tre ducati doro larghi, como appare per la quitanza hauta da sua S^ria^ R^ma^, et ducati quindecimilia octocento vinticinque doro larghi habiamo pagati a messer Hieronymo Prunner como procuratore del R^mo^ cardinale Sedunense in fiorini vintiuno milia et cento de Reno como appare per la soa quitanza facta in Pagomorbin sotto di 12. doctobre 1521. Somma in tutto pagato per parte de li dicti ducati cinquantamilia doro larghi ducati quarantatre milia octo cento vinticinque doro larghi, restaressimo anchora a pagare per resto de li ducati cinquantamilia ducati seymilia cento settantacinque doro larghi, de li quali trahemo ducati trecento settantatre doro larghi sono per resto de un conto de certe staffette mandamo in piu volte da Roma in fino a Trento, como appare per dicto conto sottoscripto per mano del R^do^ messer Johanni Matheo datario de la Santitá de N. S., et piu trahemo fiorini de Reno trenta sette che fanno ducati vintiocto doro larghi, hanno speso li nostri de Alemagna in piu porti de lettere et altro per ordine del R^mo^ cardinale Sedunense, quali denari trahemo de li sopradicti ducati 6175 doro larghi, resta anchora ducati cinquemilia octocentosettantaquattro doro larghi che restano a dare a soa Santitá per resto de dicti cambii che fano a ducati 39 per 40 ducati de camera come di sopra . . . . d. 6024. s. 12. d. . . .

E piu deue hauere soa Santitá a di 31. de augusto 1524. ducati novemilia vinticinque soldi 13 doro de camera sono per tanti ne remisse Christoforo de Haro et Gonsale de Almasan mercanti spagnoli de Vagliadoleto sino del mese de Magio et Giugno del anno passato in diverse partite cum ordine de pagarli a la felice recordatione de papa Hadriano sexto, de li quali denari habiamo hauto quetanza da sua Santitá sotto di 16. de giugno proximo passato et sua Santitá ne ordina se mettimo ad questo conto . . . . d. 9025. s. 13. d. . . .

E a di dicto ducati mille doro de camera ci fa boni per sua Santitá el R^do^ messer Baldassare da Pescia . . . . d. 1000.

Et a di decto ducati tremilia settecento cinquantacinque soldi 3 denari 2 doro de camera sonò per resto et saldo de questo conto de li quali habiamo hauto in questo di sopradicto ad instantia de sua Santitá lo promessa de Philippo Strozzi et compagni de pagarceli per tutto luglio proximo a venire . . . . d. 3755. s. 3. d. 2.

Summa in tutto lo hauere de questo conto monta ducati cinquantaocto milia seycento quaranta tre soldi 17 denari 2 doro de comera d. 58643. s. 17. d. 2.

Jacobo Fucheri et nepoti in Roma a di 31 de Augusto 1524.

Collat. Donatus

Um die Rechnung verständlich zu machen, gebe ich sie auch in Tabellenform, wobei ich richtigere Summen in Klammern angegeben habe.

Die Fugger haben ausgezahlt:

Wechsel des Papstes und des Don Manuel:

		duc. larg.
13. August 1521 an Fugger in Innsbruck		12 000
zahlbar in Trient an Melchior Lang . .	16 000 fl. rh.	
15. August 1521 an Fugger in Innsbruck		16 000
6. Sept. vista .	[21 333] fl. rh.	
9. September 1521		22 000
zahlbar in Lindau Card. Schinner u. Filonardi	[29 333].	
		50 000

	ducati di camera duc.	ß	₰.
39 ducati larghi = 40 ducati de camera	51 282	1.	—.
Seit Jan. 1521. Für Transport von 5160 duc. d. c. in verschiedenen Teilen nach Lyon und Florenz	456.	19.	8.
8. Januar 1522 [1523]. 6000 duc. larghi = 8000 fl. rh. gezahlt an die Stadt Zürich. Befehl Hadrians VI.	6153.	16.	6.
31. August 1524. 500 duc. d. camera Streit um die vier Amter des Anton Fugger. 250 „ „ „ Schadenersatz für Strozzi (vgl. Fugger Einnahme).	750.	—	—
Summa .	[58 642.	17.	2.]
	58 643.	17.	2.

Die Fugger haben eingenommen:

1521 Aug. 13.	Zahlung von Don Juan Manuel 12 000 d. larghi	12 307.	13.	6.
„ „ 21.	Zahlung von Don Juan Manuel	7 000.		
„ Sept. 13.	„ „ „ „ „ . . .	10 000.		
„ „ 25.	Obligation von Taddeo Gaddi Erben 9000 d. l.	9230.	15.	6.
„ Nov. 14.	Obligation von Bernardo Bini . .	300.		
		38 838.	9.	—

	d. l.	fl. rh.	ducati di camera duc.	ß	₰.
1524 Aug. 3. Fugger-Wechsel auf 50000 Duc. larghi.					
Darauf tatsächlich ausgezahlt:					
22. Sept. 1521 zu Feldkirch an Kardinal Schinner	28000				
12. Okt. 1521 zu Pagomorbin an Hieron. Prunner	15825 =	21100			
	43825				
Bleibt von seiten der Fugger zu zahlen	6175 =				
Davon Abzug für Kosten von Posten bis Trient .	401 { 373				
In Deutschland Briefporti . .	28 =	37			
	5874 [5774] =		6024.	12.	—
1524 Aug. 31. Sendung von zwei spanischen Kaufleuten für Papst Hadrian			9025.	13.	—
1524 Aug. 31. Anweisung des Balthasar de Pescia namens des Papstes			1000.	—	—
Bleibt eine Restschuld der Kammer, dafür Zahlungsversprechen von Filippo Strozzi, zu decken nächsten Juli			3755.	3.	2.
			58643.	17.	2.

135. Papst Clemens VII. nimmt den Fuggern die römische Münze und gibt sie der Florentiner Nation in Rom. Rom 1524 September 14.

Arch. Vatic. Divers. Camer. 75 fol. 113 v.

Clemens papa 7s.

Felicis recordationis Leonis pape decimi predecessoris ac secundum carnem fratris nostri patruelis exercitium cudendi monetam in Urbe consuli et consiliariis nationis nostre Florentine demandavit, et ipsos in zecherios suos ac sedis apostolice ad cudendum monetam auream argenteam et aeneam cum pactis et capitulis alias cum illis de Fucharis mercatoribus Alamanis tempore, quo dictam zecham habuerunt, factis deputavit, vestigiis inherendo, motu proprio etc. quamcunque aliam deputationem zecheriorum etiam auctoritate apostolica hactenus factam cassantes, et illis ne de cetero cudere presumant sub indignationis nostre pena inhibendo:

modernos et pro tempore existentes consulem et consiliarios dicte nationis et ab eis deputandos in zecherios dicte zeche ad cudendum dictam monetam cum capitulis pactis et conventionibus salariorumque assignationibus cum dictis de Fucharis initis et per eundem predecessorem confirmatis, ad triennium proxime futurum incipiendum kalendis mensis aprilis et ut sequitur finiendum, et deinde ad nostrum beneplacitum facimus constituimus et deputamus, et augumentum pensionis domus zecherio ad cudendum monetam dare solitum solvere promittimus. Mandantes dilecto filio Francisco Armellino Medices tituli sanctorum Marie in Transtyberim et Calisti presbitero cardinali nostro et sancte Romane ecclesie camerario, et dilectis filiis presidenti et clericis camere nec non thesaurario nostro, quatenus deputationem huiusmodi nostram in libris camere prefate registrari et instrumenta desuper oportuna fieri faciant, ac litteras patentes iuxta stilum desuper expediant, et dictis zecheriis in hiis, que ab eis requisiti fuerint, assistendo nostram deputationem huiusmodi observent, ac ab aliis per censuram ecclesiasticam observari faciant, invocato si opus fuerit auxilio bracchii secularis inclusive, in contrarium facientibus non obstantibus quibuscunque. Datum Rome apud Sanctum Petrum die 14. septembris 1524 pontificatus nostri anno primo.

Placet et ita motu proprio revocamus et mandamus J.

Collat.[a] Donatus.

136. Anerkennung der Fuggerschen Abrechnung durch die päpstliche Kammer. Rom 1524 Sept. 26.

Arch. Vatic. Divers. Camer. 75. fol. 85.

F. Armellinus Medices etc. Cum dilecti nobis in Christo Jacobus Fucher et nepotes mercatores Alemani et pro eis Christoforus Muelich eorum institor et procurator in camera apostolica exhibuerit motum proprium tenoris suprascripti videlicet

Clemens etc. motu proprio etc. nos mandatis prefati s. D. N. et eorumdem mercatorum honeste petitioni parere, ut decet, et annuere volentes, de mandato prelibati S. D. N. et auctoritate nostri camerariatus officii dictos motum proprium et computa in libro primo diversorum ejusdem S. D. N. foliis 83. 84. et 85. per infrascriptum camere apostolice notarium registrari mandavimus, bonaque omnia et singula tam spiritualia quam temporalia prefate camere apostolice pro dictorum mercatorum cautela et securitate juxta formam dictorum motus proprii et computorum obligamus et ypotechamus. In quorum fidem et testimonium presentes fieri et sigilli nostri camerariatus officii fecimus impressione muniri. Datum

---

[a] *Hier setzt andere Hand ein.*

Rome in camera apostolica die 26 septembris 1524. pontificatus Smi in Christo patris et D. N. domini Clementis divina providentia pape VII. anno primo.

F. Cardinalis camerarius
Visa Philippus camere apostolice clericus
Visa Johannis de Viterbio camere apostolice clericus.
Vise C. Barotius camere apostolice clericus.
Visa N. de Gaddis camere apostolice clericus.

Collationat. Donatus.

137. Aus der Bilanz der Fugger auf 31. Dezember 1527. Aufgestellt nicht vor Mai 1528.

Fuggersches Archiv Augsburg. Pap. Orig.

I Einnehmen.

	fl.		
Leipzig:			
Debitori: Marggraf Joachim Churfurst	217.	—	—
Presslaw			
Zu Rom zalt adi 25 Aprill des 1528 iars duc. 100 de chamera auf schreiben von Craca de di 5 Jenner auch des 28. iars, her Jacobo Schutz, thut .	140.	—	—
Augsburg.			
1. Einzunehmen, das an andern Orten schon ausgegeben ist:			
auf Prechters schreiben von Straspurg zu Rom zallt adi 28 Marzo im 27. herr Caspar Wayschan duc. 3 . .	4.	—	—
fur herr Cristoff Gross zu Rom ausgeben umb ain dispennsatz duc. 10	14.	—	—
M. gsten herr Marggraff Joachim Curfurst	153.	10.	—
herr Quirino Galler oder der bischof von Passa sendt zu Rom außgeben duc. 50.	70.	—	—
Debitori:			
Frantz von Sicking seliger . .	1500.	—	—
Hanns Varenpuchler zu Linda	825.	15.	6.
noch mer gemelter	32.	5.	6.
Fridrich Prechter zu Straspurg	4051.	16.	6.
Nürnberg:			
Einzunehmen, das an andern Orten schon ausgegeben ist:			

	fl.		
zu Florenntz herren Ambrosio Preyss glichen duc. 70 la, soll der herr bischoff zu Wurtzpurg wider zallen .	100.	—	—
Debitori:			
Marggraf Casimir von Branndenburg .	1914.	5.	—
herr Achonis Jacobi electus Lundensis	42.	12.	—
Antwerpen.			
Debitori:	hl.	ß	₰.
Kunig de Tenmarckht . . .	258.	6.	8.
Diego di Haro Kupher vertrag	5827.	1.	—
Fernandus de Villena. . . .	450.	—	—
Batista de Tassis postmaister .	31.	13.	3.
Venedig.			
Roma.			
Einzunemen zu Augspurgg zalt adi 16. September im 27. jar Philipp de Spino auf ain wexlbrieflin von Senis dedi 21. Augusto	11.	4.	—
zu Venedig zallt adi 11. october in 27 iar heredi di Lucha Vendriminii duc. 610 corenti, sollen zu Leon zalt werden zu in 26 per cents	768.	12.	—
Herr Jeronimo Rorario sendt im auf 2 augto zu Speyr glichen . . .	249.	6.	8.
Par Gellt.			
Hat Jacob Rehlinger dem herr Quirino Galler geantwurt duc. 2283 ß 17 d. 2 di camera zu 140 pro cento	3197.	8.	—
Debitori.	Duk.	ß	₰.
Rede di Mariano Gisi zu Senis . .	51.	5.	6.
Rede di Tomaso e Bartolomeo Cospi .	3.	6.	8.
Vice Rey zu Neaplas . .	14578.	2.	—
Monte fidei	980.	—	—
Jac° Doffi zu Florentz	1494.	2.	7.
	duc.		
Zoiero de Bene . .	40.	16.	6.
Caradosso di Foppa	100.	—	—
Florian Zurilo . . .	30.	—	—
Fraw Julia de Renieri	76.	—	—
Simon de Richasoli . . .	1530.	—	—
Summa tut . . . . fl.	26437.	2.	8.

Zu Rom hab wir officia 3 porciones de rippa in persona Raymundus Fuggers umb 1200 duc.

	fl.	ß	₰
Mer 3 cavalierati auf Raymundus, Anthoni unnd Jeronimus Fugger umb 2400 duc. Summa 3000 duc. thond	5040.	—	—
Mer hab wir ain hawss alda, wiewol es uns vil ain merers cost, slag ichs an umb duc. 1000, thut	1400.	—	—

15. Summa fl. 37103 ß 13 hl 4
di duc. sendt di chamera zu 140 fl. rh. für 100 d.

Der hausrat so alda ist sein nit vil, auch kain silbergeschirr, laut des inventari für nichten angeschlagen.

Hispania.	Duc.	Marav.
Einzunemen: Christoforo di Haro sendt zu Rom zalt Johan de Solis adi 20, Zungno im 23. duc.	60.	—
debitori:		
M g. herr marggraf Johan Albrecht von Brandenburg duc. . . .	500.	
X° de Haro . .	3510.	287.
Maffeo de Tassis	140.	
X° di Haro fur den condado dess October marckts im 24t Jar duc. . .	69.	125.

Wechsel Buch.	fl.		
Anthoni Mangold unser dienner . .	250.	—	—
herr Jacob Villinger .	10000.	—	—
Das Interesse darauff .	208.	6.	8.

Hofbuch.

II. Ausgeben

Wien.			
Fraw Dorothea von Sibenburgen oder Hansen Stadler zu tzallen umb 200 duc. la zu Rom eingenomen .	266.	13.	4.
Hochenkirch.			
Ausgeben herr Johann Sanders schwester, Margreth Ferrerin und irem sun Hansen zu bezalen, send zue Rom auf ultimo aprill des 28t erlegt .	100.	—	—
Pressla			
Zu Rom für einnemen auf 14 aprill im 28t iar duc. 2. von Jochim Ursatzki von wegen herr Stanislao Borckh pro resto an 32 duc, soll man zu Cracka dem doctor Porckh widerzallen, golt .	2.	16.	—

	fl.	ß	₰.
Ofen			
Creditore. Bischoff Lassla von Gran[a]	6100.	—	—
Augspurg			
Außgeben. herren Marquartn vom Stain zu bezallen, sendt auf der hutt Hochenkirch eingenomen	44.	3.	—
Der Churfurst von Branndenburg umb 75 duc. zu Rom beezalt, die hat Leibtzig verrechnet	106.	10.	—
Conrad Rechlinger duc. 254 di chamera, sten zu Rom für einnemen auf ultimo Augusto deß 26t von wegen 4 officia cavalierati zu 140 gulden für 100 ducaten	355.	12.	—
Sebastian Scherttl von Schorndorf duc. 2000 largi zue 90 kr. hat er zu Rom eingelegt auf 17. October unnd noch auf 22. October 1000 duc. la alles des 27n jars summa 3000 duc. . . .	4500.	—	—
Niclas Magk zu Rom erlegt 1000 duc. la.	1500.	—	—
Hanns Ock zu Rom erlegt duc. 700 la.	1050.	—	—
Hans Siber von Reinstetten umb 500 duc. la. zu Rom erlegt, im oder Hannsen Müller zu Ulm zu zallen	750.	—	—
Hanns Schmid umb 300 duc. la zu Rom erlegt . . .	400.	—	—
Corratin von Glurintz umb 1300 duc. de chamera zu Rom erlegt	1733.	6.	8.
Wolfgang Graf vonn Bada umb 102 duc. la zue Rhom erlegt	136.	—	—
Sebastian Wurtz von Krichenhausen zu Rom erlegt duc. 225 la zu zalen im oder andre Römer von Wimpfen	300.	—	—
Hanns Tolch von Schafhaim duc. 75 la . . .	100.	—	—
Hartman umb duc. 300 zu Rom erlegt	400.	—	—
„ Schimel von Wurmbs umb 600 duc. la. zu Rom erlegt	800.	—	—
Jörg Lindenmair von Wörd umb duc. 225 la	300.	—	—
Conradt Rechlinger umb duc. 128 di chamera von 4 officia cavalierati	179.	4.	—
Sebastian Wurtz umb duc. 30 la zue Rom zalt . . .	40.	—	—
Wolf Bernardin von Saltzpurgg umb duc. 315 la zu Rom erlegt	420.	—	—
Jobst Schneider von Massenbachhauss umb 600 duc. la zu Rom erlegt	800.	—	—
Hanns Mauder von Schweinfurt umb duc. 160½ la zu Rom erlegt	214.	—	—

[a] *War Besitzer von Kupferbergwerksanteilen.*

	fl.	ß	₰
Hanns Wagner von Puechpern umb duc. 94 la zu Rom erlegt.	126.	6.	8.
Hainrich Schmid umb duc. 80 la zu Rom erlegt . .	120.	—	—
Elisabeth vonn Guntzpurgk duc. 450 la zu Rom erlegt .	600.	—	—
Jobst Schneider unnd Heinrich Perntz vonn Gerstheim umb d. 675 la zu Rom erlegt . . . . . fl.	900.	—	—
Fraw Cristina Puecherin von Bern duc. 225 la fl.	300.	—	—
Hainrich Prentz von Gersthaim umb duc. 75 la	100.	—	—
Lorentz Rad von Torlach duc. 50 la	66.	13.	4.
Ursula von Saltzpurg duc. 24 la . . .	36.	—	—
Michael Singer duc. 50 la zue Rom erlegt	75.	—	—
Mathis Anras von Trier duc. 502½ la zue Rom erlegt .	670.	—	—
Hanns Tolch duc. 75 la zue Rom erlegt	100.	—	—
Simon Magk von Oppenheim duc. 51 la zu Rom erlegt	68.	—	—
Hanns Mander von Schweinfurt duc. 804 la	1072.	—	—
Gall Schmid von Rotenburg am Necker du. 90 la zu Rom erlegt	120.	—	—
Matheo Haintzin Jacobs sun duc. 75 la . .	100.	—	—
Thomas Conradi duc. 525 la zu Rom erlegt	700.	—	—
Creditori			
Franntz Doffi von Florentz	4.	6.	—
Conradt von Pemelperg genannt Clain Hess	4266.	13.	4.
M. gst. herrn Cardinal zu Saltzpurgg .	4954.	9.	8.
herren Marquart vom Stain .	1000.	—	—
Nürnberg			
Außgeben: Marxen Sidlman oder sein erben zu Rom eingenomen ad 8 Luio im 27t Jar duc. 250 la darfur	358.	6.	8.
Erhart Daphart von Grafenwörd umb duc. 112½ la zu Rom eingenomen, darfur zu tzallen	150.	—	—
Creditori			
Dechandt unnd Capitl zu Münster.	42.	10.	—
Cöln			
Außgeben sendt zu Rom a di 23 Aprill zu tzallen dem Jacob Gelich von Cöln oder Wilhalm Ruch von Regenspurg . . fl.	100.	—	—
Antwerpen.			
Franco Sprenger zu Rom erlegt 60 duc., soll man im zallen	84.	—	—

	fl.	ß	₰.
Matheus Claus fur 40 d. la zu Rom erlegt	53.	6.	8
Alberto Gotfrid zu Rom erlegt duc. 200 la, soll man im darfur zallen	266.	13.	4

Venedig

Außgeben. Zu Rom für Einnemen. dem Anto unnd Hanns Pimel zu Venedig pro 35 largi zutzallen Petro Schad unnd Lorentʒ Pawscht	49.	—	—
Mer zu Rom für einnemen 600 duc la fur 600 duc. corrente zu 91 percento durch Jaco Balduci gewexelt .	840.	—	—

Rom.

	duc.	ß	d.
Außgeben von Augsb. gen Rom zutzallen genomen in 57 posten, noch unbetzalt in summa	1824.	5.	3.
Von Nurnberg dahin genomen in 41 posten	2120.	—	—
„ Cöln „ „ „ 53 „ nemlich	887.	16.	9.
„ Leibczig in 28 posten	478.	8.	—
„ der hutt Hochkirch in 6 posten	2151.	8.	2.
„ Potzen	2.	12.	—
„ Franckhfurt fur herr Johann zum Jungen fl. 20 rh.			
„ Franckhfurt aus den messen in 18 posten . . .	348.	12.	8.
„ Hall in 2 posten	34.	—	—
„ Fuggeraw . . .	13.	—	—
„ Ispania in 3 posten	135.	—	—
„ Antorff	21.	—	—
„ Innsprugg in 3 posten .	26.	6.	—
„ Linda fl. 144 reinisch			
„ Pressla in 6 posten	117.	—	—
„ Cracka in 6 posten	198.	—	—
„ Saltzpurg in 2 posten .	23.	—	—
„ Wienn .	130.	10.	—

	hl.		
Von Venedig in ainer post duc. 720, von Leibzig in 2 posten 60. 17. 6. von Pressla 2 post 18. 9. — von Augspurg in 3 posten 40. — — die ducaten zu 140 percento tuet in Summa .	13254.	7.	6.

	duc.	ß	d.	fl.	ß	₰
Creditori.						
herr Johann Copis umb 3 disposito zedl	462.	5.	—			
„ Johann Kottenbruer .	64.	—	—			
Melchior Hamel	12.	—	—			
Hartnago Lanng . .	175.	—	—			
Jan. Ant° Bulleo baro	120.	—	—			
Fernando de Villena, hat er unns bezalt pro parte der 60063 duc. nemlich ducat . . .	36519.	8.	9.			
herr Jörg Posch .	790.	—	—			
Theoderico Otelin	40.	—	—			
Don Carlo de la Noy vice Rey .	3333.	1/3				
Summa in duc. zue 40 per cento				. 58122.	8.	7.

Summa fl. 71376. 16. 1.

Wechselbuch

herrn Jacoben Villinger 17200.

III. Inventari von allen Orten.

Rom

Zu Rom ist noch etlich haußrat nit ful wert und kain ynventari darvon gemacht worden.

Ain hauß alda, wol es unns mer kost, so schlag ichs an auf 1400 duc. ain meßgewand weiß damascht mit guldin plumen.

IV. Böse Schuldner.

Hierinn werden begriffen Schulden, so nit gar gewiss, ains tails gar pöss sendt. Auch annders so Ich nit aigentlich kan wissen, wann mans zu gellt, unnd was daraus mag gepracht werden, Derhalb ichs hier Inn ain sonnder Libell, unnd nit in das vermugen unnsers Capitals yetzo in diser beslus Rechnung, und derhalb aussetz, wass mann in kunfftig von solichen Schulden ein . . . das sol in nachvolgenden rechnungen . . . zugetailt auch bezalt werden.

Augspurg

Debitori

	fl.	ß	₰
Doctor Johann Speyser .	61.	—	—
herr Hanns Zinckh seliger .	504.	19.	10.
„ Leonhart von Eck doctor	140.	—	—

	fl.	ß	₰
Nürnberg			
Debitori			
Marggraf Casimirus .	50.	—	—
Doctor Jacob Spiegl .	20.	—	—
Cöln			
Einzunemen ain wexel umb 7½ duc. zu Rom zalt auf 19 Marzo in 1523t iar herr Theoderico de Ainem, auf ain wexelbrief de di 16 Jenner lavata Haning Baues .	10.	—	—

Antorff

Debitori

Leonhart Frischgobaldi f. 360.

Rom

Debitori			ß	d.
Spanochi zu Semis	duc.	2055.	4.	6.
Spital der Teutschen	„	100.	—	—
Engelhart Schawr . .	„	54.	—	—
Sor Friedericho Caraffa	„	111.	6.	—
Jan Bentzi zu Naplas	„	331.	12.	6.
Caspar Hugelino erben	„	232.	—	—
Anthonio Ritzo .	„	48.	—	—
Jan Caparella . .	„	97.	11.	—
Marco Anto Montzin	„	19.	10.	—

Summa 9 posten thond duc. 3049. 4. — zu 140 fl. r. pro cento für 100 duc. tut . . . . . . 426 [sic!]

Der Bapst zu Rom ist uns schuldig duc. 14970 ß 13 di chamera, ain schuld noch von papa Leo herruerend, daran hand wir 3 stain in Ring gefast, ain robin, diemant und schmarall, werden dannocht ob 10m duc. mugen gelten.

Wir sollen sonst der Camera apostolica duc. 559 ß. 15 d 6 de cha zu Rom.

Mer zu Wienn fl. 587 ß 5 h 6, alda genad gelt eingenommen.

Dise 2 posten setz ich nit in einnemen, so man auch umb dise schuld wird handlen, tarff mans nit zallen, dann wir an das vil ain merers am interesse verlieren, setz ich fur vol. Tuet fl. 20958. 18. —

138. Die Stadt Nürnberg an Franz Imhof zu Rom, betr. die Erwirkung eines Ablasses. Nürnberg 1513 Dez. 28[1].

K. Kreisarchiv Nürnberg. Briefbuch Nr. 73 fol. 124.

Franntzen Imhof ytzo zw Rom.

Lieber der Jmhof! Alls du vnns Jungst vor deinem abschaiden hast lassen anzaigen, wie du alls ein pfleger der armen sonndersichen Stifftung auß guter bewegung vnd auff das dieselbig loblich stifftung vnd almusen mit notdürfftiger fursehung dester statlicher mög erhalten vnd geraicht werden, willens vnd furnemens seyest bey dem Babstlichen Stul zu Rom vmb Jndulgenz vnd ablas auff etlich tag In der Carwochen zearbaiten, Jn gutter hoffnung den on beschwerd mit geringen costen zu erlanngen, welhs wir vnns dermassen haben gefallen lassen vnd doch zu merer bestendigkeit vnd furdrung solchs gottlichen wercks vnns verfanngen, derhalben mit dem Erwirdigen Herrn Melchior Pfintzing, Brobst zu sannt Sebolt, vmb Consenß vnd verwilligung zehandeln und dann dir In dem allem vnnser gemut durch schrifft zueroffnen etc.; demselben nach geben wir dir hiemit zuerkennen, das gemelter Brobst nach etlicher handlung, so in vnnserm namen bey Jm beschehen, sich des bewilligt hat: wann der ablas zu hanndtraichung vnd fursehung der armen sonndersichen menschen, so alle Jar Jn der Carwochen her Jn vnnser Stat kommen, in sein kirchen zu sannt Sebolt auff drey tag nemlich Mitwoch, Donerstag vnd Freytag erlanngt vnd er alls Brobst vnd pfarrern von Babstlicher heyligkeit zu Comissarien verordent vnd macht geben werd, solchen ablas zu Exequirn, zuuerkunden vnd peichtuätter niderzesetzen, So wol er darynnen gehorsam sein vnd nicht allain den pristern Jn gemelter seiner, sonnder der anndern kirchen vnd Clostern alhie (doch nach seinem gefallen vnd welche er darzu fur tuglich vnd geschickt ansehe) erlaubnus geben, die Cristenmenschen auff solche Babstliche begnadung peicht zehoren vnd zu absoluirn; vnd ob sich aber begeb, das yemand sich beschwerdt derselben verordent. prister einem zupeichten, sonnder sein aigen peichtuater (dem solcher Babstlicher gewalt nicht verlihen wer) hett, bey dem er zepleiben vermainte, wo er dann darynnen vmb erlaubnus wurd angesucht, wollt er das auch zulassen, auff das nymand verhindert wurd sich der gnaden tailhafftig zemachen. Vnd dhweyl wir dann ytzvermelte des Brobsts verwilligung vnd erpieten fur gnugsam achten, vnd zu danck haben angenomen, So ist an dich vnnser gutlich begern, wollest deinem loblichem vorhaben vnd furnemen vmb erlanngung eins ablas, auff vorbestimbte Zeyt vnd vnderschaid vollziehung

---

[1] *Wie die Angabe des Wochentags beweist, ist hier nach Weihnachtsanfang die Jahreszahl angegeben worden.*

thun vnd darynnnen mit Rat, hilff vnd furdrung deiner Herrn vnd gutten gonner zu Rom, der du zugenissen verhofst, gutt. vleys fürwenden, wie du zethun wol weist, vnd wir nicht zweyfels tragen, daran geschicht vnns guts gefallen vnd wollen das zusampt dem lon, das du von dem beloner alles gutten vnzweyfenlich gewertig bist, gein dir mit Freundschafft vnd gutten willen bedencken vnd vnuergessen hallten. Datum vnnder Linhart Grunthern diser zeyt vnnsers Eltern Burgers petschir am Mitwoch sant Thomas abend 1514.

139. Bericht Albrechts von Mannsfeld an Erzbischof Albrecht von Magdeburg, was nach der Wahl in Mainz zu tun sei.

Mainz 1514 März 9.

Staatsarchiv Magdeburg. Pap. Orig.

Hochwyrdister durleuchter hochgeborner furst gnedister her. Undertheniglich geb ich e. f. g. zw erkennen, daß der doctor und ich dorch den dechandt alheyr zu Mencz seyndt angesucht wurdn, nach den e. f. g. zw eynen erczbischoff kegen Mencz postollert seyn, zu wellich postolacion ich e. f. gnaden gluckes und seligkeyt wünsse, so wolle dy nottorfft erfordern, daß meyn gnedister her der kürfurst e. f. g. brüder eyn eyllent post nach Rom verfertige lassen alleß in seyner k. f. g. namen und bey den kardynalen, welliche dan dey ytzigen e. f. g. besthedigung haben in wegen brocht, bey den selbigen auff fleyssiglichste lassen zw bearbten, dar myt an der convormacion bey bestlicher heylickeyt nicht mangel befunden werthen und daß dar in nicht gesewmett würthe, dan e. f. g. wissen, daß ettlichen leuthen solliche postelacion wyrt entkegen seyn, dy dan solliche besthedigung nach allem irem vormugen zw hyndern understhehen werthen und muß alßdan myt grusser unkust und muhe dy postollacion erlangett werthen, waß auch sunst e. f. g. sampt meynem gnedisten hern dem kf von procuratoren zu Rom haben, bedoffen e. f. g. nicht sparen etc.

Zum andern sich auch der techandt sampt dem kappittel vor gut, daß e. f. g. bruder auff eylenst eyn bottschaft an k. Magestadt geschigkett hette und seyn keyserlich Magestadt zu bitten, nach dem e. f. g. zw erczbischoff postollerett seyn, daß s. k. magestadt seynen k. f. g. zw eren und gefallen wolden fleyß anwenthen an bestlich heylichkeyt, dar myt dy künformacion und besthedigung destar leydlicher mocht erlangen werthen in ansenung, das das stifft zu Mentz in scholt und beswerung were. Auch so werthen wyr allheyr underricht, daß k. magestadt an sollicher postollacion misfallen tragen wyrdett, dan seyn geschigkten haben krelichen gesagtt, dass seyner magestadt durch keyn wegk leyderlich sen, daß czweyn kurfursthen eynß geschlecht sein solden. So haben auch seyn k. magestadt sunderlich fast erbden lassen von herczogk Wilhelm von Beyhern brüdern eynen. Und wo nun den gestrigkten von keysserlichen magestadt angeczeygett, daß seyn k. magestadt in sollicher postollacion mangel oder beswer haben wurden, daß alßdan e. f. g. bruders geschigkte meyns gnedigesthen hern kurfursthen hetten zu sagen, daß sollich vor jhser geschehen und sunderlich so hette herczogk Ernst von Saxsen eyn son auff dem stifft Mencz gehabt myt namen herczogk Alberth. So hab auch der pfalgrawen eynnen eynnen bruder zw Trehr oder Kollen, alß ich underricht werthe, gehabt. So wyrt ich auch von etlichen kappittels hern underricht, daß k. magestadt vormaß vor e. f. g. kegen eyn kappitel zu Mencz geschryben und vorbetthen. Sollich und ander ursachen wy meyn gnedister her der kurfurst der gleychen e. f. g. haben zu betrachten vor zw wenthen, doch hab ich auß guther meynung meyn eynfalt zu f. g. auch nicht wellen vorhalden.

Zu dritten, daß meyn gnedisther her der kurfurst mey. g. f. margrawen Kasimir geschreybenn hetten, daß seyn f. g. in eygener person zw keyserlicher magestat reythen wolde, ab k. magestat in sollicher postolacion mangel hette, solliche ab zu tragen, Eß hatt auch nicht czweyffel, eyn tawssent fl dar czwey thün feyl bey den rethen.

Zum vyrthen das von meyn gesther her der kurfurst meynen gnedistem und gnedigen hern von Saxsen geschreyben wurthe myt vermeldung, daß e. f. g. zu eynnen erczbischoff kegen Mentz postollert were und nach dem sich czwossen iren k. f. und f. gnaden an eynen und dem vorscheyden bischoff zu Mencz auch den von Erfort andersteyls errung erhalden, were s. k. f. g. früntliche bitt kegen den von Erfort nichts vor zu nemhen, dan so e. f. g. alß seyner k. f. g. bruder von bestlicher heylickeyt zu eynnen ertzbischoff kegen Mencz besthedigett, daß alß dan e. f. g. sich früntlichen myt innen ungeczweyffelt wol vortragen werthen, dan e. f. g. der meynung weren, dem hauß von Saxsen daß nicht in entzehen, waß im recht zugehort, auch so wurde eß sich e. f. g. fruntschafft und voreynigung nach nicht erleyden deß vorsehehen ire k. f. u. f. g. werthen daß geringest, waß dem stifft Mentz zwgehort e. f. g. zu entczehen auch nicht understhehen.

Solliches habe ich auß undertheniger guther vor meynung e. f. g. etc.

Datum Mencz meyn handt eylent donnerstak nach Invocavyt anno domini XIIII.

Es haben auch doctor Symon und ich disse meynung meyn gnedisten her dem kurfursthen auch geschreyben

Albrecht grawe und
her zu Mansfelt.

*140. *Aus Schreiben Kurfürst Joachims von Brandenburg an seinen Bruder Albrecht.* *Köln a. d. Spree 1514 Juni 6.*

Staatsarchiv Magdeburg XIV. 3. 176. Pap. Orig.

»Als unns ewr lib geschriben unnd darneben etlich briue von dem capittell zu Meintz an ewr lib unnd unns lautende zugesant, haben wir innhalts vernomen und so ewr lib anzaigt, das ir noch zur zeit inn dem etwas zw hanndeln nicht geburt, haben wir vor unns uff ewr liben gefallen innen antwurt geben nach meldung augeslossner abschrifft, auch dy schrifft an unnsern oheim den bischoff vonn Hildensheim ferttigen lassen, dy werdt ewr lib woll wissen zur stett zu schaffen. Was aber unnser rath doctor Buß vonn Alvesleven geschriben hat von Augspurg aus, werdt ewr lieb auß seinem brive unns zustendig vermercken. Sind des ersten artickels das hinderstellig gelt belanngent beswert gewest, aber besser mehre auß ewr liben brive vernommen. Unnser guttduncken ist, das ewr lib im zum schirsten zu erkennen gebe, was unnser rath er Eytlwolff vom Stain ritter von Kay. Mt einbracht hat, dy furschrifften sind im, als wir nicht anders wissen, berait zugesant, wo es aber nicht geschen, das es an sewmen bestalt werd unnd wo ewr lib gein Rom bottschaft zu thun gemeint, wollet unns wissen lassen, dann wir auch allerlay gein Rom zu schreiben haben. So hoffen wir, ewr lib soll des bischovs vonn Würtzpurgs anfechtung auch genesen. Deus pro nobis, quis contra nos.« Andere Sachen.

Datum Coln an der Sprew am dinstag inn heiligen pfingstang anno XIIII°

*141. *Aus Schreiben Kurfürst Joachims von Brandenburg an seinen Bruder Albrecht.* *Köln a. d. Spree 1514 Juni 27.*

Staatsarchiv Magdeburg. XIV. 3. 176. Pap. Orig.

»Der schrifft, so unnsere und des cappittls zu Meintz geschickte gegen Rom von Bononia heraus und der thumbtechant zu Meintz an e. l. der Meintzischen postulacion unnd Erdfortischen sachen halb gethan, geschriben wnnd gebetn dem hanndl nachzutrachten unnd ir unnser gutduncken mitzuteiln, was zu forderung dises hanndls weyter furzunehmen unnd aber der hanndl bey Kay^r^ May^t^ uff antzeigen des bischoffs von Gurg, wie aus der geschickten brief zuvernehmen, in annderwege zu bearbeitn sein solt, haben wir ferners innhalts gelesen; unnd vhast gleichmessigen widerstanndt, so e. l. der Meintzischen postulacion halb zw Rom heimlich begegent, das auch der von Gurg selbs zu seinem besten gearbeit, hievorn aus doctor Blanckenfeld kurtzlich zugesanter schrifft vermerckt, dieweil aber gemelter doctor sampt ern Jorgen von

Eltz compter dannoch mit grossem fleiss bißher die sachen gefordert, auch von bepstlicher Heiligkeit ettlicher mass trost erlanngt und Kay^{e} May^{t} fur sich selbs gein Rom gnedige schrifft unnd furdrung gethan, dunckt uns one not sein, dißmals bey Kay^{r} May^{t} umb weyter furdrung derhalb zu arbeiten. Sonnder das die geschicktn zu Rom die sachen erstlich mit embsigem fleyß anbrenngen, doselbst Kay^{r} May^{t}, der Konigen, kurfursten, fürsten unnd capittl furbethe auch der cardinal hylff gebrauchen unnd was inen im hanndl begegent auch trostes haben mögen. Solichs e. l. durch ein postpotschafft eylennds vermelden. Wo alßdhann der sachen ferligkeit daraus befunden, will unns gefallen, das das cappittl zu Meintz derhalb bey Kay^{r} May^{t} e. l. zugut weiter ansuchung gethan hett, so es auch alßdhann e. l. vor gut ansehen wurden, yemants von unnsern wegen nebn inen zu schicken, sol des nach e. l. gefallen unnd gutduncken bey unns kein mangel gespurt werdn. Unnd wo die fürschrifft von e. l. herrn unnd frunden, so durch unns darumb ersucht, auch von der statt Erdfurt unnd sonnderlich der clerisey daselbs noch nicht alle gein Rom geschickt, das solichs fürderlich geschee. Was aber die Irrung zu Erdfurth belannget, . . .

Eingehend über die Erfurter Frage.

»Datum Coln an der Sprew am dinstag nach Johannis Baptiste anno etc decimo quarto.«

ORTS- UND PERSONENVERZEICHNIS.

C und K sind im Anlaut. J und Y auch im Inlaut als gleich behandelt. Auf den Umlaut ist keine Rücksicht genommen. Die Doppelvokale sind wie Grundvokale behandelt. Die arabischen Ziffern ohne vorhergehende lateinische II beziehen sich auf die Seiten des ersten Bandes, die mit II auf die des zweiten.

A.

C. K.

D.

H.

I., J. und Y.

N.

O.

P.

T.

Lichtdruck von Albert Frisch, Berlin W. 35.

Fuggermünzen I.

Tafel II.

Lichtdruck von Albert Frisch, Berlin W. 35.

Fuggermünzen II.

Tafel III.

Zeitfracht Medien GmbH
Ferdinand-Jühlke-Straße 7
99095 Erfurt, Deutschland
produktsicherheit@kolibri360.de